广西师范大学法学院"地方法治与地方治理"研究丛书

主编 陈宗波

西部地区实施《循环经济促进法》的障碍及对策研究

付健 曹平 等 著

· 本书受国家社会科学基金重点项目结题成果（项目编号13AFX016）

· 广西地方立法研究评估与咨询服务基地资助项目

· 广西高校人文社会科学重点研究基地「广西地方法治与地方治理研究中心」资助

知识产权出版社

全国百佳图书出版单位

——北京——

图书在版编目（CIP）数据

西部地区实施《循环经济促进法》的障碍及对策研究/付健等著.—北京：知识产权出版社，2025.3

（广西师范大学法学院"地方法治与地方治理"研究丛书/陈宗波主编）

ISBN 978-7-5130-8657-8

Ⅰ.①西… Ⅱ.①付… Ⅲ.①自然资源—资源经济—法规—研究—中国 Ⅳ.①D922.604

中国国家版本馆 CIP 数据核字（2023）第 004107 号

内容提要

西部地区实施《循环经济促进法》，既有全国性障碍及对策，又有地方性障碍及对策，因此，本书的总论研究全国共性的障碍及对策；分论研究西部地方性的障碍及对策。课题组还以实证研究为重点研究方法，因此，本书最后还附有五个附录，向从事《循环经济促进法》研究和实务的同仁，说明课题组开展实证研究的调查方法、问卷设计及调研过程，展示广西壮族自治区、贵州省、陕西省和甘肃省实施《循环经济促进法》的调研报告。

责任编辑：龚 卫　　　　　　　　**责任印制：孙婷婷**

封面设计：杨杨工作室·张 冀

广西师范大学法学院"地方法治与地方治理"研究丛书

陈宗波　主编

西部地区实施《循环经济促进法》的障碍及对策研究
XIBU DIQU SHISHI《XUNHUAN JINGJI CUJIN FA》DE
ZHANGAI JI DUICE YANJIU

付健　曹平　等　著

出版发行：知识产权出版社有限责任公司	网　址：http://www.ipph.cn
电　话：010-82004826	http://www.laichushu.com
社　址：北京市海淀区气象路50号院	邮　编：100081
责编电话：010-82000860 转 8120	责编邮箱：gongwei@cnipr.com
发行电话：010-82000860 转 8101	发行传真：010-82000893
印　刷：北京中献拓方科技发展有限公司	经　销：新华书店、各大网上书店及相关专业书店
开　本：720mm×1000mm　1/16	印　张：24
版　次：2025年3月第1版	印　次：2025年3月第1次印刷
字　数：321千字	定　价：118.00 元

ISBN 978-7-5130-8657-8

前　　言

本书的顺利出版，意味着一段工作的完结，一段历程的结束，我们如释重负，同时，一种忐忑不安的心情也随之而至，因为，我们不知道交给读者的，是怎样一份答卷。

本书研究成果是国家社会科学基金重点项目。获批国家社会科学基金重点项目让我们切实感到了从来没有的压力，同时也获得了从未有的信心，因为我们获得了一个历练自我、充分发挥才干的平台。为此，我们对课题组进行过调整、充实，由付健、曹平担任课题组组长，植文斌、黄中显担任课题组副组长，成员包括，潘庆、宋啸亮、魏佳、蒋振、匡亚妮、唐怡妃、马文斌、蒋冬梅、曹全来、傅雅、江海宁、张波和杨鹏。课题组制订了详细、严密的项目计划，并努力实施。其间，经历了横跨西部地区各地艰辛的调研、烦琐细致的数据资料整理、数十次的重点难点问题反复讨论、研究提纲的一改再改、研究报告章节的冥思构想、文稿样本的反复校对，终于有了今天的项目成果。书中不敢说有很独到的创新之处，只是有着我们对促进我国西部地区实施《循环经济促进法》的障碍及对策的认真的思考。

任何知识的累积和建构都是阶段性的、任何学术观点的创新都是阶段性的。本书对于西部地区实施《循环经济促进法》的障碍及对策研究，虽然相当程度上具有填补学术空白的价值，但是，由于知识结构的局限和研究深度的不足，加上资料的匮乏和时间的限制，我们的项目成果必然具有一定的局限性。甚至于，我们在论述有关问题的时候，有力不从心的感觉。基于各种限制性条件约束，我们深感对以下一些问题的研究仍存在不足：一是项目只对西部地区实施《循环经济促进法》的障碍及对策中的十六个主要法律问题进行研究，但尚未穷尽西部地区实施《循环经济促进法》的所有障碍及对策；二是西部地区实施《循环经济促进法》面临不少新的障碍，对这些新的障碍及对策的研究和论述在我国法学界尚属第一次，由于参考资料少，而我们的研究还是初步的，研究的深度还不够，我们提出的一些理论观点还不够成熟。诚然，问题的存在，必将为后续的研究注入了持续的动力；研究成果的不足，也必将为后续的研究留下了广阔的空间。脱离项目本身，作为法律人的共同夙愿，我们也将会保持对我国西部地区实施《循环经济促进法》的障碍及对策的长期关注，将会通过自身的努力推动西部地区发展循环经济的法治建设！

本书撰写分工具体如下：第一章：蒋冬梅；第二章：付健；第三章：付健、蒋振；第四章：潘庆；第五章：付健、唐怡妃；第六章：植文斌；第七章：付健、匡亚妮；第八章：付健、宋啸亮；第九章：付健、潘庆；第十章：付健、潘庆；第十一章：黄中显、付健；第十二章：付健、马文斌；第十三章：傅雅；第十四章：马文斌、付健；第十五章：魏佳、曹平；第十六章：植文斌、王国华。课题组全体成员在调研中所撰写的调研报告等作为该书的附录内容。课题组组长付健、曹平，课题组副组长植文斌负责全书的修改工作。全书书稿最后由付健、植文斌审定。

经济法、环境资源法的研究是继承性和创新性的统一，任何的研究成果，都是建立在前人集体智慧的根基之上，本书也概莫能外。书中有课题组成员的思考、探索、体会和创新，也有对他人成果的借鉴和引用。在本书的撰写过程中，我们严格谨遵学术规范，对于写作过程中参考或者引用的文献资料，尽量通过脚注或者参考文献标明出处，虽如此，仍不免有所疏忽、有所遗漏。

在此，谨向所有被参考和引用的文献资料的作者和译者们表示最真诚、最衷心的感谢！

由于我们的水平有限，本书的错误和不足之处在所难免，欢迎广大读者批评指正。

CONTENTS

目录

绪　论

一、研究背景

党的二十大报告深刻阐明中国式现代化是人与自然和谐共生的现代化，报告对推动绿色发展、促进人与自然和谐共生作出重大安排部署，为推进美丽中国建设指明了前进方向。[①] 习近平总书记在 2012 年 11 月 15 日十八届中央政治局常委与中外记者见面会上指出："我们的人民热爱生活，期盼有更好的教育、更稳定的工作、更满意的收入、更可靠的社会保障、更高水平的医疗卫生服务、更舒适的居住条件、更优美的环境，期盼孩子们能成长得更好、工作得更好、生活得更好。人民对美好生活的向往，就是我们奋斗的目标。"其中，更优美的环境是人民群众美好生活需要的一个非常重要的组成部分。

当前，我国在环境资源保护领域制定和出台了一系列法律法规，2008 年 8 月制定、2018 年 8 月修正的《中华人民共和国循环经济促进法》（以下简称《循环经济促进法》）处于极其重要的地位，其实施状况直接关系着正确处理我国社会的主要矛盾。新的社会主要矛盾在生态环境领域主要表现为：一是不同地区在资源开发和环境保护程度上存在较大差异。我国西部地区与东中部地区在环境保护领域的差别很大，存在不平衡。[②] 二是由于粗放式发展模式向可持续发展模式转变较为缓慢，造成对我国资源环

---

① 吴佳潼，彭瑶. 中国发布·聚焦二十大 | 中国用最严格制度保护生态打造"青山常在、绿水长流、空气常新"的美丽中国 [EB/OL]. [2022-10-21]. http://news. china. com. cn/2022-10/21/content_78479220. html.

② 胡鞍钢，鄢一龙. 我国发展的不平衡不充分体现在何处 [J]. 人民论坛，2017（S2）.

境破坏较为严重。这种非循环、非绿色的发展模式就是以大量消耗自然资源和破坏生态环境、污染环境来换取经济增长的速度。三是对生态环境保护意识不强、生态投资不足、法制不健全。四是人民对新鲜空气、清洁水、良好环境质量的需要没有得到完全满足。①

党的十九大报告提出了绿色、循环、协同发展观，阐明了环境资源优势与生态农业、生态工业、生态旅游等经济优势之间存在的密切联系。绿色、循环、协同发展是要有环境资源保护的发展，要有不破坏后代人环境、满足后代人需求的发展。面对法律内部有学科、法律部门有分工的实际，统筹考虑各种法律领域的规范协调、制度协同，我国在环境资源保护领域制定和出台一系列法律法规，《循环经济促进法》处于极其重要的地位。经过多年的努力，我国的环境资源保护法治工作已经逐渐进入立法"回头看"、促进法律实施的阶段。

现阶段，我国正在持续推动西部大开发战略，国内也面临着产业升级、转移、换代、重组的紧迫需要。在这样的大背景下，西部地区作为历史上经济较为落后的地区要脱离贫困，一方面要在自有资源基础上开发资源、发展经济，另一方面成为东部旧有产业转移的重要承接地，必然面临越来越严重的"环保"与"经济"之间的问题。而在保有西部地区较为良好的原生态环境并兼顾经济发展需要的问题上，实施《循环经济促进法》，发展循环经济是必须选择的路径，在追赶东部发达地区经济发展步伐的同时，只有通过循环经济的发展，才可以避免重走"先污染、后治理"老路。通过研究《循环经济促进法》在西部地区实施的障碍，并提出相应的对策，直接关系着我国，特别是西部地区社会主要矛盾的正确处理，不仅有利于促进西部地区实施《循环经济

---

① 胡鞍钢，鄢一龙. 我国发展的不平衡不充分体现在何处［J］. 人民论坛，2017（S2）.

促进法》，而且对于未来全国性立法的完善也将具有积极的借鉴意义，其理论价值和社会意义重大。

二、研究内容

西部地区实施《循环经济促进法》，既有全国性障碍及相应对策，又有地方性障碍及相应对策。

就全国共性的障碍及对策而言，西部地区与全国其他地方一样，在实施《循环经济促进法》时都面临着我国现行《循环经济促进法》法律责任规定的不足、缺乏对实施该法进行评价的科学标准等问题，在运用法律技术、制度的手段对这些障碍加以克服，提出对策的过程中，也需要遵循一般的规律。

就地方性的障碍及对策而言，西部地区在经济发展、法治化建设方面相比较中东部地区仍然较为落后，因此全国性立法在当地落实的效果，面临着外部条件的制约。我们在调查西部地区实施《循环经济促进法》的现状和障碍的基础上，利用法学理论之法律实施、经济法学、环境资源法学理论等联系实际的研究方法、进行实证分析。首先，阐述循环经济促进法的基本问题和法律责任。其次，论述循环经济促进法的实施，探讨西部地区实施《循环经济促进法》的评价标准，并在此基础上概述西部地区实施《循环经济促进法》的概况。最后，系统研究西部地区实施《循环经济促进法》在促进循环经济发展的信息服务制度、支持循环经济的环境税制度、发展循环经济信贷支持制度、发展循环经济产业基金制度面临的障碍；发展西部地区工业园型循环经济企业缺乏投资、实施西部地区城市生活垃圾减量化、农村畜禽养殖业废弃物资源化和服务业一次性消费品减量化制度的障碍；西部地区执法的障碍；西部地区环保法庭的设立处于瓶颈期、西部地区环境教育刚刚起步等方面的障碍。对这些西部地区实施《循环经济促进法》的障碍有针对性地提出了相应的法律对策。在法治建设方面，既创设和完善《循环经济促进法》的相关制度，又研究了西部地区在《循环经济促进法》的执法、司法、普法教育方面的障碍及对策。在产业方面，涉及西部工业、农业养殖业、服务业实施该法的障碍及对策。

三、研究思路

我国法学界关于《循环经济促进法》实施中的障碍及对策的研究成果不多，以孙佑海、徐祥民、黄锡生、陈泉生、李玉基、俞金香等教授的论著为代表。其他学者的研究成果主要有论文和调研报告两大类。论文主要从全国范围对《循环经济促进法》实施情况进行论述。论文有近 20 篇，分别从各个方面和角度对《循环经济促进法》实施过程中彰显的具体问题进行分析并提出对策建议。例如，张忠民、侯志强的《环境法典中绿色发展理念的融入与表达——以〈循环经济促进法〉修订为视角》（载于《东南大学学报（哲学社会科学版）》，2022 年第 5 期）；李奇伟、常纪文、李泓洁的《关于〈循环经济促进法〉的修改建议》（载于《中国生态文明》，2022 年第 4 期）；俞金香的《〈循环经济促进法〉的困惑与出路：八年实践的理性反思》（载于《环境经济》，2017 年第 3 期）；李丹的《〈循环经济促进法〉施行效果评估分析（载于《再生资源与循环经济》，2012 年第 9 期）；陈从笑的《〈循环经济促进法〉的实施障碍及克服》（载于《现代交际》，2016 年第 20 期）；李超的《人民法院实施〈循环经济促进法〉若干问题研究》（甘肃政法学院硕士学位论文，2013 年）；张叶的《〈循环经济促进法〉在农村实施的问题和对策》（载于《法治与社会》，2015 年第 12 期）等。

另外，还有一些学者从《循环经济促进法》的各个制度角度研究了实施《循环经济促进法》的障碍及对策。例如，曹平等从生产者责任的角度阐述该法在实施过程中存在的障碍;① 陈鹏论证了《循环经济促进法》的实施评价标准;② 黄明莹从企业的环境保护责任的角度对《循环经济促进法》实施过程中企业环保方面的问题进行论述。③

关于"西部地区实施《循环经济促进法》的障碍及对策"的科研成果主要是 5 篇调研报告和为数不多的几篇论文,其中有2012 年广西师范大学郭志群的硕士学位论文《〈循环经济促进法〉在桂林实施情况调查报告》,2012 年广西师范大学李海源的硕士学位论文《〈循环经济促进法〉在柳州实施情况的调查报告》,2012 年广西师范大学何帅的硕士学位论文《广西南宁市〈循环经济促进法〉实施状况调查报告——以南宁市民与糖业公司为切入点》,2015 年广西师范大学张叶的硕士学位论文《内蒙古包头市〈循环经济促进法〉实施状况调查报告》,2010 年云南民族大学廖华、万子姣的论文《〈循环经济促进法〉在民族地区实施的问题及对策研究》等。

鉴于此,开展"西部地区实施《循环经济促进法》的障碍及对策"研究的地域限于我国西部地区,坚持采用文献研究、实证研究(具体表现为问卷调查、部门访谈、田野调查等方法作为重点方法)、规范分析的方法对该地区发展循环经济、实施《循环经济促进法》的现状进行考察,通过发现其面临的障碍,进而为解决问题寻找制度化的对策。

---

① 曹平,尤海林. 我国循环经济促进法生产者责任延伸制度存在的问题与对策 [J]. 广西社会科学,2013(10).

② 陈鹏. 我国《循环经济促进法》实施评价标准探析 [D]. 桂林:广西师范大学,2015.

③ 黄明莹. 循环经济促进法背景下企业的环境保护责任 [D]. 桂林:广西师范大学,2016.

第一章 《循环经济促进法》基本问题的探析

一、《循环经济促进法》的概念

《循环经济促进法》的颁布，加强了我国理论界对相关问题的关注，这方面的学术论文与著作相继问世。但是，无论是理论界还是实务界对其解读仍处于初级阶段，因此，有关循环经济促进法的许多理论问题和实践问题都有待深入研究。

概念是理论研究的逻辑起点，也是进行法律实践的基本工具。对于循环经济促进法而言，探究其概念问题是展开理论探讨必为的环节。

从已有的研究来看，关于本部法律在文称上曾存在两种不同表述：一种表述是将该法律称为循环经济法，其理由在于国外发达国家大多对该法名称都是如此表述的，并且该法是以发展循环经济为目的，旨在转变传统的经济发展模式，加之我国循环经济促进法在第三稿之前均称之为"循环经济法"，因此认为以"循环经济法"为名更恰当。另一种表述是将该法律称之为循环经济促进法。这种表述在我国循环经济促进法第三稿草案中得到充分体现，其理由在于"我国循环经济发展正处于起步阶段，这方面的立法也体现出本阶段的特征，即草案的条款大多具有鼓励、倡导性，鉴于法的名称和内容的相关性，本法改为循环经济促进法为妥"。① 结合以上理由与观点，"循环经济法"和"循环经济促进法"二者区别在于后者多了"促进"二字，正如学者所言，因

---

① 全国人民代表大会法律委员会. 全国人民代表大会法律委员会关于《中华人民共和国循环经济促进法（草案）》审议结果的报告 [R]. 2017.

为我国发展循环经济的实践经验不足，当前情况下，该法更多是体现引导性，其目的在于促进循环经济发展。但客观地说，循环经济法和循环经济促进法二者称谓上的区别对于该法律的立法宗旨、基本精神和主要内容并无实质影响。

那么，《循环经济促进法》的内涵到底该如何界定，我们认为至少应该包括以下几个方面。首先，循环经济促进法的立法宗旨在于促进循环经济发展，转变传统经济发展模式，保护生态环境，形成经济发展与环境保护的双赢，实现可持续发展。《循环经济促进法》第一条明确规定了循环经济促进法的立法目的①，核心是提高资源综合利用率，在经济发展与环境保护这双轮并行中实现经济发展的良性循环，化解高能耗、高污染等威胁经济社会发展问题；其本质是实现人与自然的和谐相处。其次，该法对循环经济的法律规制，立足于对经济活动过程的规制，以提高资源利用效率提高作为主要目标，利用技术性的环保手段来实现社会各方面的发展，因而循环经济促进法主要属于经济法，是经济法部门的重要组成部分，同时其又兼有环境资源法的性质。再次，《循环经济促进法》是法律社会化的产物，其摆脱了传统法律中的分析性规制方式，采取了综合性的法律规制方式。它涉及领域广泛，因此其调整方法也较为多样，即包括经济、行政、科技以及环境管理等手段。最后，《循环经济促进法》是调整发展循环经济活动而形成的权利义务关系，而循环经济活动涉及国家管理、市场交易、技术标准、效果评估等行为，因而法律主体多元化、法律客体多样化、综合性的法律规制特性非常明显。

综上所述，笔者对《循环经济促进法》的基本界定是，为了转变传统的经济发展模式，以促进资源、环境与经济的协调和可持续发展为目标，运用经济、行政、科技以及环境管理等手段，

① 2018 年《中华人民共和国循环经济促进法》第一条规定"为了促进循环经济发展，提高资源利用效率，保护和改善环境，实现可持续发展，制定本法"。

调整循环经济关系的法律规范的总称。

二、《循环经济促进法》的调整对象

法的调整对象是法律规制的基础，也是法律部门划分的重要标准。现代法学理论认为，"法律所调整的权利义务关系是在特定的社会关系中产生和运作的，这种特定的社会关系就是法的调整对象"。[①] 按照马克思主义法学观点，法律的本质是阶级统治的工具，法对"对象"之"调整"能力来自国家，法律是国家意志的表达。"调整"一词反映了国家意志转化为法律意志的手段，同时强调了法律的目的性。既然国家意志是通过法律渗入社会领域，即通过法对一定事物的调整来实现的，那么这个事物就是法律的调整对象。而循环经济促进法作为一部适应社会发展，转变经济发展方式而出现的一部法律，由于对其法律性质和地位归属尚没达成统一意见，进而导致其调整对象的界定存在分歧。

《循环经济促进法》是一部兼具经济法与环境资源法双重属性的法律。鉴于此，我们将循环经济促进法的调整对象定义为：是以转变传统的经济发展模式，促进资源、环境与经济的协调可持续发展为目标，由经济、行政、科技以及环境管理等手段所调整的，在生产、流通和消费等发展循环经济活动的过程中所形成的各种社会关系。具体来说，循环经济促进法调整的对象主要包括以下两大方面的关系。

（一）具有经济法属性的循环经济关系

在我国的经济法理论中，主流观点认为"经济法是指调整管理、竞争、流转与协作关系的法"[②]。经济关系主要包括纵向的经

---

① 张文显. 法理学［M］. 5版. 北京：高等教育出版社，2018：111-112.

② 潘静成，刘文华. 经济法［M］. 6版. 北京：中国人民大学出版社，2019：39-40.

济关系和横向的经济关系。纵向的经济关系主要包括经济管理关系、维护公平竞争关系，其中排除不具有经济性的管理关系和私主体内部的管理关系；横向的经济关系，主要是指那些具有组织管理性的流转和协作关系，排除公有制组织内不受国家意志直接干预的流转、协作关系及权利义务。这是对纵横统一进行限定的必然结果。① 我国现阶段，在发展循环经济过程中形成的具有经济法属性的循环经济关系主要有循环经济管理关系和有组织管理性的循环经济合同关系。

1. 循环经济管理关系

按照刘文华教授的观点，经济管理关系又称纵向经济关系。因此，循环经济促进法调整的循环经济管理关系亦可称循环经济促进法调整的纵向经济关系。这种经济管理关系是国家在转变经济发展模式、发展循环经济过程中通过各种手段管理和协调而形成的特定经济关系，包括确定管理循环经济的国家机关的职责权限和社会组织的法律地位而发生的关系、政府对发展循环经济的宏观管理关系以及微观的循环经济管理关系。以《循环经济促进法》第五条的规定为代表，该条规定了国家对管理循环经济的国家机关的职责、权限的划分和国家对循环经济的协调、监督、管理等宏观控制的关键环节。《循环经济促进法》第六条和第八条也可以看出国家利用政策、金融、财政等调控手段来发展循环经济。此外，在调整微观的循环经济关系方面，体现在该法的基本管理制度、激励措施等相关制度当中，如基本管理制度中的循环经济总量调控制度、发展规划制度、以生产者为主的责任延伸制度等，激励措施中的专项资金支持、税收优惠等制度均属微观的循环经济管理关系。与此同时，《循环经济促进法》第十八条规定的定期发布鼓励产品名录制度等"减量化、再利用、资源化"

---

① 潘静成，刘文华. 经济法 ［M］. 6 版 . 北京：中国人民大学出版社，2019：53-54.

的规定，也属微观的循环经济管理关系。宏观与微观的划分不属于法律的范畴，没有法律意义，但法律实践中，相关具体制度事实上却是在微观层面予以落实。①

2. 组织管理性的循环经济合同关系

循环经济不同于市场经济模式，其需要通过国家干预而达到一定的宏观调控目标，需要基于平衡协调原则进行调控。该原则作为一项普遍原则取决于经济法的社会性和公私法交融性，存在于不同经济体制下的经济法当中，并获得普遍遵守。从根本上说，平衡协调原则是在协调发展国民经济和维护社会整体利益的基础上，进行经济法的设立和实施，调整微观经济关系或经济利益关系，以期达到社会整体和个人利益相统一的目的。② 在循环经济活动中，企业之间的经济活动仍是基础，但是需要国家的宏观调控目标的引导与规制。在市场经济模式中，国家与经济的关系，应该由国家间接的宏观调控代替计划经济模式下的行政指令，发挥市场资源配置的基础作用，国家对市场的作用机制则公开化。《循环经济促进法》中的流转、协作合同关系，直接反映了具有国家意志的组织管理性，如该法第三十二条和第四十七条体现了在市场经济模式中的具有国家意志的组织管理性的经济合同关系。

（二）具有环境资源法属性的循环经济关系

从历史发展的角度看，人类社会的发展理论经历了增长理论、发展理论和可持续发展理论的递进式变化③，在社会发展的早期，人类的发展以 GDP 的增长为主，对社会发展的协调性、全面性没有关注。到 20 世纪 70 年代，罗马俱乐部发表的《增长极

---

① 史际春，邓峰. 经济法总论 [M]. 2 版. 北京：法律出版社，2008.
② 史际春，邓峰. 经济法总论 [M]. 北京：法律出版社，1998.
③ 于法稳. 中国生态经济研究：历史脉络、理论梳理及未来展望 [J]. 生态经济，2021（8）.

限》深刻批判了早期的发展观念，提出要以"零增长"来解决早期发展带来的问题，至此，发展观开始进入探讨阶段。之后随着人们对发展有了新的认识，持续发展观和综合发展观的提出突破了传统的发展模式，认为发展不是 GDP 的增长，发展包括很多方面，而人的全面发展是发展的程度和最终归属。① 发展理论的丰富和繁荣，使得 20 世纪末出现了《我们共同的未来》《21 世纪行动议程》《里约宣言》等多个重大性文件，可持续发展理念由此正式提出，成为 21 世纪人类的共同选择。② 在经济领域中，这些观念与共识主要是指导如何处理经济发展与环境保护关系，从而引发生态保护作为国家重要义务的探讨。在现代社会中，应对环保问题的立法路径是不可缺少的，因而对循环经济关系即生态环境关系进行法律规制成为国家经济立法的重要环节。人们在减少资源开发、提高资源利用率、保护环境和改善等循环经济活动中形成了各种社会关系。③ 这些社会关系中，大多是环境的生态维持与资源利用、生态环境保护所形成的社会关系即生态环境保护关系和环境污染防治关系。

1. 生态环境保护关系

生态环境保护关系是在加强生态环境保护过程中形成的非常重要的一种社会关系，而作为调整发展循环经济的一部重要法律，必然会涉及生态环境，因此，生态环境保护关系也是循环经济促进法所必须调整的。我们认为循环经济促进法调整发展循环经济过程中的生态环境保护关系是指人们在发展循环经济过程中，涉及开发和利用大气、水、土地、矿产等自然环境和资源过程中所产生的社会关系。这一关系亦可称为发展循环经济过程中

① 弗朗索瓦·佩鲁. 新发展观 [M]. 张宇，丰子义，译. 北京：华夏出版社，1987.
② 吕忠梅. 发现环境法典的逻辑主线：可持续发展 [J]. 法律科学（西北政法大学学报），2022，40（1）.
③ 赵海燕. 循环经济法的环境法属性探析 [J]. 兰州大学学报（社会科学版），2014（1）.

产生的与合理利用自然资源和保护生态环境有关的社会关系。这在《循环经济促进法》第十条规定的倡导公民的生活中节能环保，减少废物排放的规范①中得到较好的体现。

2. 环境污染防治关系

环境污染防治关系，即在发展循环经济过程中的防治环境污染和其他公害、改善环境质量发生的社会关系。具体来说表现为"防治人类在生产和生活活动中所产生的大气污染、水质污染、固体废弃物污染、噪声污染、有毒有害物质污染、电磁辐射污染、食品污染等活动形成的各种社会关系。这种社会关系具有主观性和环境效益优先性"②。在《循环经济促进法》第二章"基本管理制度"中尤为突出，如第十五条规定的生产者责任延伸制度，第十六条规定的重点企业监督管理制度，以及第十七条规定的对循环经济统计制度、标准体系等。

《循环经济促进法》调整的生态环境保护关系和污染防治关系虽然都是具有环境资源法性质，但是二者之间并不冲突。通过对环境污染的防治进而保护生态环境，生态环境保护得好也将减轻污染防治的压力，因此，生态保护关系和污染防治关系之间是相互作用，相互促进，通过二者的有机结合使得循环经济促进法调整具有环境资源法性质的社会关系得以形成，使我国的循环经济发展方式达到可持续发展的要求，符合生态规律。

---

① 《循环经济促进法》第十条规定："公民应当增强节约资源和保护环境意识，合理消费，节约资源。国家鼓励和引导公民使用节能、节水、节材和有利于保护环境的产品及再生产品，减少废物的产生量和排放量。公民有权举报浪费资源、破坏环境的行为，有权了解政府发展循环经济的信息并提出意见和建议。"

② 蔡守秋. 中国环境资源法学的基本理论［M］. 北京：中国人民大学出版社，2019.

三、国外循环经济法律制度简介及其对中国的启示

(一) 德国的循环经济法律制度

1. 德国循环经济法律制度的主要内容

德国是最先发展循环经济的国家，也是世界上发展循环经济水平较高的国家，德国的企业和个人已经将循环经济融入生产生活当中。德国的循环经济的高水平发展，离不开法律的推动。执法严苛的法治环境和工商界的承诺，使得一套完善的废弃物管理体系在德国形成，也推动了德国循环经济的发展。

作为第一个系统应对固体废物问题的欧盟国家，德国循环经济的发展最先始于垃圾处理领域，后来转向生产和消费领域。德国循环经济又被称为垃圾经济。德国于 1972 年颁布《废弃物处理法》，要求关闭垃圾堆放厂，建立垃圾中心处理站，进行焚烧和填埋；1986 年，德国将《废弃物处理法》修改为《废物防止与管理法》，并实现了从"怎样处理废弃物"向"怎样避免废弃物产生"的转变，确立了废物预防和再生利用优先于废物处理的原则；1991 年，德国颁布《包装废弃物处理法》，并首次将资源到产品再到资源的理念运用到该法中（该法分别于 2000 年和 2001 年两次修订）；1994 年，德国公布《循环经济和废物处置法》（该法于 1998 年进行了修订），这部法律明确规定了立法目的、废弃物生产者、拥有者和使用者的权利义务和废弃物处置主体、主管部门、社会公众等主体的义务。这部法律是德国发展循环经济的代表性法律规范，它突破了限于商品包装的循环经济思想。此后，德国开始进行循环经济的法治建设。这部法律也是循环经济生产方式法治化的开端，也促进了世界各国循环经济法治化的进程，可谓意义重大。此外，德国还制定了关于循环经济的垃圾法、联邦水土保持与旧废弃物法令、持续推动生态税改革

法、森林繁殖材料法、再生能源法等一系列法律法规。①

2. 德国循环经济法律制度体系的主要特点

德国的循环经济立法分阶段逐步推进，法律体系层次分明。德国最初制定的《废弃物处理法》，其立法目的是"处理生产和消费中所产生的废物"，是解决末端处理环境的问题。垃圾的焚烧和填埋、新建处理厂等越来越受到环境意识逐渐提高的社会公众的抵触，因此德国环境政策的指导思想开始转向注重源头削减废物的产生量和进行循环利用，从而诞生了《废物防止与管理法》，在这部法律中，第一次规定了石油企业的废油回收并以环保方式进行处理的义务，"生产者责任延伸"制度由此建立。在之后的《防止和再生利用包装废物条例》和其修正案中规定了将包装投入市场流通的主体回收和循环利用包装的义务。在《循环经济和废物管理法》出台后，德国政府又在其框架下根据各部门各行业的不同情况，制定了废弃电池条例、废车限制条例、污水污泥条例、联邦水土保护与旧废弃物法令、废电器设备规定、废弃电池条例、废油条例、采矿业结构填充物条例、社会垃圾合乎环保放置及垃圾处理指令等。循环经济原则经由生产者责任延伸制度逐渐应用到生产、流通、消费等领域。进入 21 世纪后，德国将循环经济发展的重点转移到可再生能源的开发上来，通过了可再生能源促进法、可再生能源市场化促进方案、家庭使用可再生资源补助计划、再生资源发展法规、全面禁止核能源法案等，为发展太阳能、风能、生物质能等可再生能源提供可靠的法律保障。可见，在立法方式上德国通常采取先对个别领域立法、试点后再制定促进循环经济的统一规范，接下来向各领域普及，进而逐步建立循环型社会的立法方式。从法律体系层次来说，主要有法律条例及规定、指南三个层次。法律条例主要有循环经济与废

---

① 周昱，徐晓晶，保嶽. 德国《循环经济法》的发展与经验借鉴 [J]. 环境与可持续发展，2019（3）.

弃物管理法、环境义务法案、德国废弃物法案等；相关规定及条例有废旧电池处理规定、饮料包装押金规定、废旧汽车处理规定、废木料处理办法、有毒废弃物以及残余废弃物的分类条例、废弃物处置条例、污水污泥管理条例等；相关的指南有废弃物管理技术指南、城市固体废弃物管理技术指南等；此外，欧洲共同体和欧盟有关废油、钛氧化物、下水道淤泥、农业污水、电池与蓄电池、包装物等循环利用的指令等，在德国也具有约束力并起到了指导作用。

（二）美国的循环经济法律制度

循环经济思想的萌芽来自美国经济学家鲍尔丁的"宇宙飞船理论"，美国也是开始循环经济实践和探索较早的国家之一，美国还将每年的 11 月 15 日定为"循环利用日"。虽然没有全国性的循环经济立法，但是美国作为污染预防型循环经济立法模式的代表，其在 1976 年的《资源保护和回收法》及 1990 年的《污染预防法》中，提出了以污染控制政策取代污染预防政策，其优势表现在以末端治理为主，其中蕴含了循环经济思想。

1. 美国循环经济法律制度的主要内容

美国是"大规模生产和大规模消费"模式的典范，环境问题的不断产生、资源的短缺、物质的大量消耗等问题促使美国人不断反思。1965 年，一份总统咨文主张"更好地解决固体垃圾处理问题"，美国出台《固体废弃物处理法》，后该法被改为《资源保护和回收法》，通过不断修订，及时、有力地促进了美国废物再循环和综合利用的工作，是美国关于资源循环利用的最重要的一部法律。该法建立了回收（recovery）、再循环（recycle）、再利用（reuse）、减量（reduction）的"4R"原则，将废弃物管理由单纯的清理工作扩及兼具分类回收、减量及资源再利用的纵向性规划，亦即资源的再生利用应从产品制造的源头控制开始，谋求使用易回收的资源以减少垃圾制造量，而不是只着重末端废弃物或垃圾的回收。同时，该法确立并完善了包括信息公开、报告、资源再生、再生示范、科技发展、循环标准、经济刺激与使用优先、职业保护、公民参与和诉讼等多种固体废物循环利用相关的法律制度。

美国1990年的《污染预防法》的立法目的在于把减少和防止污染源的排放作为全国环境政策的核心，此举是美国第一次将预防污染取代污染控制政策以立法的形式加以肯定，是控制工业污染的一次新的突破。同时这部法律确定了减污的先后顺序，先是污染产生源，对不能回收和利用的情况要进行处理，排放或最终处置则是最后手段。上述措施遵循了循环经济模式所要求的减量化、再利用、资源化的顺序和理念。

美国很早就注意到能源问题对国家经济发展的影响，于1978年通过《国家能源法》。20世纪90年代以来，美国更加重视对新能源的开发利用及提高能源利用效率，加大能源立法的力度，分别制定公共事业管理政策法、综合电力竞争条例、能源政策法案、能源税收激励法案等。其中最为重要也是最为全面的是能源政策法案，其主要内容包括：降低消费税，重新制定动能标准底线，使家庭用能高效化，降低商用和家用电器能耗，利用税收政策，加快法律的更新，促进清洁新能源的使用，加强国内新能源设备和交通工具的投入力度，提高自主能源供给能力。该法还在鼓励企业节能和个人节能方面作了具体的规定，不仅采取措施鼓励企业和个人进行节能，而且鼓励他们使用节能技术，这对从源头上预防污染起到了至关重要的作用。

2. 美国循环经济法律制度体系的主要特点

美国没有进行全国普遍适用的循环经济立法，在这方面的规范主要以各地的政策法规为主。目前，超过一半的州已有循环经济法规，如1989年加利福尼亚州的综合废弃物管理法令、2003年的电子废物再生法案，2006年实施的缅因州有害废物管理条例等，从不同方面促进了循环经济的发展。各州还在法规的具体操作方面作出细化规定，以便于实施。

同时，美国联邦政府还推行一些有利于发展循环经济的政策，这些政策均在社会生产消费领域发挥了重要作用，极大提升了企业和公众发展循环经济的积极性。主要政策有：第一，1995年"总统绿色化学挑战奖"的奖励政策。对新型的基础领域内有效的化学工艺方法进行奖励，以降低能耗、减少污染。第二，税收优惠政策。这些年来，美国通过财政政策推广可再生能源，重视可再生能源的研发利用，并以抵税的方式为利用可再生能源发电的项目提供优惠。市政污水处理厂、危险废物处理设施等公共项目，均可享受免税政策。第三，征税政策。为了减少生产和生活消费对环境和自然资源造成的破坏，美国开征了生态税和开采税，还征收新鲜材料税，以及填埋和焚烧税。第四，收费政策。倒垃圾收费，这种为扔垃圾而花钱的政策在美国200多个城市施行；对污水进行收费，如对企业征收的污水处理费包括按照用水量或废水量征收的水量收费，按照污水浓度或污染负荷征收的浓度收费，以及这两种收费的混合收费。第五，各州实行优先购买的政策。通过法规影响政府加大对再生成分产品的使用，同时联邦审计部门负责对再生产品购买的监督，以落实对再生产品的购买。

(三) 日本的循环经济法律制度

日本以基本法和专项法相结合的模式进行循环经济立法，且立法覆盖面广。建立循环型社会基本法是日本构建循环经济的基本法律，在此法律形成前后，日本制定了与循环经济相关的一系列法律，形成了相对完整的循环经济法规体系。[①]

1. 日本循环经济法律制度的主要内容

第二次世界大战后，日本曾经走过一段先污染后治理的弯

---

① 吴真，李天相. 日本循环经济立法借鉴 [J]. 现代日本经济，2018 (4).

路。为了解决日趋恶化的环境问题，20世纪60年代以来，日本陆续颁布几十部相关法律法规。诸如：1965年颁布的防治公害事业团体法，1967年颁布的公害对策基本法，1968年颁布的大气污染防止法，1970年的水质污浊防止法、公害防止事业费企业负担法，1971年的恶臭防止法，1972年的自然环境保全法，1973年的都市绿地保全法，1974年的生产绿地法，以及1993年的环境基本法等。1999年10月，日本有关方面达成共识，提出要建立循环型社会，构建循环型社会的法律框架。2000年6月，日本出台建立循环型社会基本法，意味着日本循环经济立法趋于健全。

日本循环经济立法构架可分为以下几个方面：第一是基本法和框架法，1993年颁布的环境基本法宣示了建设对环境负荷影响少的可持续发展社会、发展循环经济的政治策略。2000年，日本出台建立循环型社会基本法，此法是推动循环型社会形成的基本框架法，规定了国家、各级政府、企业的环保责任，国家对发展循环经济所采取的政策，以及对待环境资源的逻辑结构。循环经济法律制度框架的确立，成为日本循环经济法律体系的基础。第二是综合性的法律。如1970年的废弃物处理法、1991年的资源有效利用促进法，是为废弃物得到充分的回收和利用，规定了废弃物的处理方法和标准，明确了生产者和消费者的废弃物处理责任，建立起循环经济的规范运作机制。第三是专项性法律。这类法律是为了使某些废物的循环利用，如有容器和包装物的分类收集与循环法、特种家用电器循环法、建筑材料循环法、绿色采购法、可循环饰品资源循环法、汽车循环利用法等，是促使某类物品能够充分利用的单项法规，并且加速了日本循环经济实践化进程。

日本还制定了许多引导性规范文件，且具有较强的法律执行力。其主要包括循环型社会形成推进基本计划、关于促进资源有效利用的基本方针、废弃物处理与回收技术指南、报废汽车回收计划、促进废旧纸张回收计划、关于促进容器包装废弃物的分类回收及符合分类标准物的再商品化基本方针、再生骨料和再生混凝土使用规范、特定家用电器废弃物的收集与运输以及再商品化等的基本方针、促进特定建筑材料分类解体等，以及特定建筑材料废弃物再资源化等的基本方针、促进食品循环资源再生利用等的基本方针等。

2. 日本循环经济法律制度体系的主要特点

日本循环经济法律体系形成了基本法、框架法、综合法、个别物品单项法的位阶，囊括了循环社会形成推进措施的各个方面，形成了基本法统率综合法和专项法的框架，并保持了循环经济法律体系的稳定与开放的结构活力，并逐步向协调和完善的方向发展。

建立循环型社会基本法是日本循环经济体系的核心，在法律体系中处于基础性的法律地位。该法确立了 21 世纪建立循环型社会的基本目标。这部法律表现出六个方面的特征：（1）将循环型社会作为法律的设定目标，结合本国的资源环境状况，以可持续发展为指导，遵照环境法的基本理念，确定建立循环型社会的基本原则。循环型社会是指通过对产品进行分类处理，使可再利用的产品进入循环流程，不可再回收利用的产品得到科学处理，从而促进节能减排，节约资源，减轻环境负担的一种社会形态。（2）各相关主体要合理分担社会责任。国家要从政策、法律上加强引导，明确各主体需要承担的责任；地方政府要根据本地实际情况，落实循环经济发展的各项政策措施；企业要在生产经营过程中促进资源的重复利用，降低废弃物的排放；社会公众要树立起发展循环经济意识，促进物品的回收再利用，有效利用资源。（3）采取了环境影响事先评价制度。企业在经营活动中对产品、容器等要进行自我评价，并向公众提供必要信息。（4）为了循环经济的确立和发展，在法律中确立了循环经济的计划和计划时间表制度。（5）利用科技促进循环经济技术的研发，并发展学习循环经济的教育事业。（6）倡导社会组织自发进行与循环经济有关的活动，并促进国际交流与合作。

（四）国外循环经济法律制度对我国的启示

我国循环经济发展较晚，很多方面还不成熟，借鉴国外的经验对我国的循环经济法律制度建设可以起到重要作用。

1. 国外循环经济的立法理念及对我国的启示

从污染末端治理到源头控制，到生产的全过程控制，再发展到物质的循环利用，进而发展到建设循环型社会理念，循环经济立法理念随着循环经济的发展不断进步。然而各个国家的立法理念是有一些差异。例如，德国循环经济立法理念更突出表现在对废弃物进行处理上，该立法理念实现了循环经济从生产消费到废弃物的再利用，在生产者责任延伸制度的推动下，实行生产和消费各环节活动、经济与环境的协调发展。日本以可持续发展作为指导思想，致力于构建循环型社会，不断降低资源的消费，减轻环境的负担，着重对污染的源头控制和废弃物的再利用，并在法律层面设立了循环型社会的计划及其时间表，促进循环型社会的建设。在美国有关政策法律中，虽然经过修订，但循环经济立法理念始终围绕在环保的传统思路中，未能突破污染源头控制的理念，对废弃物的再生利用并不重视。因此，日本的立法理念和实践值得我们借鉴，统一的综合性立法与完善的循环经济法律体系，使得先进的循环型社会的立法理念得到贯彻。

2. 国外循环经济法律制度体系的构建及对我国的启示

世界各国基本上都经历了生产中的废弃物处理的立法，扩展到生产、流通、消费、处理各个环节当中，法律体系日趋完善，结构也更加合理。在日本，循环经济的法律体系包括家电、汽车、建材、包装等废弃物及资源等各个方面。与日本类似，德国循环经济立法也是源于对废弃物的处理，并扩展到各个领域中。

而美国则不关注法律体系的完善，侧重于以政策手段来促进循环经济的发展。

我国在立法过程中，要保证循环经济法律调整范围的全面，要从生产领域扩展到流通、消费、处置等各个领域，促进废弃物的再生利用，建设循环型社会。同时在形式方面，要处理好各相关法律、法规的关系，建立起以循环经济综合法律为中心，推进循环经济的法治化。

3. 国外循环经济责任主体规定及对我国的启示

各国都以法律的形式明确了循环经济责任主体的权利义务、责任，使各类主体依法从事经济活动。德国法律规定，生产者要对产品从产出到消灭的各个流程负责并要采取相应措施促进产品的循环利用。日本的建立循环型社会基本法规定了循环经济各责任主体的责任，明确企业和社会大众要承担起作为制造垃圾的责任，企业对产品终身的责任。美国法律规定废物的生产、运输、处理、储存、处理人都对废弃物负有责任，并且美国更加注重固体废弃物和危险废弃物的处理。在我国循环经济的法律体系中，关于循环经济责任主体的法律责任规定不够全面。例如，我国的《清洁生产促进法》中，对企业实施清洁生产的法律责任只规定了5条，难以全面具体地明确实施清洁生产的法律责任，具体实施也会受阻。因此，我国的循环经济法律中可以借鉴国外成熟做法，明确责任主体的法律责任，保证法律责任落到实处。

4. 国外循环经济立法公众参与及对我国的启示

德国、日本、美国等国大都强调公众的参与度。例如，美国国家环境政策法规定了公众有享受美好环境的权利，也有义务和责任对生态环境进行保护。同时，进行了环境影响评价，形成报告书并予以公开后，联邦政府各部门的立法建议和重大联邦行动才能做出决策。① 因此，循环经济立法需要政府、企业、社会组织、社会大众的广泛参与，要重视对循环型社会的宣传，提高社会各主体对循环型社会的理解和认识度，减少废弃物的排放，促进资源的循环利用效率。我国建设循环型社会的过程中要完善循环经济法律制度和体系结构，提高法律规范的可操作性，扩大公众的参与，建立各责任主体的激励机制，促进循环经济的发展。

四、我国循环经济法律制度的产生和发展

（一）我国循环经济法律制度产生的历史背景

20 世纪 50—70 年代，我国开始推动资源的综合利用。20 世纪 80 年代，我国开始加入联合国环境规划署主导的清洁生产行动计划，并发布了国内的相关文件，如《关于进一步开展资源综合利用意见的通知》。虽然在资源节约和利用，清洁生产等方面得到一定的进步，然而我国传统的经济增长方式导致了经济、环境资源的矛盾日益增大，资源环境面临前所未有的威胁。主要表现在以下两方面。

1. 资源总量少，人均占有量低，资源利用率有待提高

2015—2019 年，中国石油探明储量不断增长。2019 年我国石油查明储量为 261.9 亿桶，但是占全球比重非常低，仅占1.51%。中国天然气探明储量也不断增长，增速波动变化。根据BP 数据，2019 年我国天然气查明储量为 8.4 万亿立方米，较2018 年增长明显，但是在全球范围比较，仅占全球的 4.23%。根据中国石油和化学工业联合会数据，2020 年国内原油产量 1.95亿吨，同比增长 1.6%；原油表观消费量 7.36 亿吨，同比增长5.6%，原油对外依存度达到 73.5%；天然气产量 1888.5 亿立方

---

① 全国人民代表大会常务委员会公报. 关于《中华人民共和国循环经济促进法》（草案）修改意见的报告 [R]. 2008.

米，同比增长 9.8%；原油表观消费量 7.36 亿吨，对外依存度达到 73.5%；天然气消费量 3253.6 亿立方米，对外依存度达为 42.0%。[①]

2. 生态破坏严重，环境形势严峻

在经济发展的同时，过量排放污染物，河流、空气受到明显污染，净化能力降低，且污染物污染周期更为持久，土壤污染加剧，近海水域生态受损严重，核泄漏与核辐射威胁生态系统的稳定。土地荒漠化、水土流失严重，生物多样性受到严峻挑战，生态功能正在逐步下降。

环境的恶化，资源的匮乏，生态的破坏已经严重威胁国民经济发展的质量和水平，因此迫切需要改变传统的经济发展方式，降低资源的消耗，减少废弃物的排放，提高资源的利用水平，大力推进循环型社会的建设。

（二）我国循环经济法律制度的发展及现状

1. 我国循环经济法律制度的发展历程

（1）萌芽阶段。

1973 年，召开全国第一次环保工作会议。国家计划委员会提出要提高企业生产水平，降低"三废"的排放，严格控制违规现象的出现。这可以算作是我国循环经济法治建设的起步。1978 年《宪法》修改后明确规定了国家的环保、节约资源、防治污染等义务。将环境保护、节约资源、防止污染提高到了宪法的高度，是循环经济法治化的开端。1985 年，国家经济委员会的《关于保护和改善环境的若干规定》获通过。该规定提出要利用优惠的手段推动企业综合利用资源，并创立产品和物资名录制度。此举极大地推动了资源的综合利用，促进了循环经济的发展。1989 年，

---

① 集贤网. 我国石油天然气储量占全球比重低，原油对外依赖超过 7 成比例 [EB/OL]. [2018-08-26]. https://www.xianjichina.com/news/details_255265.html.

我国的《环境保护法》正式颁布，同时诸如《大气污染防治法》《海洋环境保护法》《固体废物污染环境防治法》《森林法》《草原法》《土地管理法》《渔业法》等一系列的生态环境保护法律相应出台。到 20 世纪末，基本形成了我国环境资源保护的法律体系。这些立法均对节约资源能源、综合利用和废物再生利用等循环经济的环节有所涉及，成为循环经济法治建设萌芽阶段的基础。

这一阶段的特点是对环境污染实行末端治理，尚未形成循环经济的理念，未能认识到发展循环经济的核心问题。

（2）初创时期。

20 世纪以来，我国环境保护立法不断加强。2002 年，《清洁生产促进法》的颁布标志我国发展循环经济，建立新型循环型社会的开端，其第九条首次明确提出循环经济的概念，此后，法律开始将企业行为作为主要调整内容。2004 年修订的《固体废物污染环境防治法》第三条提出对固体废物的处理原则，实现清洁生产。①

2005 年颁布的《可再生能源法》，倡导提高能源利用效率，增加有效供给，保障能源结构优化，改善环境，实现可持续发展。从根本上反映出减量化的基本原则。此外，这一时期的《国民经济和社会发展第十一个五年规划纲要》明确指出要以立法手段促进"两型"社会的建设。2005 年 3 月，人口资源环境工作座谈会在北京召开，国家环保总局提出要尽快发展循环经济的理念和立法。2005 年 7 月，国务院制定《关于做好建设节约型社会近

---

① 《固体废物污染环境防治法》第三条规定："国家对固体废物污染环境的防治，实行减少固体废物的产生量和危害性、充分合理利用固体废物和无害化处置固体废物的原则，促进清洁生产和循环经济发展。

国家采取有利于固体废物综合利用活动的经济、技术政策和措施，对固体废物实行充分回收和合理利用。

国家鼓励、支持采取有利于保护环境的集中处置固体废物的措施，促进固体废物污染环境防治产业发展。"

期重点工作的通知》和《关于加快发展循环经济的若干意见》，国家发改委、国家环保总局、科技部、农业部、水利部、国土资源部等从部门角度出发，均制定了与发展循环经济相关的部门规章或者规范性文件，2005 年 12 月，循环经济立法被列入立法计划。

这一阶段的特点是立法理念由单纯的末端治理转向源头控制与末端治理的结合，并且注重预防工作。法律法规中已包含或体现某些有关循环经济的内容，国家提出了循环经济的立法计划，并启动了相应的立法程序。

（3）拓展定型时期。

2007 年 1 月和 5 月，环境与资源保护委员会先后两次将草案发送给中央有关部门、地方人大、有关教学科研机构等 170 余家单位和专家征求意见，形成了《中华人民共和国循环经济法（草案）》，并提请十届全国人大常委会会议审议。审议过程中，有些委员提出循环经济立法应当与国家经济发展水平相适应，突出重点，求实而不求全，以引导和促进为主。2008 年 8 月 29 日，《中华人民共和国循环经济促进法》颁布，次年 1 月 1 日正式实施，该法是调整循环经济领域的基本法。2018 年 10 月 26 日，第十三届全国人民代表大会常务委员会第六次会议通过修正《中华人民共和国循环经济促进法》，标志着我国循环经济法律体系的构建必将在基本法的引领下呈现更深入的拓展。

2. 我国循环经济法律制度的现实状况

循环经济法律制度可以分为纵向和横向两种结构体系。宪法、循环经济促进法、清洁生产促进法以及各行政法规、地方性法规、规章等调整循环经济关系的具有层级关系的各级法律规范均属纵向结构体系。凡调整循环经济法律关系的一系列法律规范均属横向结构关系，其均属平行的法律部门，诸如环境保护法、能源法等法律部门。

（1）宪法层面。我国宪法中没有明确的发展循环经济的规范条文，然而2004年《宪法》第二十六条所规定了节约资源、保护环境、防治污染的原则。[①] 同时，2008年《循环经济促进法》出台后，规定了发展循环经济的宗旨[②]，二者的根本目的是相通的。

（2）法律层面。①循环经济基本法。循环经济促进法的调整范围涉及生产、流通、消费、处置等各个领域，在此过程中，进行资源的循环利用。但是，我国循环经济的发展起步较晚，地域差异较大，在推进循环经济发展过程中还需要因地制宜，总结成功的实践经验。另外，循环经济促进法中的法律规范多属提倡性、鼓励性规范，法律规范的作用多为不确定性指引，法律责任制约不明显。②与循环经济相关的法律部门。在众多的循环经济法律规范中，清洁生产促进法涉及资源从开采到生产利用的整个过程，并从第二产业逐渐扩展到第一产业和第三产业，其内容包括与循环经济相关的资源的从开采到处理，是循环经济法律制度中的一个重要组成部分。与资源开发利用、节约能源、废物回收利用等具体领域相关的立法，主要有环境保护法、水污染防治法、矿产资源法、固体废弃物污染环境防治法、节约能源法、水法、土地管理法、矿产资源法、可再生能源法、海洋环境保护法等。这些相关法律都涉及循环经济立法的目的和要求。

（3）法规层面。①与发展循环经济有关的行政法规和国务院文件。主要有《国务院关于加快发展循环经济的若干意见》《国务院批转国家经贸委等部门关于进一步开展资源综合利用意见的通知》《报废汽车回收管理办法》《中华人民共和国认证认可条例》《国务院办公厅关于进一步推进墙体材料革新和推广节能建

---

① 2004年《宪法》第二十六条规定："国家保护和改善生活环境和生态环境，防治污染和其他公害。

　　国家组织和鼓励植树造林，保护林木。"

② 《循环经济促进法》第一条规定："为了促进循环经济发展，提高资源利用效率，保护和改善环境，实现可持续发展，制定本法。"

筑的通知》《促进产业结构调整暂行规定》《民用建筑节能条例》《公共机构节能条例》等。②与发展循环经济相关的部门规章和文件。主要有《国家发改委循环经济发展规划编制指南》《关于印发循环经济评价指标体系的通知》《国家发改委行业标准制定管理办法》《促进产业结构调整暂行规定》《民用建筑节能条例》《公共机构节能条例》《国家鼓励的资源综合利用认定管理办法》《水泥工业产业发展政策》《再生资源回收管理办法》《促废弃电器电子产品回收处理管理条例》《钢铁产业发展政策》《煤炭产业政策》《电子信息产品污染控制管理办法》《企业清洁生产审计手册》《新型墙体材料专项基金征收和使用管理办法》等。③地方出台的循环经济法规和规章。主要有《贵阳市建设循环经济生态城市条例》《贵阳市建设循环经济生态城市条例》《甘肃省循环经济促进条例》《深圳经济特区循环经济促进条例》《大连市循环经济促进条例》《陕西省循环经济促进条例》《厦门市人大常委会关于发展循环经济的决定》《重庆市人民政府关于发展循环经济的决定》等。此外，各地也相继制定了本地的地方性法规和规章来规范发展循环经济。2009 年 12 月 24 日，国务院批复了我国第一个区域循环经济规划——《甘肃省循环经济总体规划》。2022 年，广东省发展改革委印发了《广东省循环经济发展实施方案（2022—2025年）》。

第二章 《循环经济促进法》的法律责任

一、法律责任的一般理论问题

（一）《循环经济促进法》法律责任的概念和特征

1. 《循环经济促进法》法律责任的概念

法律责任是指因损害法律上的义务关系所产生的对于相关主体所应当承担的法定强制的不利后果[①]，而《循环经济促进法》中所论及的法律责任在一定意义上是指违反循环经济促进法的行为人，因其违法行为而应承受的不利法律后果。《循环经济促进法》中所论及的法律责任在涵盖循环经济促进法自身所引起的法律责任的同时，还应包括其他与之相关的法律法规的内容，这是由《循环经济促进法》的性质决定的。由于《循环经济促进法》是国家为了调整环境保护、资源利用和经济发展的关系而制定实施的一部环境法和经济法内容互融共存的法律，因此，不能单纯地将《循环经济促进法》划归环境法范畴或者经济法范畴。因此，《循环经济促进法》的法律责任同时包含环境法和经济法的色彩。

2. 《循环经济促进法》法律责任的特征

《循环经济促进法》法律责任的特征可以概括如下。

第一，违法性。《循环经济促进法》的法律责任首先是因为违反《循环经济促进法》，以及其他相关环境法律上的义务关系而形成的责任关系，必须以《循环经济促进法》及其他相关法律规定的法律义务存在为前提。

---

① 张文显. 法理学［M］. 5 版. 北京：高等教育出版社，2018.

第二，惩罚性。该法律责任是调整循环经济关系的法律规范规定承担否定性后果的责任方式，根据一般法理学中关于法律责任理论，《循环经济促进法》的法律责任应包括补偿和制裁。

第三，因果关系。法律责任必须存在前因后果的内在逻辑关系，以承担法律责任的主体违反了《循环经济促进法》及其相关法律规定的法定责任为因，以承担相应的责任或制裁为果。

(二)《循环经济促进法》法律责任的构成

法律责任的构成要件通常意义上是指法律责任的必要因素或者是应达到的标准。根据一般法理学理论，我们认为对于《循环经济促进法》法律责任的构成要件可以概括为，主体、过错、行为、损害事实和因果关系。

1. 主体

主体指的是承担《循环经济促进法》所规定的不利后果的责任主体，也可以视之为违反循环经济促进法及与其相关法律的主体。但是这里指的责任主体并不等同于"违法主体"，因为"违法主体"必须具备承担法律责任的资格才能成为责任的主体。根据《循环经济促进法》第八条至第十条的规定可以归纳出循环经济促进法的责任主体包括，行政机关及其工作人员、企业事业单位以及公民个人，这些都可以成为循环经济促进法的责任主体，承担因其违法行为而需承担的法律责任。

2. 过错

过错，即需承担《循环经济促进法》所规定的法律责任的主观故意或者过失。在环境法律关系中，过错的意义并不像刑事法律关系中那么重要，环境法律关系中很多时候并不以过错作为前提条件，在许多涉及环境的法律法规中可以看到大量的无过错责任、公平责任的归责和承担。

3. 行为

这里所指的行为并不是指"违法行为"，而是按照法律规定产生法律责任的行为。虽然一般意义上违法行为是法律责任产生的前提条件，没有违法行为就没有法律责任，但是在民事法律关系和环境法律关系中，它们所构成的法律责任以及规定的责任归责方式是以法律规定为构成要件，因此排除了违法行为的必要性。但是，在《循环经济促进法》关于法律责任的内容中，均以违法行为作为构成法律责任的前提，在其他环境法律法规中，如《水污染防治法》直接将法律责任与损害后果挂钩，就是以法律规定为构成要件的具体表现。

4. 损害事实

损害事实，是指受到损失或伤害的事实。在我国的法律规定中，损害事实主要是对人身，财产和精神上造成的损害结果。损害事实必须是确定性的、准确性的，必须是真实存在的事实。在一般法学理论中，还认为损害事实必须是已经发生的，不能是即将发生的；但是由于环境损害事实难以修复而且后果严重的特点，一般环境法律法规中还适当引入推断性的损害后果，即可以预期发生的损害后果也纳入损害事实的范围当中，使得环境法律规制更具有前瞻性和预防性，充分体现了我国以预防为主、防治结合的环境保护政策。

5. 因果关系

因果关系，即行为与损害之间的因果联系。在一般法学理论中，如果一个具有法律意义的事实是因为另一个具有法律意义的事实的出现或者存在所引发的，那么我们可以说这两个法律事实之间存在因果关系。在环境法律关系当中，因为环境法律事实的特点，使得其因果联系的证明十分困难，所以一般在实践中采取的是推断的因果关系，辅以无过错责任承担和举证责任倒置等理论或实践上的责任分配制度，构成了环境法律关系中独特的因果关系认定体系。而《循环经济促进法》作为环境法律体系中的重要组成部分，也应当接受和采纳这样的一个因果关系理论，使自身更具有可操作性。

(三)《循环经济促进法》法律责任的实现方式

法律责任实现方式,在一定意义上指落实法律责任的特殊路径,即责任方式。一般的责任方式分为制裁、补偿和强制。所谓制裁,指的是通过国家强制力对责任主体实施的人身、财产或者精神上的惩罚;所谓补偿,指特定主体请求责任主体以相应的形式承担弥补该主体所受损失的责任形式。所谓强制,是指当责任主体不履行义务时,请求国家对责任主体施以强制措施,迫使其履责的责任形式。① 以下我们主要剖析《循环经济促进法》所规定的民事责任、行政责任以及刑事责任的实现方式。

1. 《循环经济促进法》中的民事责任

在《循环经济促进法》的民事责任中,没有关于制裁性民事责任的规定,因为在民事法律关系中,惩罚性的规定通常适用于平等主体之间的法律关系,通常表现为支付违约金,而《循环经济促进法》是一部经济法,它所调整的法律关系双方是管理机关和被管理的主体间的关系,因此不可能出现民事制裁。而《循环经济促进法》中规定的民事责任应属于一种民事补偿,而且是一种带有公益性的民事补偿,其补偿对象为环境、生态等公共资源,具体表现为限期整改、排除妨碍、消除危险、赔偿损失等方式,如《循环经济促进法》第五十五条、第五十六条规定了电网企业和销售企业的赔偿责任。② 以上条款中的"赔偿责任"即属

① 张文显. 法理学 [M]. 5 版. 北京:高等教育出版社,2018.
② 《循环经济促进法》第五十五条规定:"违反本法规定,电网企业拒不收购企业利用余热、余压、煤层气以及煤矸石、煤泥、垃圾等低热值燃料生产的电力的,由国家电力监管机构责令限期改正;造成企业损失的,依法承担赔偿责任。"第五十六条规定:"违反本法规定,有下列行为之一的,由地方人民政府市场监督管理部门责令限期改正,可以处五千元以上五万元以下的罚款;逾期不改正的,依法吊销营业执照;造成损失的,依法承担赔偿责任:(一)销售没有再利用产品标识的再利用电器电子产品的;(二)销售没有再制造或者翻新产品标识的再制造或者翻新产品的。"

于民事赔偿。

2.《循环经济促进法》中的行政责任

在《循环经济促进法》的行政责任中，也没有关于补偿性行政责任的规定，因为在我国的实践中，通常把补偿性行政责任统称为行政赔偿，主要是指行政主体对行政相对人的补偿责任。而《循环经济促进法》规定了大量的行政制裁性责任，包括对内的行政处分和对外的行政处罚。例如，第四十九条规定了循环经济监管部门不履行职责时的处分制度。① 这里的"处分"即属于对内的行政制裁性责任而其他法条中关于警告、罚款、没收、责令停业、吊销营业执照等惩罚性措施属于典型的行政处罚。由于循环经济促进法只有对行政机关管理职能的规范却没有为行政相对人设置相对应的救济措施，缺乏一定的立法空白。

3.《循环经济促进法》中的刑事责任

《循环经济促进法》第五十七条规定："违反本法规定，构成犯罪的，依法追究刑事责任。"该法条属于刑事制裁性责任，同时它也是一个兜底性条款。通过《循环经济促进法》第六章"法律责任"即第四十九到第五十六条的规定，我们不难发现，该法并没有规定强制的责任方式，没有规定在责任主体不履行义务的情况下如何进行处理。于是第五十七条就把上述条款的所有加重情节进行了一个兜底性的规定，认为该情节足够严重，已经构成犯罪的，应追究其刑事责任。但是，这样的规定存在很大的弊端，因为循环经济促进法片面地运用刑事制裁来作为其强制措施的表现手段，忽略了行政强制措施的价值和作用。其弊端：之一，在某些情况下会违背责任相称原则；之二，会因为缺乏行政强制措施，使得责任主体的行为从违法过渡到犯罪的过程中，其

---

① 《循环经济促进法》第四十九条规定："县级以上人民政府循环经济发展综合管理部门或者其他有关主管部门发现违反本法的行为或者接到对违法行为的举报后不予查处，或者有其他不依法履行监督管理职责行为的，由本级人民政府或者上一级人民政府有关主管部门责令改正，对直接负责的主管人员和其他直接责任人员依法给予处。"

损害后果从预期可能发生转变为已发生，从轻度损害转变为严重损害，产生滞后性；之三，如果忽视行政强制措施，以惩罚代替治理，会违背我国预防为主，防治结合的环境保护国策，影响到法律实施的现实效益和社会效益。

二、法律责任规定的不足

(一) 法律责任存在违法成本较低的问题

《循环经济促进法》条款中虽涉及刑事、民事和行政的责任类型，但在一些规定上较为模糊，缺乏系统、严密的规则体系，存在法律空白。在《循环经济促进法》第六章规定了多种责任类型，但是在责任种类完善、形式多样的同时，仍存在违法行为种类、行为构成以及行为后果认定上衔接空隙较大，存在违法成本较低的问题。根据《循环经济促进法》第五十四条规定，该法在没收违法所得方面仅仅就黏土砖生产销售方面进行了规定。[①] 而相对于其他条款的高利润行业却没有相关规定，出现部分高利润行业的违法者的非法所得多于缴付的因违法行为所需支出的相应罚金的情况，导致法律所强调的抑制功能就不能落实。另外，该法缺乏强制措施的有关规定，不能充分发挥强制措施在责任实现方式中的作用，只是以第五十七条进行一个兜底性的规定，并以刑事强制手段进行最终的规制，这样缺乏一定的层次性，导致这些规则难以产生实际的社会效益。同时，第五十七条对于刑事责任的规定亦存在构成条件模糊的问题，在什么情况下构成犯罪，此时采取什么样的构成要件，是采取行为构成还是采取损害结果

---

① 《循环经济促进法》第五十四条规定："违反本法规定，在国务院或者省、自治区、直辖市人民政府规定禁止生产、销售、使用黏土砖的期限或者区域内生产、销售或者使用黏土砖的，由县级以上地方人民政府指定的部门责令限期改正；有违法所得的，没收违法所得；逾期继续生产、销售的，由地方人民政府市场监督管理部门依法吊销营业执照。"

构成，又或者是法规构成都没有明确的表述，如此一来在适用时就会产生三种不同的标准。采取行为构成理论者一般认为，要追究刑事责任就要有违法行为，而且多次实施或者实施时间较长，手段较为恶劣；采取损害结果构成理论者常常会认为无论行为是否违法，只要造成法定的入刑标准的损害结果就可以追究其刑事责任；法规构成理论者则认为只要满足法律所列举的相关要素，就可以追究其刑事责任。而《循环经济促进法》并没有明确选取以上三种理论与标准中的任何一种，其结果是入刑的标准难以把握。

（二）追究法律责任的程序过于简单，可操作性不强

《循环经济促进法》第五十条规定："生产、销售列入淘汰名录的产品、设备的，依照《中华人民共和国产品质量法》的规定处罚。"不过在执行主体上并没有进行明确的规定，是由质监部门执行相应处罚措施，还是由工商部门执行，或者在依上述条款交由循环经济综合管理部门来执行成为实践中的一个重要的问题，造成现实的执法工作中部门职能模糊和交叉。

上述条款规定的执法主体显得颇为不明确，归根结底来说执法流程并不明确，在现实的执法中容易造成多头管辖的情形，影响了法律责任制裁机制效果的实现。

（三）法律责任的归责及其实现程序不够完善

一是启动程序者不够明确。既没有明确认定各级政府的循环经济综合管理部门负责启动法律程序，也没有赋予其他行政部门、公民或其他社会组织相关的权利，如果缺乏启动法律程序者，法律程序的适用和运行就无从谈起。

二是缺乏对违法行为认定的标准以及第三方中介机构的介入依据，缺乏涉及《循环经济促进法》配套的其他规定。例如，在燃油发电机组或者燃油锅炉技术指标方面，《循环经济促进法》

第二十一条规定："国家鼓励和支持企业使用高效节油产品。电力、石油加工、化工、钢铁、有色金属和建材等企业，必须在国家规定的范围和期限内，以洁净煤、石油焦、天然气等清洁能源替代燃油，停止使用不符合国家规定的燃油发电机组和燃油锅炉。"为此，第五十二条规定了相关的法律责任，即"违反本法规定，电力、石油加工、化工、钢铁、有色金属和建材等企业未在规定的范围或者期限内停止使用不符合国家规定的燃油发电机组或者燃油锅炉的，由县级以上地方人民政府循环经济发展综合管理部门责令限期改正；逾期不改正的，责令拆除该燃油发电机组或者燃油锅炉，并处五万元以上五十万元以下的罚款"。而对于究竟何为"不符合国家规定的燃油发电机组和燃油锅炉"，至今并未出台相关的配套规定。

三是执行部门不确定，在《循环经济促进法》的规定中，可以作出行政执法的部门包括人民政府循环经济发展综合管理部门、产品质量监督部门、工商行政管理部门、地质矿产主管部门、国家电力监管机构等部门，有的甚至还需要两个或两个以上的部门联合管理。那么，如何协调这些部门之间的工作，如何处理行政部门职能范围交叉领域的权力冲突，如何限定循环经济发展综合管理部门的执行权范围等问题，已成为完善《循环经济促进法》法律责任的重要课题。

（四）法律责任在权利的设置和确认上存在缺陷

一是行政责任主体对于行政主管部门的行政决定进行申诉和对抗的权利没有得到保护和确认；二是公民个人或者公众对于违反《循环经济促进法》行为进行监督和诉讼的权利没有得到保护和确认。

综上所述，《循环经济促进法》的法律责任规定的不足可以总结为：职能安排缺乏统一性，责任实现方式缺乏操作性、专业性，忽视当事人的权利，惩罚措施缺少威慑力。简而言之，就是我国现行的《循环经济促进法》法律责任的规定不够健全，缺乏威慑力。

三、完善法律责任规定的思考

（一）完善追究法律责任机制启动程序的规定

制裁机制对于《循环经济促进法》来说，是一个尤为重要的实施保障，如果存在违法情形，因为制度流程的缺陷使得处理循环经济案件的机制无法运转，则制裁机制就缺乏其本身的价值，故该机制有待完善。细化来讲，一方面是启动的主体，对于这个问题，德国的经验是先制定相关规范而后再追究行政责任，具体的调查程序由规定的机关负责。调查程序能够快捷启动，基于此我国也可借鉴此种方式。另一方面在关于行政处分与司法之间如何衔接的程序中，我国《循环经济促进法》第五十七条规定："违反本法规定，构成犯罪的，依法追究刑事责任。"为了正确把握行政处分和构成犯罪之间的界限，避免对犯罪的纵容或者是公权力的滥用，我们认为可由循环经济发展综合管理部门联合司法部门共同研究，及时出台相关的规范性文件或司法解释。同时，在关于如何完善制裁机制的启动程序中，可借鉴国外的某些适宜的、行得通的做法，在本土化的过程中充分借鉴其精要部分。进而由有关机关制定出详细具体的循环经济促进法实施细则，尤其是细化启动制裁机制的程序，从而能在发生案件后，保证负有相关职责的机关能够快速地进行调查，从而确保相应法定责任落到实处。

（二）细化责任与惩罚体系，增强《循环经济促进法》的威慑力

我国《循环经济促进法》规定的行政责任种类中，当事人承

担的是违法成本较低的被处罚后果，显然，在社会发展如此迅速的今日，这些无法从实质上起到威慑作用。而对比德国，其行政责任规定违法行为和法律责任较为细致全面，便于落实。此外，德国还设有行为人触犯了刑法时从业禁止的规定，从而保障社会和谐发展。在我国《刑法》中也存在此相类似的法律规定，我国《刑法》第三十八条规定："判处管制，可以根据犯罪情况，同时禁止犯罪分子在执行期间从事特定活动，进入特定区域、场所，接触特定的人。"

因而，在追究因违反《循环经济促进法》应负刑事责任的行为人时，我们认为司法机关可以考虑适用如上条款。另外，还需要对循环经济促进法的入刑标准进行细化，确定入刑所需的构成要件，使得《循环经济促进法》的入刑条款更具有操作性。一方面既能准确、有效追究违法行为人的刑事责任，另一方面也可防止公权力的滥用。从《循环经济促进法》的相关特性出发，其入刑标准应理解为：①多次或长时间进行本法所规定的违法行为，手段恶劣的，涉及金额较大的；②因实施本法所规定的违法行为，构成刑法或者其他法律法规所规定的犯罪的行为，即刑事责任归责理论应采用行为构成说和法规构成说。

我国《循环经济促进法》的入刑标准不应以规定的违法行为所造成的损害结果来认定，理由如下：①《循环经济促进法》是一部旨在促进经济科学发展的法律，不应以环境污染等其他方面的损害结果来作为入刑标准，否则会容易造成相关法律、法规的重叠和冲突。②循环经济促进法是以先期预防环境污染、资源浪费作为目的，如果入刑标准以损害结果作为基准，将失去其预防的意义，违背立法目的。③对于实施了《循环经济促进法》所规定的违法行为，经教育处罚仍未改正的，应加入行政强制这一层次的惩罚手段进行制裁，适用治安管理处罚法等法律、法规，而不应直接适用入刑条款。

(三) 完善我国《循环经济促进法》行政责任的规定

通过对《循环经济促进法》的行政责任规定的分析，我们不难发现，该法在若干具体环节上或者法律技术上还存在一些瑕疵，主要集中在以下三个方面。一是没有赋予行政责任主体对抗行政主体的行政决定的救济手段；二是缺乏强制措施的规定，忽视行政强制措施在责任实现方式中的作用；三是缺乏公民个人或者公众对于违反循环经济促进法行为进行监督和诉讼的具体规定。

针对上述的问题，应通过司法解释等途径对《循环经济促进法》进行完善，具体建议如下：一是应明确规定，允许当事人对行政处罚决定不服的，可以申请行政复议，也可以向人民法院起诉。二是允许该法规定的受损害的当事人进行民事诉讼，如果当事人人数众多的，应允许依法由当事人推选代表人进行代表人诉讼，但对于无关系人或者无直接损害结果的当事人提起的公益性诉讼应谨慎对待。三是规范相关技术标准，严格划定违法与合法的界限，防止标准不一而导致的枉法行为或者有法不依的行为。在此基础上进一步规定当事人、行政机关和责任承担者可委托环境监测组织进行监测，并将其监测结论作为处理纠纷的依据；且在法定范围内，监测组织不得拒绝委托。四是应增加给予治安管理处罚以及强制扣缴、强制拆除、强制拍卖等民事和行政强制措施，使循环经济促进法的强制手段更具有层次性。

(四) 制定与我国《循环经济促进法》法律责任规定相配套的下位法

我国《循环经济促进法》作为一部基本法律，应辅之以若干下位法。《中华人民共和国国民经济和社会发展第十四个五年规划纲要》（以下简称《"十四五"纲要》）中明确了垃圾资源化利用和无害化处理的举措。因而，植根于发展循环经济的需要，我国需借鉴国外先进的循环经济立法实践，因地制宜开展我国循环经济立法。如德国的废旧汽车处理条例、日本的可循环性食品资源循环法，特种家用机器循环法等都有可供参考的方面。基于此，可以通过制定细致的资源综合利用条例来规制相关企业对产品和物品的循环利用措施。通过制定再生资源回收利用管理条例以规定对生活垃圾的循环利用，以及通过制定废旧汽车回收条例等下位法来完善循环经济立法。以便能够依法完善发展各地循环经济。

目前，纵观我国立法现状，仅有《报废汽车回收管理办法》《废弃电器电子产品回收处理管理条例》《再生资源回收管理办法》等规范，循环经济立法仍然有待完善和细化。因此，制定《循环经济促进法》的子法仍显得任重道远。例如，应当对政府的采购行为给予约束，使政府的消费行为也同公众消费一样，作为一种政府义务、政府职责确立下来，将循环经济的管理者纳入循环经济促进法的管理之下，共同促进循环经济的发展。政府既是管理者也是消费者，作为后者其也有环保责任。通过《政府采购法》规定："政府采购应当有助于实现国家的经济和社会发展政策目标，包括保护环境，扶持不发达地区和民族地区，促进中小企业发展等。"我们可以看出此条显然在规制政府应优先采购循环产品，但实施绿色采购的规定还有待进一步完善。《"十四五"纲要》强调，要提高节约型和循环利用型产品的采购比例。基于政府作为民事主体进行采购时，倘若一旦倡导政府采购循环产品，则循环利用产品的市场需求量扩大。如果政府采取此种采购模式，那么循环产品就会有很强的市场竞争力，引导社会对循环产品的消费方向。① 当然，这还需要明确政府及其工作人员进行政府采购行为中违反绿色采购政策所应承担的相关责任，我们

---

① 孙佑海，王甜甜. 推进碳达峰碳中和的立法策略研究 [J]. 山东大学学报（哲学社会科学版），2022（1）.

认为以内部的行政处分为宜。确立政府及其工作人员进行绿色采购中的法律责任，一方面可以抑制公务消费中的铺张浪费现象，另一方面将绿色消费的行为从一种倡导转化为一种义务，督促政府及其工作人员身体力行。

在《循环经济促进法》的下位法的制定上，要特别突出对循环经济中各类废弃物的回收、流通和再利用的法律管制，明确在产业废弃物的回收、流通和再利用环节中违法行为所应承担的法律责任。前几年，频发的"地沟油""毒胶囊""毒果冻"等有毒食品事件，可以称之为"恶性"的资源再利用案件。我们在大力倡导发展循环经济的同时，还要注意对资源再利用环节中的"恶性"部分进行规制和清除。通过明确产业废弃物的回收、流通和再利用环节，以及明确各个相关主体应承担的法律责任，从而提高循环经济促进法法律责任的威慑力，进而提高全社会的法律意识。

第三章 《循环经济促进法》的实施

一、《循环经济促进法》实施的基本含义及基本方式

(一)《循环经济促进法》实施的基本含义

若想弄清楚《循环经济促进法》实施的基本含义,首先要明确法的实施的含义是什么,即将法律规范采用一定的形式作用于社会关系,在社会领域得以实现的活动。法的实施很广泛,既有国家机关及其公职人员将法律规范得以实现的过程,又有社会团体和公民实现的过程。在此过程中,将抽象的权利和义务予以具体化,是"使法律从书本上的法律变成行动中的法律,使它从抽象的行为模式变成人们的具体行为,从应然状态进入到实然状态"①的过程。据此,《循环经济促进法》的实施是指公民在社会生活中将《循环经济促进法》得以具体运用和落实的过程。

(二)《循环经济促进法》实施的基本方式

1.《循环经济促进法》的执行

《循环经济促进法》的执行是指国家行政机关及其公职人员通过一定的方式和途径贯彻落实《循环经济促进法》的一系列活动和过程。以《循环经济促进法》为依据,该法的执行主体为国家发展改革委、商务部门、环保部门和地方环卫部门等,由此可见,《循环经济促进法》的执法主体多头,实践中易出现推诿不作为现象。据调查,《循环经济促进法》的执行过程中存在执法

---

① 沈宗灵. 法理学 [M]. 4 版. 北京:北京大学出版社,2014.

不严、执法队伍专业性和权威性不强、执法力量薄弱、执法部门不能责任到人等问题。

2. 《循环经济促进法》的适用

按照法的适用通说，广义的《循环经济促进法》的适用是指所有有权依照该法作出决定并对具有法律效力的决定的国家机关所进行的，运用《循环经济促进法》的规定处理违反该法规定行为的活动，涉及的国家机关包括司法机关、公安机关等；狭义的循环经济促进法的适用是指司法机关（即专指法院、检察院）依据法律赋予的职权和法律所规定的相应的程序，将《循环经济促进法》运用到实践中专门处理《循环经济促进法》所规定的违法行为，这样一个专门的活动就是所谓的狭义的《循环经济促进法》的适用。当然需要明确的是本书指的是广义的法的适用。

3. 《循环经济促进法》的遵守

循环经济促进法的遵守是国家机关、公众以及相关企业依本法的规定，合法行使自身权利以及履行相应的义务。这一活动过程即为循环经济促进法遵守。① 为了更好地促进《循环经济促进法》的实施，《循环经济促进法》第三条规定了公众参与制度。社会公众对于循环经济促进活动的积极参与这一活动本身就是其遵守循环经济促进法的显著特征，也是公众对《循环经济促进法》的遵守的体现。该法中公众参与的权利规定为包括决策权、消费权、监督权。公众参与循环经济的义务包括：遵守《循环经济促进法》的各项要求及其相关法律制度；执行政府关于循环经济的各项政策、促进循环经济的发展；使自身行为符合循环经济发展的要求等。②

---

① 孙佑海，王甜甜. 解决生活垃圾处理难题的根本之策是完善循环经济法制 [J]. 环境保护, 2019, (16).

② 牛睿. 循环经济中的公众参与及制度完善 [J]. 人民论坛, 2012 (5).

二、《循环经济促进法》实施的保障措施

（一）构建循环型经济社会体系，为《循环经济促进法》的实施创造良好的经济社会发展环境

1. 加强重点领域资源循环利用，着力推进静脉产业体系建设

国务院《循环经济发展战略及近期行动计划》表明，我国经济的发展已经受到国内资源供给的严重限制，各种能源资源的供应不足致使经济发展受到挑战，能源资源瓶颈已然成为可持续发展的阻力。所以，我国还应加强2021年《"十四五"节能环保产业发展规划》规定的资源循环利用产业重点领域中的七种资源的循环利用，即矿产资源、固体废物、再制造、再生资源、餐厨废弃物、农林废物、水资源。

"静脉产业"一词来源于日本，主要是指与垃圾回收和资源化再利用有关的产业。静脉产业的工作任务是处理废弃物的再循环利用问题，既解决了资源短缺问题，又能实现产业系统与生态系统的良性循环。为此，世界各国都很重视静脉产业的发展，静脉产业已成为其经济发展中的主要产业，如德国、日本的静脉产业已发展成为包括回收、处理、拆解、再生、再制造等环节的独立完整的产业体系。

目前，我国大部分地区对于静脉产业缺乏足够的认识，即便有所认识也仅仅只是将静脉产业当作是"收废品"或者将静脉产业当作是"捡破烂"，绝大部分地区对静脉产业缺乏了解，相关部门也没有统一的规划。① 静脉产业在我国仍处于粗放型发展阶段。因此，政府应从政策支持和技术扶持方面着力推进静脉产业

---

① 孙佑海，丁敏.《循环经济促进法》有效实施的思考和建议 [J]. 再生资源与循环经济，2010（2）：6-9.

的体系建设，可以适当借鉴国外某些做法，引入第三方治理，这样不但为静脉产业打开了市场，而且还促进专业化的治污企业的形成，这样就使规模经济的效应得到极大的发挥。

2. 大力推进产业集群循环经济体系建立，重点建设生态工业园区

我国很多产业集群是由中小企业自发形成的，这些产业集群的起点都比较低，如珠三角的主要工业产业集群企业中，小型企业就占了90%以上。这些小型企业不仅环境保护意识淡薄，而且缺乏先进的环境保护设备、技术和人才。[1] 我国目前的产业集群除了少数是高新技术集群外，大多数的产业集群属于传统制造行业，因此对资源与原材料的需求和依赖极大。当前沿海地区的电荒、能源荒、水荒甚至是民工荒等问题很大部分是由产业集群的资源受到约束所致。

单个企业要发展循环经济，实现资源最大限度的利用，无论在技术上还是在资金上都显得势单力薄。[2] 所以企业需要在特定的区域内聚集，从而可以更好地适应循环经济的发展。通过企业与企业、企业与政府、企业与科研单位以及企业与社会中介组织之间的相互联系和合作，以产业集群为载体，促进整个社会的循环经济发展。

国外企业在探索和实践循环经济的过程中形成四种成功的模式，即企业内部循环经济模式、建立生态工业园区、包装物双元回收体系、社会循环型模式。在这四种模式中，生态工业园区是推进循环经济发展最有效的方式。"生态工业园区是指企业与企业间形成废弃的输入输出关系，其实质是运用循环经济思想，组

---

① 李春友，鲁晓玮. 污染密集型产业集群如何实现升级——基于产业活动类型与生态系统耦合模式匹配视角 [J]. 科技进步与对策，2021（19）.

② 刘巧绒，王礼力. 中小企业集群生态化的内生机制分析 [J]. 科技与管理，2009（4）：83-85.

织企业共生层次上的物质和能源的循环。"① 生态工业园区建设的典型——丹麦的卡伦堡工业共生体,是在循环经济思想的影响下建立的。反观我国的生态工业园区建设工作,其试点工作始于1999年,之后又相继公布了两批的循环经济试点的相关名单。我国已建立了广西贵港、天津泰达等26个国家生态工业园区试点。从我国循环经济试点来看,取得最显著成效的也是在生态工业园区。因此,我国选择以循环经济生态工业园区为重点和突破口推进循环经济是非常有必要的。② 相较于国外发达的生态工业园区建设,我国还需加大力度发展生态工业园区。

3. 积极引导重点行业和企业提高资源利用率,加强降污减排

《2021年国民经济和社会发展统计公报》显示,我国全年能源消费总量52.4亿吨标准煤,比上年增长5.2%。煤炭消费量增长4.6%,原油消费量增长4.1%,天然气消费量增长12.5%,电力消费量增长10.3%。煤炭消费量占能源消费总量的56.0%,比上年下降0.9个百分点;天然气、水电、核电、风电、太阳能发电等清洁能源消费量占能源消费总量的25.5%,上升1.2个百分点。2022年我国GDP(18万亿美元)占全球GDP(100万亿美元)总量的18%,但我国占全球能源消费量的23%,我国伴生矿产资源综合利用率不到20%,矿产资源总回收率在30%左右,而国外先进水平在50%以上。从品种上看,我国综合利用的矿种仅占可综合利用矿种总量的50%左右;从数量上看,我国铜铅锌矿伴生金属冶炼回收率平均为50%,发达国家平均为80%。《2022年国民经济和社会发展统计公报》显示,我国2022年比上年的煤炭消费量增长4.3%;原油消费量下降3.1%,天然气消费量下降1.2%,电力消费量增长3.6%。煤炭消费量占能源消费总量

---

① 吴伟萍,张超,向晓梅. 创新型产业集群对城市绿色经济发展的影响——基于中国280个城市面板数据的实证分析 [J]. 企业经济, 2021 (11).

② 卢静,王信粉,辛璐等. 环保产业园协同创新能力评价研究 [J]. 环境保护科学, 2021 (5).

的56.2%，比上年上升0.3个百分点；天然气、水电、核电、风电、太阳能发电等清洁能源消费量占能源消费总量的25.9%，上升0.4个百分点。上述数据说明，我国目前资源的利用率并不高。

2021年3月18日国家发展和改革委员会等多部门联合公布《关于"十四五"大宗固体废弃物综合利用的指导意见》指出，到2025年，煤矸石、粉煤灰、尾矿（共伴生矿）、冶炼渣、工业副产石膏、建筑垃圾、农作物秸秆等大宗固废的综合利用能力显著提升，利用规模不断扩大，新增大宗固废综合利用率达到60%，存量大宗固废有序减少。因此，我国提高资源利用率任务重，时间紧。为了达到这一目标，我国当前和今后一个时期须对重点行业和企业提高资源利用率进行积极引导，并重点抓好高耗能行业和企业的节能工作。

（二）为循环经济发展完善法律体系，创建法治环境

1. 相关立法要与《循环经济促进法》相协调

作为国家根本大法的《宪法》和基本法律的环境保护法都未对循环经济进行专门的规定，这就给循环经济的推广与发展带来不便。目前我国循环经济法律体系中的专门法，如《固体废物污染环境防治法》《清洁生产促进法》《可再生能源法》《循环经济促进法》在协调性方面存在着一定的重合和矛盾。例如，《固体废物污染环境防治法》中对生产者延伸责任限制过度包装、农产品回收利用等规定就与《循环经济促进法》的相关规定重合。另外，在《清洁生产促进法》和《循环经济促进法》都提到了强制回收目录制度，但二者在制定主体的规定上相矛盾。《清洁生产促进法》规定由国务院经济贸易行政主管部门制定，而《循环经济促进法》规定由国务院循环经济发展综合管理部门规定。我们建议将现有法律进行修改完善，以达到与《循环经济促进法》的合理衔接之目的。一是修改《宪法》，增强《循环经济促进法》

的权威性。因循环经济的战略性地位，在法律层面应提高到宪法保护的高度。二是修改《环境保护法》。我们建议将发展循环经济作为一项原则置于《环境保护法》总则中①，"改变其末端治理的思想，用源头防治的思想来与基本法相匹配。分则要细化发展循环经济的措施，从而使循环经济的思想真正贯穿到该《环境保护法》中。三是修改与《循环经济促进法》内容重复和冲突的专门法规，在立法宗旨、主要条款、执法主体等核心内容方面与《循环经济促进法》相一致。

2. 制定与《循环经济促进法》相配套的法规和规章

《循环经济促进法》的相关法律规范是否完善，影响着循环经济的持续健康发展。②《循环经济促进法》中的规范包括：全国循环经济发展规划、强制回收名录及管理办法、重点用水单位的监督管理办法、禁止在电器电子等产品中使用的有毒有害物质名录、限制生产和销售的一次性消费品名录及限制性的税收和出口措施、有关废电器电子产品拆解、再利用的行政法规、发展循环经济的有关专项资金的使用办法以及对促进循环经济发展的产业活动给予税收优惠的具体办法等。其中，部分规范已出台，例如《民用建筑节能条例》《能源效率标识管理办法》《再生资源回收管理办法》《电子信息产品污染控制管理办法》《电子废物污染环境防治管理办法》《国家鼓励的资源综合利用认定管理办法》《废弃电子电器回收处理管理条例》《重点用能单位节能管理办法》《公共机构节能条例》《民用建筑节能管理规定》《清洁生产审核暂行办法》《国务院关于加快发展循环经济的若干意见》《产业结构调整指导目录（2011年）》《中央企业节能减排监督管理暂行办法》《粉煤灰综合利用管理办法》等。《循环经济促进法》颁

---

① 姜瑛楠，李云燕. 我国循环经济法律体系现状与完善立法建议［J］. 环境保护与循环经济，2013（3）：18.

② 张忠民，侯志强. 环境法典中绿色发展理念的融入与表达——以《循环经济促进法》修订为视角［J］. 东南大学学报（哲学社会科学版），2022（5）.

布实施以来，实践中已显示其配套法规不足带来的执行困境。① 因此，理应将《循环经济促进法》视作统领循环经济领域的基础法律，进而健全循环经济相关的法律规范，如以下这几类法律、规章，如循环经济标准体系、发展循环经济专项资金使用管理办法、废弃物管理法、容器包装与循环利用法、电子产品回收利用法、建筑材料回收利用法等。提高相关技术规范和标准的制定速度，使《循环经济促进法》更好地得以实施。

（三）强化企业的创新意识和社会责任，构建和谐企业环境

1. 推动企业树立生态人观念

传统线性经济给环境和资源破坏带来的后果众所周知，其治理的成本也不低，但不少企业并没有意识到这点，它们还停留在经济人状态。生态文明建设已成为我国社会主义现代化建设"五位一体"建设的重要一体，与此相对应，企业也应切实转变经营理念，树立一种全新的承担生态责任的观念。② 这种观念，既是当下企业在注重生态环境保护的社会中所应具备的社会价值，又是社会文明过渡的关键。③

2. 推动企业加强生态型技术创新

技术创新包括传统型技术创新和生态型技术创新。传统型技术创新是为了提高企业的核心竞争力，获取最大的经济效益。生态型技术创新是与生态文明建设相关的概念，是为了保护生态环境，力求使生态、经济和社会效益三者实现有机统一。

作为生态经济，循环经济的内在要求是以生态化技术作为基

---

① 吕忠梅，吴一冉. 中国环境法治七十年：从历史走向未来 [J]. 中国法律评论，2019（5）.

② 侯巍巍，马波. "生态人"法律人格塑造：法律主体、权利能力与人格利益 [J]. 广东石油化工学院学报，2022（5）.

③ 董军，陈绪新. 从"理性经济人"走向"理性生态人"——企业环境责任的伦理分析 [J]. 现代管理科学，2012（1）.

础，放到企业层面，它也要求企业要将企业的生态化技术作为重点，实施生态化的技术创新，只有如此企业才可长远发展。生态型技术创新既可以不断增加资源的种类和数量，又可以大大提高现有资源的利用率。实际上，在社会实践当中，循环经济技术体系的建设相对来说还仍然处于一种滞后的状态，还应该进一步开发利用先进的利于循环经济发展的技术，而且还应该加大循环经济的关键技术的研发及推广，基于这样的一种现实情况，对于循环经济向更高层次的产品和效益的发展产生了巨大阻力。① 因此，政府应想方设法推动企业加强循环经济技术创新。第一，成立循环经济技术创新专项基金。专项基金用于以下方面：一是用于鼓励企业开展循环经济技术创新研究，研究重点为高新技术、环境无害化技术、资源综合利用技术。有条件的企业可以自主研发创新，没有条件的可以和科研机构、高等院校合作开展循环经济技术创新研究。二是引进国外先进技术，为企业创新搭建循环经济发展的技术平台。三是用于奖励环保工作做得好的企业。第二，出台激励企业循环经济技术创新的税收优惠政策。运用税收优惠政策激励企业技术创新已是世界各国普遍采用的做法。第三，构建社会化的中介技术创新服务体系。

3. 促进企业承担社会责任

我国有些企业负责人对于循环经济的重要性的认识还远远不够，对其应承担的生态保护和循环经济发展社会责任认识不到位，"认为企业承担社会责任会给企业经营增加成本，这些成本最终会转嫁给消费者……"。实际上，"循环经济发展方式与企业社会责任存在着内在的关联性"②。为了促进循环经济的发展，强化企业社会责任，我国可以从以下方面构建制度强化企业循环经

---

① 孙佑海，丁敏. 循环经济促进法实施一年来的成就、问题和进路 [J]. 环境保护与循环经济，2010（2）.

② 张安军. 环境税征收、社会责任承担与企业绿色创新 [J]. 经济理论与经济管理，2022（1）.

济社会责任担当。第一，建立清洁生产公告制度。《清洁生产促进法》的实施虽然减轻了企业末端治理的压力，但其配套制度还需要进一步完善。我国理应确立清洁生产的公告制度，从而使得企业的清洁生产的社会责任得以实现。规范清洁生产标准，使企业接受大众的监督。第二，建立绿色消费制度。循环经济背景下，除了引导消费者树立绿色消费观外，还需要建立企业绿色消费制度，鼓励企业开发和利用节约型资源和能源。第三，为了更好地促进企业所应负担的社会责任的实现，我国必须确立环境税收制度，提高非循环性产品税率，降低其市场竞争力，对于能促进环境保护的产品给予减免税优惠。①

---

① 袁文全，王志鑫. 环境共治模式下绿色消费法律制度的规范建构 ［J］. 中国人口·资源与环境，2022（8）.

第四章 西部地区《循环经济促进法》实施效果评价标准初探

一、"标准"对于《循环经济促进法》实施效果评价之意义

"标准"在汉语中是指"比较、评定事物的依据或准则",比如实践是检验真理的唯一标准等。本书"标准"的含义也主要指衡量某事物的依据、准则,或者"标尺""准绳"。法律实施评价标准是以量化方式评估法律实施效果的重要手段。开展法律实施评价是一种积极而重要的"后立法"反馈活动,这种活动对于促进法文本与实践之间关系的协调至关重要。而法律实施效果评价涉及多方面的问题,比如评价主体、评价对象、评价方法等。由于包括法律实施效果评价在内的所有人为评价活动都具有明显的主观性,因此构建一套客观、可信服的评价标准,对于克服这种主观性意义重大。

《循环经济促进法》的出台,意味着立法者已认识到在资源匮乏、生态恶化的情况下,该法的生效实施对于实现资源集约化中的"减量化""再利用""资源化"具有积极意义,但在肯定其积极意义的同时,对其实施的效果也出现质疑声。[1] 社会现实和法律条文二者间还存在一个涵摄的过程。不但应该注重条文方面的内容,还应该结合实际情况加以把握和运用法律条文。[2] "徒法不足以自行",仅有形式上的立法仍然难以解决所有的现实问题,因此目前《循环经济促进法》已经进入"立法再回头"的评价阶段。唯有明确究竟实施效果好或不好,方可寻找问题的症

---

① 李丹. 《循环经济促进法》施行效果评估分析 [J]. 再生资源与循环经济,2012 (9).

② 徐明. 文义解释的语用分析与构建 [J]. 政法论丛,2016 (3).

结，并进而形成问题解决方案的共识。①

正如前文所言，法律实施评价是一种主观性极强的活动。② 一般这种活动可以包括"定性"（比如法的价值取向是否正确、法的具体制度是否符合正义）方面的内容，也可以包括"定量"（通过调查数据来说明现实情况）方面的内容。③ 为了保证评价结果的客观性，虽不能排斥"定性"方法的采用，更应当更强调"定量"方法的重要性。由于"标准"本身即蕴含着"标尺""准绳"等客观"量化"的意味，因此构建出一套合理、可操作的标准，对于西部地区《循环经济促进法》的实施效果评价质量的保证至关重要。

二、西部地区《循环经济促进法》实施效果评价标准的研究基础

（一）现有的相关研究成果

总体来说，我国目前关于法律实施的评价及其标准问题尚未引起学界广泛关注。与此相对应，关于法律实施效果评价标准的研究成果仍然较为稀少，而且这些仅有的研究仍然主要集中于一般性全国立法或者一般性地方立法的立法质量或实施效果的评价问题。

例如，史建三先生的《地方立法后评估的理论与实践》，俞荣根先生的《地方立法后评估研究》以及《地方立法质量评价指标体系研究》等著作，虽然都专门研究立法后评估问题，但仅限

---

① 全国人大环资委也已启动对《循环经济促进法》实施效果的评价工作［EB/OL］．［2014-09-14］．http://www.chinadaily.com.cn/dfpd/sichuan/2011-09-06/content_3706294.html.

② 卢野，陈一. 法治社会建设视域下的法治意识评估——对象、内容和原则［J］. 西华大学学报（哲学社会科学版），2021（6）.

③ 孙波. 论行政立法后评估制度的完善［J］. 江西社会科学，2020（11）.

于研究作为下位法的地方立法在立法质量、法律实施方面存在的问题。而在期刊论文方面，许多学者的研究方向已经更为细致、多样，比如汪全胜先生分别就美国、日本、英国的立法后评估制度以及评价标准问题进行了探讨。

上述研究多少都包含对评价标准问题的探讨，但它们大多只是在寻求某种"一般化"的指标体系来解决一般立法评价的问题。而目前专门针对《循环经济促进法》实施效果评价标准的研究较为少见。这就决定了进行该问题研究的基础较为薄弱，但是在一些其他交叉学科领域，如在区域经济学、统计学、环境科学领域，已有不少专门针对"循环经济发展评价"的研究成果，如国家统计局循环经济评价指标体系课题组的《循环经济评价指标体系研究》，以及杜广强先生《我国31个省市区循环经济发展水平评价研究》等，这些研究往往从某个地域具体情况出发来探究循环经济发展评价方法、评价指标的问题。① 它们虽然并非从《循环经济促进法》的法律实施状况出发进行研究，但是仍然为我们从法律实施效果的角度进行探索提供了宝贵的基础。

（二）研究的难点

对《循环经济促进法》实施效果的评价标准加以研究，虽然具备上述基础，但仍然存在着不少需要克服的困难。比如目前法学界关于立法后评估的成果主要是基于"一般化"视角来开展研究。而《循环经济促进法》本身除了具有调整领域的特殊性之外，在实施手段上具有明显的"政策性""促进性"，因此对一般的结论并不能生搬硬套。这些研究成果所得出的具体结论，比如认为评价标准应当包括效率标准、效能标准、公平标准以及回应

---

① 杜广强. 我国31个省市区循环经济发展水平评价研究［J］. 科技管理研究，2006（8）.

性标准等内容,① 虽然可视为重要成果,但仍然距离"标准"本身所蕴含的"量化"要求有一定距离。此外有些研究虽然已经触及"量化"指标问题,但是在指标的设置、指标分数的配比等问题上尚具有较大的随意性,因而未能在研究者间形成共识。

而从交叉学科视角出发所进行的"循环经济评价指标体系"探索,仍然大多脱离于法律实施的视角之外,这些研究甚至是在《循环经济促进法》出台之前已经进行。因此对西部地区《循环经济促进法》的实施评价标准构建,必须重新立足于该部法律的具体规定及其实施现状,方能具有针对性。

三、构建西部地区《循环经济促进法》实施效果评价标准的两种选择

(一) 方式一:评价标准体系及其指标分值的"固定法"

所谓评价标准体系及其指标分值的固定法,是指确立一套存在纵、横向联系并含有不同指标项的固定标准体系,并为每一个指标项配置相应的评分值。通过为每一个指标项的计算设置一种具体方法,通过实地调研、计算分值,再进而算出每一个被评价对象、地区所获得的总分,就得出法律实施得好或者不好的结论。②

目前,我国已有相关法学研究主要倾向于采用这种方法。比如俞荣根先生在《地方立法质量评价指标体系研究》中认为:(1) 评价标准体系中的一级评价指标项应当包括"法制统一、合理性、可操作性、地方特色、成本与效益、实效性"六个方面的内容,而它们相应的评分配比为 15 分、15 分、15 分、10 分、15

---

① 汪全胜. 美国行政立法的成本与效益评估探讨 [J]. 东南大学学报 (哲学社会科学版),2008 (6).

② 李店标,冯向辉. 地方立法评估指标体系研究 [J]. 求是学刊,2020 (4).

分、30分，满分共计100分；（2）一级指标项下又存在若干二级指标项，每一个二级指标项又分别对应着一个分值，每一类别中的二级指标项分值总和，即等于本类别上一级指标项的总分；（3）由此，再配以实际操作中分值估算的具体方法。这样，就使得评价过程中对"量化"的要求获得了满足。

而从其他交叉学科角度进行的研究也多有采用"固定法"的情况。比如马宗国、柳兴国先生的《循环经济统计指标体系与监测方法实证研究》就把评价体系的一级标准设定为"经济发展水平、资源节约水平、科技和教育水平、环境保护水平、社会稳定水平"① 五大项，这五项标准之下又分出更详细的二级标准项，如在"资源节约水平"项下又分为"万元产值综合能耗""万元产值水资源消耗""工业固体废物综合利用率"三项，这三项标准的评分权重分别为0.4、0.4、0.2，这三项指标项的分数总和，即为一级标准项"资源节约水平"的实际分数。在此基础之上，通过赋予这些标准项以一定的标准值以及相应的测算方法，即得出了循环经济评价指标体系。②

评价标准体系及其指标分值的固定法是对评价活动加以"定量化"的有益尝试，因此也成为构建《循环经济促进法》实施效果评价标准时的一种重要选择。

（二）方式二：评价标准体系及其达标情况的"比较法"

所谓评价标准体系及其达标情况的"比较法"，虽然也力图确定一套确定的标准，但是并不强调在标准体系的指标项内部分配固定的分值或者采用简单"打分"的方法，而是强调在动态之中比较"循环经济发展情况"的情况，来获得循环经济发展的

—————————

① 马宗国，柳兴国. 循环经济统计指标体系与监测方法实证研究 [J]. 开发研究，2006（5）.

② 何跃军. 法规影响分析程序：提升立法质量的事前之道 [J]. 地方立法研究，2019（5）.

"好"或"不好"的结论。所谓"比较",既可以通过与过去循环经济发展状况进行比较来发现变化的趋势,也可以同《循环经济促进法》本身所设定的立法目标加以比较——通过调研,发现现实情况与立法初衷之间的距离,来判定法律实施效果"好"或者"不好"。

"比较法"在目前各类相关研究中被采用的情况较少,尤其法学界的研究者一般倾向于采用"固定法"。[①] 总体而言,采用"比较法"的情况,多见于区域经济、统计学等领域的研究中,比如潘永昕、李体康先生在《甘肃省循环经济发展评价及对策研究》中,即把一级评价标准划分为"资源产出指标""资源综合利用指标""废物排放指标"三大类,每一类一级指标下又进一步细分为二级指标,比如其中的"废物排放指标"项即包含"工业固体废物处置量、工业废水排放量、二氧化碳排放量、COD 排放量"四个子项。这些一级、二级指标项都相应被配予不同的评分权重,以体现其重要程度。这些安排与前述"固定法"大体相同,但不同之处主要在于"固定法"的评价方法侧重于"动态比较"——比如更注重各项数值的动态变化对单个指标分数的影响,也更强调在年度评估的基础上年度间循环经济发展趋势进行比较分析。[②]

"比较法"的计算方法较为复杂,但是它既能反映单个指标项的动态发展变化,也能反映评价结果的年度发展趋势,因此在灵活性、客观性等方面具有优势。

(三) 两种选择的比较

在构建循环经济促进法实施评价标准时,上述两种方式是重

---

① 俞荣根. 不同类型地方性法规立法后评估指标体系研究 [J]. 现代法学, 2013 (5).

② 谭波. 论体系化背景下地方立法质量评价机制的完善 [J]. 河南财经政法大学学报, 2020 (1).

要的备选项。然而也必须指出,是否具有针对性、客观性是衡量评价标准及其方法是否适宜的关键。这两种方式相比较而言既有共同点也有区别。共同点主要体现在都力图构建出一套能够反映评价对象情况的标准项体系;但是它们的区分也同样明显,"固定法"的思维更显平面化、单一化,而比较法的思维则更显动态化、相对化,这也导致前者在评价操作上更简易一些,但是难免片面、主观化的倾向,而后者计算较复杂,但是较能反映客观的情况。

究竟选择何种方式来构建标准体系,还应当视具体评价对象、评价目标而定。而前述的已有研究都各有着眼点。但是它们不管是倾向于采用固定法还是比较法,并非直接针对《循环经济促进法》的实施效果评价问题的。

这些已有研究的着眼点,有部分是针对"立法质量评价"的,也有针对"区域循环经济发展状况评价"的,也有可能是针对"地方政府发展循环经济政绩考核"的。其中"立法质量评价"必须立足法本身的制度设计、具体规定,评估立法水平的高低,发现其中存在的问题并为未来完善立法提供建议;而"区域循环经济发展状况评价"强调现实地考察某区域在某段时期内循环经济的发展是否有进步,或者该区域与其他区域循环经济发展情况的比较;"地方政府发展循环经济政绩考核"则直接为政府官员考核及其升迁、任免提供凭据,这种考核一般来说必须结合区域间比较以及地方官员对循环经济发展目标责任状的实现程度进行考量。这些不同的研究着眼点,虽然和《循环经济促进法》的实施效果评价之间存在着千丝万缕的联系,但同时又存在着区别。

进行西部地区《循环经济促进法》实施效果的评价,必须首先从该法所设定的目标出发,进而考察该法实施后现实情况的变化,即循环经济的现实发展是否已经符合本法所预先设定的目标。因此,这种评价活动本身最直接的目的,是衡量出"目标"

与"现状"之间的距离，再进而得出法的实施效果"好"或者"不好"的结论——这本身即为一种比较活动。因此，针对这种评价活动的特点，用比较法来构建评价标准和方法，是较为适宜的。采用比较法而非固定法来构建评价标准体系，一方面，可以避免固定法在分配指标项权重及分数配比时的主观性、绝对性；另一方面，由于比较法本身承认循环经济受诸多现实条件的限制并处于动态发展的过程中，承认《循环经济促进法》的出台必然有其历史处境、目标的限定，因而将更能贴近评价目标的需要。

因此，使评价指标项及其评价权重固定化的方式，或许适用于立法质量评价、地方官员政绩考核，却未必适用于某部具体法律的实施效果评价。因此，本书在构建《循环经济促进法》实施效果评价标准时，将采用比较法的方式。

四、西部地区《循环经济促进法》实施效果评价标准的提取

（一）应厘清的问题：评价对象是什么

在法律实施效果的问题上，有学者认为存在着法律实效、法律效果、法律效力等不同的描述概念。但是我们统一采用"法律实施效果"来指涉被评价对象。而任何具体法律要获得相应实施效果，都应当经过"法律被制定并出台""法律被执行或实施""法律效果显现"三个阶段，其中"法律被制定并出台"是前提，"法律被执行或实施"是保障，而最后一个阶段——"法律效果显现"才是我们进行法律实施效果评价的事实基础。一般而言，法律的实施得以实现自身的社会价值、发挥其应有的作用，这一效果就是所谓的法律实施效果。[①] 所以，我们所说的"法律效果显现"最主要的就是指法律本身的目的所获得实现的程度。

---

① 莫良元，张加林. 法律实施效果评估制度建构问题研究 [J]. 学海，2022 (2).

但是在与法律评价相关的诸多研究中，却常有将上述"法律被制定并出台""法律被执行或实施""法律效果显现"三个阶段所涉对象——立法质量评价、执法情况评价、法律实施效果评价加以混淆的情况。虽然对这三个阶段所涉对象分别加以评价，都具有重要的现实意义，但是它们之间仍然存在着区别。如果不能厘清它们之间的关系，将对我们提取《循环经济促进法》实施效果的评价标准产生干扰。

应首先说明的是，这三者之间存在着密切联系——首先表现为《循环经济促进法》的立法水平如何、被执行和实施的程度如何，都将直接影响该法自身目标的实现程度。此外，对三者加以评价的工作，都有利于促进执法及未来立法的完善，但是它们在关系链中仍然处于不同的位置——在某种程度上我们可以认为，立法水平以及执法水平，都只是法律自身目标获得实现的重要保障。因此，衡量一部法律实施之后的实际效果好或不好，都只能直接从法律目标获得实现的程度加以考察，而不能从"立法水平"和"执法水平"的评价中获得答案——它们都只是影响了法律目标实现程度的背后原因而已。因此，所谓法律实施效果评价，就是要评价这部法律最初所设目的被实现的程度如何。

立法目的是立法者制定、颁布法律的意思表露。循环经济促进法这部法律所涉及的立法目的，是自身所欲实现效果的前提设定，并表达了立法者意志的范围——从尊重立法者意志的角度出发，我们也不应当在立法目的范围之外去评价某部法律实施得好或不好。因此，提取《循环经济促进法》实施评价标准的时候，应当首先考察该法所蕴含的立法者目的是什么，再从中寻找法律被实施得好或者不好的标准——现状与目标之间所存在的差距如何，一旦得出立法目的实现得好或不好的结论，则可以进一步分析其中是否存在着立法水平的问题，或者在立法已经较好的情况下是否存在法律被执行得不好的问题等。因此，通过发现《循环经济促进法》的立法目的，再进而丈量现实情况与立法设定的目标之间的距离，将可衡量出法律实施的效果。

（二）具体操作：评价标准体系的提取

如前所言，现有法律评价相关研究中已有提出评价标准体系的情况，如有学者认为立法后评估标准包括合法性标准、合理性标准、协调性标准、实效性标准、技术性标准五个基本方面，这五个基本标准之下又可以细分出各自的子指标体系。[①] 而其他非法学学者在对循环经济发展评价的研究中，也不乏提出具体标准体系的成果，如有学者认为，循环经济发展评价的一级指标体系包括经济发展指数、绿色发展指数、社会发展指数三大方面，而其中的"社会发展指数"项，又可以包含"生活水平"等子指标项等。[②] 学者们提取评价标准体系的这些尝试为我们提供了重要参考，但须指出，如果仅以"合法性、合理性、协调性、实效性、技术性"等作为标准，仍然仅是在进行定性评价而非定量式的标准化评价；另外，如果在评价循环经济发展情况时，将所有与经济发展、环境保护、社会发展相关的事项均纳入评价指标体系中，又显得过于"失焦"。因此，我们才应当回到《循环经济促进法》的立法目标，寻找构建评价标准的依据。

从《循环经济促进法》的法律文本名称之中，我们不难看出该法立法目的是"促进循环经济的发展"，而该法包含立法目标陈述的部分，表现在第一条，但是该陈述较为笼统。使立法目的陈述进一步具体化的，有第二条对"循环经济"的阐述以及该法对立法结构的整体安排，尤其是在第三章、第四章核心部分，都是围绕着"减量化、再利用、资源化"这三方面的具体工作部署来展开的。因此我们可以认为，《循环经济促进法》的总体目的

---

① 阮泪君，赵健旭. 法律实施中的"隐性监督者"——基于内生性视角的考察 [J]. 浙江学刊，2022（5）.

② 朱冬元，刘婧. 湖北省循环经济评价指标体系的模型构建及实证检验 [J] 统计与决策，2008（22）.

即为"促进循环经济的发展",具体表现为"促进在生产、流通和消费过程中的减量化、再利用、资源化活动"。由此,首先可明确《循环经济促进法》实施效果评价标准体系的具体标准项均应与"减量化""再利用""资源化"相关。

但是"减量化""再利用""资源化"这三个标准项毕竟需要细化为子指标体系,方能具有可操作性。对此,2007 年国家发展改革委、国家环保总局、国家统计局联合发布《关于印发循环经济评价指标体系的通知》,该通知包含的"循环经济评价指标体系"可以为我们构建《循环经济促进法》实施效果评价标准体系提供参考。这一评价指标体系的内容,表达了国家所重视的循环经济发展的方面。而该体系中的四项一级指标"资源产出指标、资源消耗指标、资源综合利用指标、废物排放指标",基本对应着《循环经济促进法》中"减量化、再利用、资源化"的内容——其中资源产出指标、资源消耗指标和废物排放指标主要体现了减量化的要求,资源综合利用指标则主要体现了再利用、资源化的要求。因此这套指标体系的一级指标部分是可以沿用于《循环经济促进法》的评价标准的。但是由于这套体系的出台时间早于《循环经济促进法》,因此仍然需要结合法律新规定来对二级指标项加以修订。

综观《循环经济促进法》,可发现前述循环经济评价指标体系已大致涵盖了该法关于减量化、再利用、资源化的内容,但有些方面是《循环经济促进法》已出现新规定而该体系尚未涉及的。具体表现为:(1)与资源利用减量化相关的资源消耗指标中,未包括农业、服务业及建筑业资源消耗减量化的内容;(2)与废物再利用、资源化相关的资源综合利用指标中,未包括农业、林业、建筑业固体废物综合利用率,以及对余热、余压、低热值燃料发电利用率等相关的内容;(3)与废物排放"减量化"相关的废物排放指标中,并未包括城乡生活垃圾处置量相关的内容。因此,参考2007 年"循环经济评价指标体系",并将《循环经济促进法》新出现的要求融入其中，即可得出新的循环经济评价标准体系，如表 4-1 所示。

表 4-1 循环经济评价标准体系

一级指标		二级指标	指标性质
循环经济评价标准体系	资源产出指标	主要矿产资源产出率（亿元/万吨）	正向指标
		能源产出率（亿元/万吨标准煤）	正向指标
	资源消耗指标	单位国内生产总值能耗（吨标准煤/万元）	逆向指标
		单位工业增加值能耗（吨标准煤/万元）	逆向指标
		重点行业主要产品单位综合能耗（吨标准煤/吨）	逆向指标
		单位国内生产总值取水量（亿立方米/万元）	逆向指标
		单位工业增加值用水量（亿立方米/万元）	逆向指标
		重点行业单位产品水耗（亿立方米/吨）	逆向指标
		农业灌溉水有效利用系数（%）	正向指标
		农业土地、化肥、农药有效利用系数（%）	正向指标
		服务业用能、用水效率系数（%）	正向指标
		建筑业用能、用水、用地、用材效率系数（%）	正向指标
	资源综合利用指标	工业固体废物综合利用率（%）	正向指标
		农业固体废物综合利用率（%）	正向指标
		林业固体废物综合利用率（%）	正向指标
		建筑业固体废物综合利用率（%）	正向指标
		工业用水重复利用率（%）	正向指标
		城市污水再生利用率（%）	正向指标
		城乡生活垃圾无害化处理率（%）	正向指标
		废钢铁回收利用率（%）	正向指标
		废有色金属回收利用率（%）	正向指标
		废纸回收利用率（%）	正向指标
		废塑料回收利用率（%）	正向指标
		废橡胶回收利用率（%）	正向指标
		余热、余压、低热值燃料发电利用率（%）	正向指标
	废物排放指标	工业固体废物处置量（万吨）	逆向指标
		工业废水排放量（万吨）	逆向指标
		二氧化硫排放量（万吨）	逆向指标
		COD 排放量（万吨）	逆向指标
		城乡生活垃圾处置量（万吨）	逆向指标

该评价标准体系中的"指标性质",主要是用以表明各指标项测算数值对于评价结果的意义:如果是"正向指标",则意味着测算数值越大循环经济发展的情况越好;如果是"逆向指标",则意味着测算数值越大循环经济发展的情况越差。评价标准体系中具体指标项所占评分配比在表 4-1 中未加以显示,但该配比对于不同地区之间循环经济发展的横向比较具有重要意义,因此应当根据每一阶段循环经济发展的情况、国家所欲推动的循环经济发展的重点领域进行相应的分配、调整。由此,再通过综合各指标项的测算评比结果,即可得出某一时期循环经济发展状况好或不好的结论。

五、西部地区实施《循环经济促进法》效果评价标准体系的运用及其启示

(一)评价标准体系的运用

前述评价标准体系的提取,仅为我们评价西部地区《循环经济促进法》的实施效果提供了一种静态依据,唯有为其提供必要的配套措施以及评价方法,方可使其发挥作用。

1. 必要的配套措施

评价标准体系可操作的第一种配套措施,应当是循环经济发展规划制度。[①]《循环经济促进法》虽然表达了立法者所意图推动的循环经济发展领域,但是未表明这种发展所应达到的具体程度。循环经济的发展必然是具有阶段性的,必须根据各个时期的情况设定不同的目标。只有通过发展规划制度设定每一阶段的具

---

① 《循环经济促进法》在第二章"基本管理制度"的第十二条对循环经济发展规划制度进行了规定。目前我国现行有效的循环经济发展规划是 2021 年 7 月由国务院通过的《"十四五"循环经济发展规划》。

体目标，并确定这些具体目标之间的主次、轻重关系，方能为我们衡量评价标准体系中各指标项是否被完成提供依据。

评价标准体系可操作的第二种配套措施，应当是循环经济信息制度。[①] 如果明确了循环经济发展目标和评价标准，却缺乏对现实情况的相关信息的全面掌握，那么评价工作仍然难以进行。因此，评价标准体系的运用必须配套以信息制度方能执行。

2. 比较法的采用

我们认为构建评价标准体系时应采用比较法而非固定法。也就是说，要通过比较现实情况与立法目标设定之距离的方法，而非通过设定固定评分表的方法来判定法律实施的效果。这种比较法本身包含着相对的思维，在运用时首先应明确作为比较对象的"标杆"——立法目标。

但前文也已经指出，《循环经济促进法》虽然表达了立法者对所欲推动的循环经济发展的领域，但是并未指明这种发展所应达到的程度，应通过循环经济发展的各项制度制定使得这种发展目标获得具体化。另外还可对法律实施前、后循环经济发展的情况加以比较——法律实施后如果循环经济发展进步明显，则可推定实施效果较好。

3. 与定性评价结合

通过标准的方式来评价法律的实施效果，是定量的方法。这种方法具有直观、中性的特点。但是定量的方式并非万能——把社会现象转化为具体数据，并通过数据间的关系来判定社会情况的做法很可能以偏概全；而个案观察、深度访谈、文献分析等定性评价方法具有"定量"方法所不具有的优点。[②]

《循环经济促进法》的实施效果，除了最终体现为"减量化、

---

① 《循环经济促进法》在第二章"基本管理制度"的第十七条对循环经济发展规划制度进行了规定，但是目前我国的循环经济统计制度并不完善。
② 侯猛. 实证"包装"法学？——法律的实证研究在中国 [J]. 中国法律评论，2020（4）.

资源化、再利用"的具体量化成果外，还可以体现为法律实施状态中执法者、司法者、守法者等各类主体按照法律规定组织自身行为模式的状况——他们的权利是否获得保护，义务是否得以履行，以及普通公民和国家公职人员对该部法律的了解和掌握程度，甚至还体现为社会大众对于该部法律所带来公共福利的切身感受等。[①]

这些方面的问题，虽然在特定情况下仍然可以通过对行政执法、司法裁判案例的统计数据获得呈现，但量化的方法可发挥作用的余地毕竟有限——如对于社会主体守法情况的衡量问题，如果实际上各类社会主体守法情况良好，则必将导致行政、司法案件难以出现、难以统计，而我国《循环经济促进法》又具有促进法、政策法的特点，本身所包含的"激励、引导"措施明显多于"惩罚、强制"措施，因此较少会出现法律主体因违反该法强制性规定而上升为行政、刑事违法案件的程度。因此，想要对法律实施状态中各类主体的行为进行较为公正的评价，恐怕就唯有通过问卷调查、深度访谈等方式来推进方为可行。

因此在评价《循环经济促进法》的实施效果时，必须以"评价标准体系"的定量化方法作为基础，再辅以各种适宜的定性方法，方可使评价结果更为全面、准确。

（二）评价标准体系的启示

构建实施效果的评价标准体系，为我们采用量化的方法来衡量《循环经济促进法》实施效果好或不好提供了重要依据。而该体系本身的构建以及运用过程还可以给出以下启示。

首先，量化方法由于对于可通过数据表达立法目标的法律实施效果进行评价，因此具有优先性、重要性。由于《循环经济促进法》的目标即为促进循环经济——"减量化、再利用、资源

[①] 刘鹏. 法律实施的基本范畴论纲 [J]. 江汉论坛，2017（6）.

化"的发展，这些目标是否实现，都可通过统计数据获得体现。因此量化的标准具有明显的可适用性，而对于其他难以简单通过统计数据体现其实施效果的法律文件，未必能如此倚重量化评价方法。此时，即应强调定性评价方法的采用，比如强调对执法、司法情况进行个案考察，来发现法律实施中存在的问题。

其次，在考察某部具体法律的实施效果时，应首先明确该部法律的立法目的。立法目的是否已经达成，是衡量法律实施效果的最主要依据。如果脱离了具体立法目的便泛泛而谈该部法律的实施效果，则不仅容易"失焦"，更容易使得评价过程、评价结果本身带上评价者过多的主观色彩。因此，构建《循环经济促进法》实施效果评价标准，即首先应考察该部法律所表达的立法意图。

最后，开展法律实施效果评价只是一种基础性工作。在得出法律实施得好或不好的结论后，还应进一步研究该法本身之立法水平以及执法情况，从而发现其中之症结所在，进而为法律目标的进一步实现寻找更好的对策。这对《循环经济促进法》尤为重要——如果该部法律实施效果不好，极可能是立法水平不高、执法不力所致。因此，不停留于评价结论，而是进一步把握其间的内部关联显得尤为重要。

综上，构建西部地区《循环经济促进法》实施效果评价标准体系，既应当注重该法本身的特殊性，也应看到这一过程对于其他一般立法实施效果评价的普遍指导意义。

第五章　西部地区实施《循环经济促进法》概况

一、西部地区出台相关地方性配套立法的情况

(一) 甘肃省循环经济地方性立法的基本情况

《甘肃省循环经济促进条例》最早于 2012 年 3 月 28 日通过，于 2022 年 7 月 29 日修订，该条例是我国专为贯彻落实《循环经济促进法》而颁布施行的较早的地方性法规。

《甘肃省循环经济促进条例》共分七章，共六十条。甘肃是资源大省，在资源能源方面曾支援我国的经济快速发展，并且在此过程中，渐渐形成"两高一资"（即高耗能、高污染、资源性）这一具有明显特征的工业结构，然而，经济的发展对于资源尤其是对于自然资源中的不可再生资源的依赖非同寻常，因此造成资源和环境的负担越来越大。近年来，我国倡导资源节约型和环境友好型的可持续发展方式，尤其是颁布施行的《循环经济促进法》，使甘肃省不得不重新选择。其一，甘肃省经济发展相对落后，公众对谋求经济发展的呼声很高，如何提高甘肃的经济实力是面临的重大难题；其二，甘肃省的经济发展越来越受到国内对节能、环保和新的转变高能耗、高污染的传统发展方式的制约。新时代要实现经济增长的突破，社会整体发展水平的提高，就要因地制宜结合甘肃当地优势与现代发展方式，建设循环型社会。这样，不仅可以发挥甘肃省的传统优势，搞活传统工业，又能提高新型的经济社会发展水平，确保西部地区的社会稳定，促进资源型区域实现创新型发展。

甘肃省矿产资源丰富，环境承载能力较弱，基于这样的一个情况，若想使省内的经济得以有效发展、资源得到有效节约，生

态环境得到有效保护，不得不大力发展循环经济、不断提高资源产出率。《甘肃省循环经济促进条例》是一个理论与实际紧密结合的条例，其在制定之时结合了本省的实际情况，创新了管理体制，完善了循环经济各制度的规定，明确了产品和物品的无害化处理的措施，充分发挥了当地优势。同时，该条例注重与上位法的衔接，细化和完善了《循环经济促进法》的主要制度，循环经济发展的各种优惠措施得到明确规定。

该条例作为甘肃省发展循环经济的基础性地方性法规，为甘肃省建设循环型社会，促进循环经济的发展，起到了重要作用，也对类似区域的循环经济的发展进程具有示范意义。

（二）陕西省循环经济地方性立法的基本情况

我国首个颁布实施《循环经济促进法》的地方性法规——《陕西省循环经济促进条例》，该条例于 2011 年 7 月 22 日通过，自 2019 年 7 月 31 日修正并施行。

《陕西省循环经济促进条例》是依据《循环经济促进法》等有关法律、法规，并结合陕西省的实际情况制定的，是陕西省发展循环经济、促进经济发展方式转变，实现经济健康、快速、可持续发展的基本法律之一。该条例囊括了社会生产以及生活的诸多领域，小可到家庭、个人的节约资源、合理消费这样的琐碎之事；中可到国家机关、企事业单位的贯彻落实；大可到政府的相关部门所制定的有关产业政策、调整产业结构。该条例丰富并发展了《循环经济促进法》，是国内首部省级循环经济地方性法规。该条例的颁布实施必将成为陕西省经济发展上新台阶的助推器，为陕西省循环经济发展提供法律保障，也将推动各省循环经济立法工作的开展。

（三）贵州省循环经济地方性立法的基本情况

在关于实施《循环经济促进法》的立法方面，近年来，贵州省极为重视循环经济的法治建设问题，该省的每一级立法机关以及相应的政府机关从所辖区域之不同情形、实际状况出发，制定了符合本区域的具有地方特色的相关条例以及规章。依照我们有关调研组的相关统计（不完全统计），自 1999 年开始至 2022 年，贵州省每一级的立法机关所制定的相关法律法规已多达五十余项；贵州省每一级政府机关所制定的和循环经济相关的政府规章、决定等已然高达七十多项。

截至 2022 年年底，贵州省制定出一系列以促进循环经济适应贵州发展，具有贵州地方特色的法律法规。例如，《贵阳市建设循环经济生态城市条例》《贵州省生活饮用水卫生监督管理条例》《贵州省民用建筑节能条例》等。这些法律法规都是结合贵州省生态、经济发展的实际情况而制定的，不仅是促进循环经济发展的最基本的保障，而且还是使循环经济法治建设的道路得以完善的重要的力量，上述的法律法规在促使循环经济法治建设完善相关的立法体系起着重要的、基础环节的作用。贵州省的实际情况已然证明，该省的与循环经济相关的立法建设和实施已经促进贵州省的循环经济的发展。

减少污染物的排放是循环经济的应有内容之一。所以，大力鼓励和促进循环经济的发展这个举措本身就是在保护环境，其也是保护环境的题中应有之义，也是环境保护的重要举措之一。当下，将循环节约为核心的循环经济发展的理念，同时也成为国家经济环保的领域的先进理念。循环经济与环境保护之间不是割裂的，而是有机统一的。其一，大力鼓励发展循环经济其实就是在发展（进行）环境保护工作；其二，将环境保护工作得以顺利进行，其实就是将循环经济投入到具体应用中的表现，是理论和实践、抽象与具体的有机统一。循环经济虽然是在 2008 年以后才开始在中国推广开来，但是为循环经济的事实打下坚实的基础这一方面贵州着实走在了我国的前列。早在 1992 年开始，贵州省就制定了保护环境的基本条例——《贵州省环境保护条例》，其中规定，贵州省内如有违反该条例的行为，所应承担相应的法律责任等。这为贵州省循环经济执法提供了基本的法律保障，随后贵州省又相继出台了一系列的环境、资源的保护条例，以期达到环境资源与经济协同发展的目的。

法律制定得越完善，对循环经济发展的保障作用就越大。贵州省在遵循上位法的原则下，对上位法存在的立法空白以及不足之处，制定出一系列关于循环经济发展的政府规章。这些规章结合贵州省地方特色，为贵州省顺利开展循环经济保驾护航。这些规章主要是《贵州省人民政府关于贯彻国务院加强节能工作决定的意见》（黔府发〔2006〕32号）、《贵州省人民政府关于促进循环经济发展的若干意见》（黔府发〔2007〕24号）、《贵州省人民政府办公厅关于加强湖泊河流水污染防治工作的通知》（黔府办发〔2008〕28号）、《贵州省人民政府关于做好2009年节能工作的意见》（黔府发〔2009〕4号）、《贵阳市公共机构节能管理办法（2022修改）》等。

为促进经济社会的可持续发展，符合习近平新时代中国特色社会主义思想，使本地的循环经济更好更快地发展，各地的立法机关及政府制定了有关环境保护的规范。其中，贵州省内各级政府和行政部门制定了一系列地方性政府规章和部门规章，具有代表性的有：《贵阳市大气污染防治办法》《贵阳市绿化条例》《贵阳市生态公益林补偿办法》《贵阳市促进生态文明建设条例》。具有代表性的地方政府规章有：《贵阳市红枫湖百花湖阿哈水库行政处罚委托暂行规定》、《贵阳市人民政府关于加强节能工作的意见》（筑府发〔2006〕81号）、《贵阳市人民政府关于落实科学发展观加强环境保护的决定》（筑府发〔2007〕38号）《贵阳市人民政府办公厅关于印发贵阳市城市生活垃圾焚烧发电建设项目工作方案的通知》（筑府办发〔2008〕113号）、《六盘水市人民政府关于印发节能减排综合性工作方案的通知》（市府发〔2007〕20号）、《毕节地区行政公署办公室关于转发地区节能减排领导小组减排办公室毕节地区主要污染物总量减排攻坚战行动方案的通知》（毕署办通〔2009〕16号）、《贵阳市公共机构节能管理办法（2022修改）》等。

（四）广西壮族自治区循环经济地方性立法的基本情况

广西的配套《循环经济促进法》的地方性法规和规章有待健全。首先，在《循环经济促进法》颁布以来，全国各省市先后出台相关的法律法规，以辅助《循环经济促进法》更好地实施，但是广西壮族自治区虽然已经颁布了与循环经济相关的一系列政策制度，如《广西壮族自治区固定资产投资项目节能评估和审查暂行办法》《广西壮族自治区"十二五"节能减排综合实施方案》《广西壮族自治区"十三五"节能减排综合实施方案》《广西壮族自治区"十四五"节能减排综合实施方案》，但自治区级的循环经济地方性法规却未出台。其次，通过走访广西壮族自治区各地市得知，由于自治区级循环经济地方性法规并未颁布，各地市同样未能制定实施《循环经济促进法》相关的具体规定，未能形成地方性的法规体系。

二、西部地区实施《循环经济促进法》的特点

（一）高度重视贯彻实施《循环经济促进法》

在《循环经济促进法》颁布不久，西部地区均开始进行《循环经济促进法》配套立法的筹备工作，如甘肃省人大常委会办公厅、甘肃省人民政府办公厅、中共甘肃省委宣传部就在2008年10月8日发布《关于贯彻实施〈中华人民共和国循环经济促进法〉的通知》。该文件已经意识到循环经济促进法的重要性，要依照循环经济促进法的相关规定来发展循环经济，抓紧完善循环经济发展的相关制度规范，从发展循环经济的经济政策、加强领

导、落实责任等五个方面提出了要求，并为制定出台甘肃省地方性法规发挥重要的推动作用。特别是其中的第三条"抓紧完善《循环经济促进法》配套制度建设"，明确提出了规划和一系列具体措施。这些要求为加快甘肃省循环经济促进条例的制定步伐，产生了坚实的铺垫作用。甘肃省在全国《循环经济促进法》网上知识竞赛中不仅在全国之中名列榜首，其所交答卷的人数占全国参赛人数的比例高达 26.5%。

甘肃省通过一系列的调查研究学习讨论等，已经对循环经济有了较为深入的理解及认识，同时该省还立足于本省的实际，认真研究分析本省的实际情况，决定将发展循环经济作为甘肃省经济社会发展的重大战略选择。西部地区在有效保持经济发展的同时降低资源能源的消耗，减少废弃物的排放，节约资源、保护环境，走出一条新型的工业化路子，在可持续发展思想，以及习近平新时代中国特色社会主义思想的指导下创新经济发展新模式。

（二）循环经济起步较早

一些西部省区在《循环经济促进法》颁布之前就已经着手地区循环经济的布局和优化，特别从规范性文件层面确定地区循环经济发展的目标、方针和手段。

例如，甘肃省作为试点省，其循环经济的发展开始相对很早，该省的循环经济发展的基础工作稳扎稳打。2004 年至 2020年，甘肃省曾先后颁布施行《甘肃省资源综合利用条例》《关于加强节能工作的意见》《关于加快发展循环经济的实施意见》等法规和规范性文件，并开展不同形式和类型的试点。各城市、园区、企业以共享为原则，依次颁布施行了循环经济发展规划和循环经济实施方案，并确定了循环经济发展的目标、任务等具体的事项和举措。

甘肃省依次制定了循环经济规划的白银、定西、嘉峪关等试点城市，又对其制定的循环经济规划进行了大有裨益的探究。由于重点企业（诸如金川公司、九钢公司、白银公司等）又坚定地以循环经济理念作为指导，出台具体的发展循环经济的执行措施，并且效果显著。甘肃省的相关人员于 2008 年 9 月，在金昌现场组织召开会议，此次会议是全省范围内循环经济工作重点会议，相关领导作了工作安排，出台政策办法，大力推进甘肃省全省循环经济的发展。此外，比较重要的工作是依据《循环经济促进法》制定了《甘肃省循环经济总体规划》。2009 年 12 月 24 日，国务院批准了该规划，执行期限 2009—2015 年。其中强调"到 2015 年把甘肃省建设成为我国循环经济发展示范区"并在此总目标的框架下，又制定了 2009—2010 年、2011—2015 年这两阶段的具体目标，并把握 2020 年的循环经济发展愿景。《甘肃省循环经济总体规划》推动第一、二、三产业融入循环经济发展理念，实现三个产业的可持续发展。甘肃省致力于打造国家级循环经济示范基地，重点培育发展循环经济领域内一定数量的产业链、企业和省级开发区，建立起省内的循环经济发展支柱和引擎。

国务院决定建设的甘肃省循环经济示范区是我国全国范围内仅有的一个国家级循环经济示范区，并且《甘肃省循环经济总体规划》是由国务院批准实施的首个具有地区性的循环经济发展规划。该规划提出了推进甘肃省发展循环经济的具体保障措施，由此可见，该省的规划编制，使得甘肃省循环经济促进条例制定和颁布实施的脚步得以加速。

（三）以项目带动循环经济建设，争取国家在政策措施上给予大力的支持

西部地区发展循环经济均十分重视与国家政策靠拢，基于本区域原有传统产业，以传统产业循环化与新型循环产业双管齐下，以项目带发展。

（四）重视《循环经济促进法》配套立法的公众参与

西部地区在进行《循环经济促进法》配套立法的过程中重视科学立法、民主立法，把立法工作的公众参与作为立好法的重要途径。例如，2020 年 12 月 31 日西安市人民政府修订《西安市公共机构节能办法》，推动公共机构节约能源资源，提高能源资源利用效率，发挥公共机构在全社会节能中的表率作用。陕西省推进杨凌、榆林、汉中、商丹、韩城等国家和省级循环经济试点，支持一批循环经济项目，尽快建成一批循环经济典型地区、企业及工业园区。开展《循环经济促进法》宣传活动，省发展改革委会同省法制办等部门做好陕西省《循环经济促进法》实施办法的前期工作。设立循环经济的技术研发机构，负责循环经济技术的研发和普及。

2020 年，陕西省人大常委会法工委与陕西省发展改革委召开《陕西省循环经济促进条例》宣传贯彻大会。会议就条例的立法背景、起草过程、主要内容及发展循环经济的重要意义进行了说明，部署了贯彻实施条例的相关工作。《陕西省循环经济促进条例》于 2019 年 7 月 31 日正式实施，内容丰富，涵盖了社会生产和生活的各个方面，大到政府部门制定的政策，中到国家机关、企事业单位的具体职责，小到家庭个人的节约资源、合理消费，涉及面宽，标志着循环经济工作步入依法推进的新阶段。

三、西部地区实施《循环经济促进法》的主要障碍

（一）地方性配套立法不够健全

1. 内蒙古包头市的具体情况

自《循环经济促进法》实施以来，包头市根据内蒙古自治区政府所颁布的《关于发展工业循环经济的指导意见》，制定《包头市转发内蒙古自治区关于发展循环经济的指导意见》。该文件

的颁行是为了指导包头市发展循环经济的工作。然而实际调查发现，包头市在这方面的工作还未认真展开并予以落实，未能建立发展循环经济的专项资金支持制度。内蒙古的有关政府部门仅仅只是在试点的单位进行资金的投入支持，此外，与《循环经济促进法》相关的地方性法律规范也较少。

2. 甘肃省的具体情况

甘肃省肩负着"为我国全面发展循环经济提供典范"，出经验、出政策特别是激励政策的重任，可谓任重而道远。要使实施《循环经济促进法》发挥其切实有效的作用，还需要辅之以相应的配套的法律法规及制度体系，以制约在发展循环经济的过程中所牵扯的诸多方面之利益及各方面之行为。《甘肃省循环经济促进条例》虽然已经颁布，但相关激励措施难以适应不同层面的利益需求。以电价为例，甘肃省电解铝、铁合金等高载能企业生产条件、物流成本与周边省区相当，但是电价高于周边省区。在本省发展适应风电特点的高载能产业，积极承接东中部产业转移，单就电价来看，并无竞争优势。此外，虽然《甘肃省循环经济总体规划》已经实施，但是发展循环经济的各项具体可操作的制度细化不够，已有的部分制度有的尚未实施。部分已实施的制度监督检查跟不上实际要求；有些措施（如技术与管理措施）未能因时间与机遇变化及时作出相应的调整，造成实施困难或实施效果难以达到预期目的；在《甘肃省循环经济总体规划》中确定的支持循环经济发展的价格政策、财政政策、投融资政策以及保证制度都没有完全地建立起来；政府办事效能还需进一步提高，服务质量与循环经济发展要求还有较大的差距，项目建设中各环节掣肘现象依旧存在，循环经济发展环境有待进一步的改善。

3. 贵州省的具体情况

贵州省在循环经济发展的保障制度方面还有待提升。虽然贵州省循环经济的发展已迫在眉睫，但不可以盲目求快，需要强化对循环经济发展具有指导意义的制度建设，相关政策、法律、具体措施等方面都有待完善。

（1）《循环经济促进法》颁布实施以来，部分省（区、市）先后出台相应的配套的法律规范，用来促使该法有效地贯彻落实，遗憾的是，即便贵州省发展循环经济的法律法规已经很多，但是贵州省实施《循环经济促进法》的办法依旧没能出台，同时在相关立法中没有明确相应的原则、概念等，高能耗、忽视环境的盲目开发情况依旧存在。

（2）政府的规章对于地方循环经济发展具有指导全局的作用，贵州省各级政府单位虽然颁布了一系列的政府规章，但是并没有进行适时的修改，如省政府发布的《贵州省人民政府关于促进循环经济发展的若干意见》，虽然已经从制度上对于贵州省发展循环经济作出了一定的安排，但遗憾的是，在涉及对政府环境公益角色、全方位的监督机制的建立等新情况、新问题，并未规定如何处理。再从制度安排上看，贵州省各级政府的角色始终还是以政策型政府为主，法治政府的建设任重道远。

（3）贵州省还存在着跨行业、跨部门的法律空缺。随着经济的发展，像旧电器、电子设备、轮胎等废弃物产生得愈发增多，但是目前在贵州省没有一部关于处理这些废弃物的条例。这样极易造成资源的浪费，不符合《循环经济促进法》中规定的资源化、减量化、再利用原则。在资源法、环境保护法和专门法之间，贵州省应当尽早出台一部跨部门的综合条例。

4. 民族地区没有充分发挥其民族区域自治的特点

例如，云南省红河州在研究如何在少数民族自治地区发展循环经济中提出在立法工作中一定要立足于实际条件和问题，在这样的前提之下方可制定地方性法规，并对《循环经济促进法》予以细化规定。遗憾的是，根据红河州现有的法规：《云南省红河哈尼族彝族自治州水资源管理条例》《云南省红河哈尼族彝族自治州个旧金湖管理条例》《云南省红河哈尼族彝族自治州异龙湖保护管理条例》《云南省红河哈尼族彝族自治州蒙自五里冲水库保护管理条例》，这些条例虽然和环境保护相关，但大都是关于湖泊、水库的管理条例，与循环经济的目标还有一定的差距，没有形成循环经济发展的保障制度体系。

（二）循环经济法律执行机制不完善

1. 循环经济执法部门职责不明确

循环经济的执法部门职责不明这一现象普遍存在于西部地区。执法部门作为法律执行者，是法律和人民利益的坚实维护者。法律规定需明确具体才能为执法或守法主体所明白、遵守。但《循环经济促进法》对执法主体的相关事项仅作了较为笼统规定，在执法过程中出现责任承担不明确等现象。而对此，在西部地区相关地方立法中往往也是一笔带过，在循环经济违法违规事件中，大家经常有问题不知道该找哪个部门去解决，即便找到了责任部门，但各部门之间相互推诿，不愿担责，妨碍了问题得到及时、有效解决。

2. 执法队伍的专业水平不高

执法队伍越专业，发展循环经济的相关法律法规才可以更好地得到贯彻落实，从而有利于循环经济的健康发展。既然循环经济的长远发展需要有专业的执法队伍，那么在选拔执法人员时必然要以高标准、严要求去挑选执法能力过硬、执法素质较高的人才。虽然法律的实施及其效果，是由诸多方面的条件所决定，但执法人员的自身执法素质及执法水平高低对于法律的实施，以及实施效果有着至关重要的作用。所以，对于执法人员的执法素质和执法能力等，都应该与时俱进，及时更新补充。

3. 循环经济评价指标体系及其技术分析方法有待改善

《循环经济促进法》所规定的具体的评价考核制度——循环经济评价指标体系，它的作用是不言自明的，尤其是对于循环经济的发展和实施相应的循环经济法律法规的作用尤为重要，但是当前该制度在实践中遇到了较大的障碍。若想要对循环经济发展和法律实施进行定量的评价，则需要有统一的计算标准，但遗憾的是西部各省区都缺乏统一的计算标准。例如，甘肃省既缺乏统一的计算标准，又没有循环经济统计报表，统计时限的更新也不及时，更没有所需的产品和制造水平和流程的相关数据。因为没有循环经济监测管理机制和评估考核体系，所以无法综合反映循环经济发展水平。由于尚未建立循环经济统计数据填报协作机制、监测管理机制和循环经济目标责任制，因此健全循环经济考核体系已势在必行。

例如，《陕西省循环经济促进条例》中关于循环经济评价指标体系规定仍需完善：（1）对于一些循环经济评价指标体系采取的是传统环境法的立法技术，通过引用《循环经济促进法》及其他环境保护立法中的法律语言，大量、直接地对技术名词和术语赋予法律定义，并将环境技术规范作为该条例的附件。但是陕西省从未制定具有针对性、适合陕西省自身情况的循环经济评价指标体系和方法，而是套用国家相关指标和标准，这导致政府相关部门和决策者难以有效地评估陕西省循环经济发展状况，发现发展中存在的问题；（2）陕西省循环经济发展的评价机制没有反映循环经济本身之特点，而是依旧使用原有的绩效考评制度，这种旧有的绩效考评方式难以激发行政工作人员投身实施循环经济促进法的热情和动力。

（三）循环经济的激励机制不完善

激励机制乃是发展循环经济之时必须凭借的一种手段和方法。是政府对企业予以政策和资金支持，促使其采用先进的生产工艺和技术设备，或者对循环经济有关行业提供政策支持或其他便利条件或优惠措施。

要想使激励政策的作用得以充分展现，那么和经济手段相结合则成为必然。具体而言，国家要在充分尊重市场规律、市场主体的前提下实施宏观调控，一定要做到坚持以市场为主导，尊重市场主体的自主选择权，充分发挥市场在配置资源的决定性作用，在市场主体选择经济发展模式时要指引其选择循环经济发展模式。《循环经济促进法》中所涉的激励机制，是非常适合市场主体的需求的，又因为《循环经济促进法》中的激励机制的实施相对较为温和，这非常有利于市场的健康发展。故《循环经济促进法》中的激励机制在国际上的认可度也极高，并且诸多国家都用立法的方式确立其（激励机制）法律地位。反观我国，我们国家也曾在《循环经济促进法》之中涉及激励机制，还有西部地区的有关省（区、市）的地方立法中也已设立了一些激励机制，但从未有一个完善的激励机制得以形成，专项资金也未得到普遍的确立和运用。众所周知，企业以营利为目的的，但有些缺乏社会责任感的企业，为了逐利置循环经济发展理念于不顾，盲目从事生产经营。对此，需要政府予以规范引导，其中，若是市场的激励机制得以有效发挥则企业必然会自觉遵照规范生产经营，实现企业盈利，但是市场能力有限，需要政府运用财政等手段进行调控，如对于某些与循环经济的发展相关的项目给予一定的资金、政策支持，扩大企业的规模，提升经济环境。在西部地区，依然有部分省市的一些企业停留在传统的生产方式阶段，高能耗与重污染的企业随处可见，政府部门不仅缺乏对这部分企业发展循环经济的政策支持，而是向这些高污染企业大开方便之门。这说明，政府制定的激励政策仍然停留在纸质层面，距离相关政策制度的贯彻、落实还有一段路要走。

具体到甘肃省而言，中央支持该省发展循环经济，实施《循环经济促进法》的 10 条政策都比较宏观，需要共同的努力，将其细化为国家相关部委的具体支持措施。但是相关部门对口争取不够，即使争取来了一定的政策支持，在用足、用活上办法不多、措施不力、效果不好，政策的含金量尚未全面转化为相应的项目和资金来支持循环经济的发展。规划确立中央支持甘肃省的72类项目资金为426亿元，但是争取到的资金支持不足100亿元。此外，甘肃省本身还缺乏推进循环经济发展的配套政策。循环经济评价考核体系尚不完善，循环经济指标的统计工作难以真正落实到位。除此之外，对《循环经济促进法》中的目标责任制还迟迟没有落地，在规划中确定的价格政策、财政政策、投融资政策及保证制度等都尚未完全落实。其中较为突出的是风电项目审批放缓，电网建设相对滞后，调整火电进展缓慢，电能富集与高载能产业园区供电能力不足的矛盾共存。例如，酒泉市风电上网率只有75%，给风电企业造成输出障碍性亏损。这些问题突出存在，配套政策难以支撑循环经济发展具体制度的落实，造成循环经济促进法在实施过程中困难重重，阻碍了循环经济的进一步发展。

贵州省也存在这样的情况，贵州省地处我国西南民族地区，其经济发展相对缓慢，但是这不应该成为当地发展循环经济的重要桎梏，从现实需求来看，过硬的财政政策、高精尖技术及相应人才、切实可行的激励机制对于发展循环经济都是不可或缺的，为循环经济发展保驾护航。但是目前看来，贵州在这一方面还存在着一定的欠缺。例如，在《贵州省生态文明建设促进条例》中只有第四十六条提到"贴息""补助"等字眼，而更多出现的是处罚措施。

从经济发展水平来看，虽然近年陕西省经济取得了较快的发展速度，但是与东部地区相比，其经济总量较低。这导致《陕西省循环经济促进条例》中有关发展资金的规定采取的是一种柔性的手段，并没有规定硬性的资金投入规模，造成陕西省对循环经济发展的实际资金投入量与陕西省经济发展水平所能承受的资金投入仍存在一定差距。

（四）缺乏对《循环经济促进法》的普法宣传，公众参与程度仍不够高

企业而言，以追求最大化的经济利润为第一要务，为保证利润的实现，有时甚至置环境保护而不顾，部分企业对发展循环经济的认识存在根本上的偏差，此时，政府若引导不当，企业在面对法律权威、经济的增长、环境污染这三者时，会毫不犹豫地选择于眼前经济利益增长有利的选项。其实这就是人们片面地、形而上学地理解法律，短视环境污染对经济可持续增长不利影响的深刻例证。

贵州省各级政府对《循环经济促进法》的普及宣传工作印证了笔者的观点。对循环经济发展而言，政府所扮演的角色是不可替代的，但发展循环经济并不能单纯依靠政府，还需要公众和企业的配合。没有了公众的配合，这部法律就失去了良好的公众基础，循环经济执法中也就难以形成公众监督的基础，极大妨碍了循环经济的发展。陷入了一个政府热、公众冷的怪圈。西部地区经济与环境资源的协同发展，《循环经济促进法》的实施，都离不开群众的支持，如果宣传普法工作不能够及时到位，群众缺少了相关意识，执法得不到监督，循环经济难以发展，那么《循环经济促进法》的实施、经济的可持续发展也将受到严重的阻碍。

陕西省各级政府就如何促进循环经济发展与如何保证《循环经济促进法》的良好实施召开了多次会议，这些会议的召开，虽然发挥了一定的作用，但离现实需求还有些距离。有的地方宣传普法工作一年才组织一两场活动，而且宣传工作的开展不够深入，多流于表面形式，宣传的地域范围较小，一些偏远的地区往往被忽视。《循环经济促进法》的大部分内容明确了政府与企业的职责，但对很多企业来说，该法要求他们做一种跨越式的转型。然而现实的经营环境和企业的自身技术落后、资金短缺，阻碍了一些企业真正走上循环经济的道路。

（五）废弃物资源化的方式过于简单

《循环经济促进法》第二条第四款规定："本法所称资源化，是指将废物直接作为原料进行利用或者对废物进行再生利用。"该条文仅是简单地规定了废弃物资源化的方式。

根据有关调研结果，在畜禽养殖业的废弃物资源化这一领域，贵州省畜禽养殖废弃物资源化的发展初具规模，但是利用方式仍然简单粗放，导致低利用率的问题。与餐厨废弃物、建筑垃圾等不同，畜禽养殖废弃物含有重金属、微生物细菌等，不仅是能源载体、特殊资源，也属于污染源。简单的资源化不能使畜禽养殖废弃物发挥充分的效用，也难以分离其本身含有的重金属元素，不仅如此，这种粗放的处理方式极易导致二次污染，从而威胁人体健康。毫无疑问，这是不符合安全原则的，《循环经济促进法》第四条第二款明确规定："在废物再利用和资源化过程中，应当保障生产安全，保证产品质量符合国家规定的标准，并防止产生再次污染。"《畜禽规模养殖污染防治条例》在处理畜禽养殖废弃物的本身污染性及土地的消化能力等方面的安全原则方面作了细化规定。简单的资源化不仅不符合安全原则，还是低效利用畜禽养殖废弃物，是对资源的一种浪费。当前我国在这一领域仅有30%左右的利用率，与工业发达国家的70%左右的利用率相去甚远，国际上作为畜禽养殖废弃物利用较好的例子是2014年英国生产使用的超级环保公交车，其燃料用的就是畜禽养殖废弃物。

第六章 西部地区实施促进循环经济发展的信息服务制度的障碍及对策研究

促进循环经济发展的信息服务制度的研究不能仅为了保障环境知情权或约束环境信息公开行为，其意义还在于探讨循环经济立法，如何通过法律手段促进循环经济主体间的信息交流，推动西部地区循环经济的开展和深化，以加强循环经济促进法的可实施性。因此，促进循环经济发展的信息服务制度起源于循环经济信息公开制度，但不限于并涵盖循环经济信息公开的内容，其本身也应纳入环境信息公开的范围。

一、促进循环经济发展的信息服务制度概述

（一）促进循环经济发展的信息服务制度的内涵

循环经济对于信息的相关规范最早源自循环经济信息公开制度及信息披露制度。我国《循环经济促进法》第十七条从政府职责方面规定了循环经济信息公开制度；第十条也确定了公民在循环经济管理事务中的知情权与决策参与权。我们通过调研发现，仅以信息公开制度并不能满足实施《循环经济促进法》的需要，因此在促进循环经济发展的信息公开制度的基础上应该延伸出促进循环经济信息服务制度。

促进循环经济发展信息制度指的是政府、企业及循环经济相关主体将各自应当向社会进行发布的信息进行统计、公布、标识，为公众以及循环经济参与主体提供有效合理的信息服务的制度。

2012年《甘肃省循环经济促进条例》第十九条规定："县级以上人民政府及其有关部门应当建立循环经济信息系统和技术服务体系。"《广东省实施〈中华人民共和国循环经济促进法〉办

法》第十条第二款规定："各级人民政府循环经济发展综合管理等相关部门应当及时向社会发布有关循环经济政策、技术和管理等方面的信息，建立健全循环经济技术咨询服务体系。"《陕西省循环经济促进条例》第四十六条规定："县级以上人民政府及其相关部门支持行业协会、生产经营者建立废物信息交流平台，及时发布企业副产品和废物产生、原辅材料供需信息，促进废物交换以及资源循环再生和综合利用"。这些地方性法规在当地实施《循环经济促进法》的实践基础上，不约而同地在循环经济信息公开制度的基础上进行了拓展，或采用技术咨询服务体系的说法，或采用废物信息交流平台的说法，都表达出一个信息：对循环经济相关的产业信息进行公开，不但具有信息公开的属性，还具备了信息交流和信息共享等服务功能。

（二）促进循环经济发展的信息服务制度的特征

在我国，从中央到地方的循环经济相关立法中，我们不难发现未来循环经济信息服务制度与传统的环境信息公开制度相比较应当具备以下特征。

1. 数据化

循环经济信息服务制度的数据化是由循环经济促进法的特征决定的。在循环经济促进法中，生态环境科技与法的结合是一个重要的特征，因为环境资源管理是自然科学的内容，必须以生态环境科学的发展和应用为基础，其立法和实施需要量化的数据，数据化的循环经济信息服务才有可能被立法者所参考，被执法者和司法者所适用，被群众和决策者直观、广泛的了解。数据化是循环经济科学立法、科学决策、科学执法、科学司法、科学监督的必要前提，是循环经济信息服务制度之"服务"的必定形式。

2. 服务性

服务循环经济的发展是循环经济信息管理和应用的最终目

标，而"服务性"也是有关循环经济信息主管部门履行信息管理职能的基本特征。正如孟庆垒学者认为："生态文明建设客观上要求环境法必须实现从一个被动的环境危机应对者转变为一个主动的生态社会服务者"①。这种"服务性"主要体现在以下四个方面：①服务国家整体循环经济发展的需要，为国家制定法律、政策和规划，实施循环经济促进法的宏观调控提供实践支持；②服务地方政府发展当地循环经济，为地方政府制定适合地方特色的循环经济促进法配套措施，出台具体的地方循环经济发展政策、规划和投资战略提供决策依据；③服务群众实现循环经济的公众参与，实现公民环境知情权提供保障；④服务排污企业，通过要求企业以自主公开或政府监督的方式向全社会公布排污企业的有关信息，一方面从内部促使企业进行节能减排，另一方面可以通过企业间信息交流实现排污企业与再生利用企业之间的市场化互动。

3. 多元化

传统的环境信息披露制度存在公布主体单一，受众主体单一，信息种类单一等问题，而循环经济信息服务制度具有以下特征。

（1）信息公布主体的多元化。传统的环境信息披露制度的规则主要来源于政府信息公开制度，其主要是规范行政机关的信息公开行为。2014年环境保护部颁布《企业事业单位环境信息公开办法》，要求从2015年1月1日开始被列入重点排污单位名录的企业事业单位，成为环境信息公布的主体。此外，我国的环境公益组织长期公布相关信息等，因此要把政府、企事业单位、社会组织的信息均纳入循环经济信息服务制度中，一方面进行信息资源的统筹利用，另一方面亦可确保信息来源规范化、信息公布渠道制度化和信息内容真实化。《企业环境信息依法披露管理办法》

---

① 孟庆垒. 生态文明背景下的环境法理论创新 [J]. 法学论坛, 2007 (1).

已于2021年11月26日由生态环境部2021年第四次部务会议审议通过，自2022年2月8日起施行。

（2）服务对象多元化。循环经济信息服务对象包括政府、企事业单位、社会组织、公民个人，服务政府决策的信息应集中体现区域性重点污染物排放量、排放来源以及趋势等较为宏观内容，而服务企事业单位的信息应集中在污染物构成、含量等生产信息，利于再生利用企业充分了解排污企业的现状。

（3）信息种类多元化。针对上面所述的服务对象多元化的需要，将原始信息进行统计和处理，公布符合需求的信息和数据，配合听证制度和普法教育等方式向全社会公布循环经济发展中的各类信息，不仅可以让各类服务对象把握当下循环经济发展的现状，还能指引他们了解未来循环经济发展的趋势和目标。

（4）信息公布渠道多元化。除了利用传统的公告或者公开发行的方式外，还应充分利用微博、微信、App等网络手段以及社会公益组织的活动信息公布的渠道。从社会舆论上建立公正、客观、科学合理的循环经济信息互动机制，克服传统信息公开渠道过于单一所引起的信息造假、误读和扭曲的弊病。

二、促进循环经济发展的信息服务制度的内容

（一）循环经济信息公开制度

我国的循环经济信息服务制度起源于环境信息公开制度，也是环境信息公开制度的组成部分，因此我国的循环经济信息服务制度的发展取决于我国环境资源法律体系的建立和不断完善。而在我国生态环境保护方面的立法实践进程中，有关环境信息公开的立法也正不断完善，不断要求政府和企业公布所掌控的资源环境信息，消除公众与政府、企业之间的信息不对称现象。

在循环经济信息公布义务主体方面，我国的环境信息公开制

度所指的环境信息，包括政府信息和企业信息，这决定了我国环境信息公开的义务主体包括政府和企业，因此循环经济信息公开的义务主体当然包括政府和企业。国家环境保障总局 2007 年发布的《环境信息公开办法（试行）》比较侧重对环境保护部门进行规范，却忽视了环境资源信息来源的广泛性。随后 2014 年环境保护部公布了《企业事业单位环境信息公开办法》，该办法弥补了上述规定的片面性，确定企事业单位作为环境信息公开的义务主体，但仅限于重点排污单位。

在环境信息公开的范围的有关规定中，政府环境信息公开的范围被划分为环境质量信息公开和环境政务信息公开，而在《企业环境信息依法披露管理办法》中则明确规定了 5 类重点排污企业必须公开的信息，如企业所披露的环境信息涉及国家秘密、战略高新技术和重要领域关键核心技术、商业私密的，依照有关法律法规的规定执行，涉及重大环境信息披露的，应当按照国家有关规定请示报告。

在环境信息公开法律评价机制方面，地方生态环境主管部门在企业环境信息依法披露监督管理中有玩忽职守、滥用职权、徇私舞弊行为的，应对直接负责的主管人员或者其他直接责任人员给予处分。在企事业单位环境信息公开制度方面，比较突出地将环境信息依法披露纳入企业信用管理，作为评价企业信用的重要指标，并将企业违反环境信息依法披露要求的行政处罚信息记入信用记录；企业有不披露环境信息，或者披露的环境信息不真实、不准确的，由生态环境主管部门责令改正，通报批评，并可以处一万元以上十万元以下的罚款；如企业有披露环境信息不符合准则要求、披露环境信息超过规定时限、未将环境信息上传至企业环境信息依法披露系统的行为之一的，由生态环境主管部门责令改正，通报批评，并可以处五万元以下的罚款。

综上所述，我国多次完善政府环境信息公开制度，也初步建立了企业的信息公开制度，但是在义务主体、信息公开范围及法律责任方面仍有进一步完善的空间。

（二）循环经济统计制度

循环经济相对于传统经济增长模式而言，其最大的特征就是追求以较小的资源环境成本产出最大的效益。如何判断一个企业、一个行业、一项产能、一个区域是否符合循环经济的要求，必须依赖严谨可靠的信息统计体系。而中央和地方政府立法促进循环经济发展，出台促进循环经济发展的政策，对重点企业和行业的投资和改造都需要通过数据来保证宏观调控和微观措施的科学性，通过对传统的国民经济统计、资源总量统计、环境质量统计以及新兴的经济效率统计、资源利用率统计、环境重点污染物排放水平统计进行结合和调整，为正确把握循环经济在我国国民经济和社会发展中的现状创造条件，为评价循环经济发展水平，支持循环经济促进立法和实施，为循环经济领导决策提供依据，在公共政策与资源分配和循环利用信息交流方面提供科学保证，上述内容是循环经济法律法规和政策的公信力来源之一。

虽然国家统计局自 2013 年才确立循环经济统计指标，但其统计指标其实早已出现在我国的环境统计制度之中，如资源生产率、废物综合利用率、GDP 能耗比、生活垃圾产生量和增长率、再生资源回收利用量等主要指标，这些指标在过去相当长一段时间内构成了循环经济发展所需的相关信息来源，现在也成循环经济统计体系的主要指标。

我国现行的与循环经济相关的统计制度包括普查和定期调查两种方式，我国于 2007 年 12 月 31 日、2017 年 12 月 31 日分别启动了第一次、第二次全国污染源普查。2020 年 6 月 16 日，生态环境部、国家统计局、农业农村部共同发布《第二次全国污染源普查公报》。与第一次全国污染源普查数据同口径相比，2017 年二氧化硫、化学需氧量、氮氧化物等污染物排放量比 2007 年分别下降了 72%、46% 和 34%。调查的主要指标包括废水排放总量、废气排放总量、化学需氧量、重金属排放量、氨氮排放量、石油类排放量、总磷排放量、总氮排放量、二氧化硫排放量、烟尘排放量以及氮氧排放量等重点污染物排放量。

定期调查的频次更高，但是相对而言，项目、指标和范围较普查少，但是定期调查可以通过同比、环比等运算方式表现某一段时间内指标变化的情况，并在一定程度上预测该指标在下一个时间段内的趋势，通过预测和实际的对比检验政策和措施是否达到预期的效果。根据统计周期的区别，定期调查一般分为年报和季报，而以统计内容的区别为视角，定期调查还分为专业统计和综合统计。

在我国最为权威的循环经济统计无疑是国家统计局建立的循环经济综合评价指标体系，这个体系涵盖一级指标 4 个，二级指标 16 个，一级指标主要有资源消耗强度、废物回用率、废物排放强度和污染物处置率等。在资源消耗强度这个一级指标下还有五个二级指标，包括单位 GDP 能源消耗、生物能源消耗、非金属消耗、水消耗、金属消耗。废物排放强度包含四个二级指标，有单位 GDP 废水排放量、单位 GDP 主要污染物排放量、人均城市生活垃圾清运量、单位工业增加值固体废物产生量。废物回用率还内在包括四个二级指标，为能源回收利用率、废旧资源回用率工业用水重复利用率和工业固体废物综合利用率；污染物处置率含有 3 个二级指标，有城市污水处理率、主要污染物去除率和城市生活垃圾无害化处理率。[①] 国家统计局亦从 2015 年开始每年公布以循环经济综合评价指标体系为基础得出的循环经济发展指数报告。

我国现行的循环经济统计制度主要内容包括：①能源和资源的效率；②废弃物的利用率、排放量和回收率；③重点行业运行

---

① 中国政府网. 2013 年我国循环经济发展指数为 137.6［EB/OL］.［2015-03-19］. http://www.gov.cn/xinwen/2015-03/19/content_2836181.htm.

状况。我国循环经济统计制度还和国民经济规划制度结合起来将其纳入绩效考核体系，主要针对我国环境资源限制的突出问题，并以此为基础提出节能减排等约束性指标。

（三）循环经济标志标识制度

在我国，循环经济标志标识制度并没有被正式确定下来，更多的是来源于环境标志标识制度。该制度也称为绿色和生态标志，国际标准化组织将其定义为显现于产品标签或其包装上的用于环境特质宣传的一种符号。1993 年环保部发布的《关于在我国开展环境标志工作的通知》中，环境标志最早被定义为环境标识是标志产品质量合格，在产品各环节的流程中符合环保要求的一种产品上的图标。我国的环境标志标识作用类似于德国的"蓝色天使"、日本的"生态标签"、奥地利的"生态标志"等环境标识。2003 年，我国环保总局环境认证中心（现环境保护部环境认证中心，以下简称认证中心）成立，统筹了包括环境标志产品认证委员会秘书处、中国环境管理体系认证机构认可委、中国认证人员国家注册委员会环境管理专业委员会以及中国环境科学研究院环境管理体系中心等认证资源，对标志标识的认证权进行统一。到 2022 年止，认证中心拥有 105 项环境标志标准的认证权，已认证企业累计超过 7000 家，涉及 300 多种产品种类，认证产品型号超过 160 万个，环境标志认证企业年产值累计达 4 万亿。①

循环经济标志标识是一种通过给消费者传达产品和企业在企业环境社会责任和循环经济发展中的贡献等信息，通过市场选择驱动竞争机制，从而产生反作用于生产者，促使其生产工艺、产品结构符合较高的环境标准，是抑制市场竞争中"劣币淘汰良币"的有效手段。② 首先，一般来说企业采用清洁生产手段和循

---

① ［2024-01-20］. http://www.mepcec.com/zbjjj/gzlc/2023/11254.shtml.
② 李奇伟，常纪文，李泓洁. 关于《循环经济促进法》的修改建议 ［J］. 中国生态文明，2022（4）.

环经济发展模式都会面临正常市场竞争下成本比较的劣势，在短期内会增加一些企业的经济负担，[①] 要激发企业积极实施循环经济促进法，除了在经济手段上直接给予支持外，还要通过增强企业和产品的社会认同感使得企业能够弥补由于成本增加而导致竞争中的价格劣势，提高竞争力；其次，通过循环经济标志标识的传播，宣传循环经济促进法，影响公众的消费习惯，增强公众对于循环经济发展和环境保护事业的认同感；最后，循环经济标志标识制度的完善是符合国际贸易总体趋势的，ISO 14000 在全球范围内已经得到普遍接受，而各国也设立了国内市场的环境保护标准进行国内产业和产品的保护。提高我国的环境标准，再引入循环经济的主要指标构建我国循环经济标志标识体系，倒逼我国企业改善产品中的环境因素，从根本上消除绿色贸易壁垒，也可以改善长期以来我国产品在国外市场的不良形象，树立科技含量高、绿色安全有竞争力的"中国制造"形象。

三、西部地区实施促进循环经济发展的信息服务制度的障碍

（一）整体定位不能适应循环经济发展需求

现阶段我国循环经济相关信息制度的定位依然停留在比较低的水平，不能适应西部地区循环经济的发展需求，也不能适应西部地区实施《循环经济促进法》的要求，具体来说体现在以下方面。

1. 不能适应西部地区政府循环经济决策需求

西部地区政府要推进循环经济的发展，无论是采取行政手段

---

① 沈百鑫. 生产者责任延伸机制的发展和演变趋势——中国、德国及欧盟固废治理的法律比较 ［J］. 中国政法大学学报，2021（6）.

还是经济手段，都需要追求民主性和科学性，但是现行的环境信息统计制度缺乏对微观信息的收集，如在提高绿色产品竞争力方面，西部地区相关的统计部门、生态环保部门和经发局都缺乏对企业实施循环经济的成本核算，忽视居民消费中的环保因素对价格的影响。这恰恰是现阶段出现一批西部地区循环经济企业无法适宜市场竞争的根本原因。这也造成了西部地区政府在投资和扶持符合循环经济要求的企业时陷入 GDP 至上观念，只考虑产值、产能和废弃物的消化能力，而忽略了供需关系、生产成本和升值潜力等市场基本因素。如在广西某地市的再生资源加工园区实地调查考察时发现，由于近年国际国内市场对于大宗货物的需求下降，导致国内一些专门从事有色金属循环利用的企业出现经营危机，但是广西某地市政府依然热衷于对该类企业的投资和扶持，甚至大量上马已经被列入削减产能之列的钢铁、化工企业。这说明现有的循环经济统计制度针对西部地区市场方面的统计存在滞后性，不能适应发展西部地区循环经济的信息要求。

2. 不能有助于解决西部地区企业克服发展循环经济面临的现实困难

通过调研发现西部地区企业在循环经济信息服务方面主要有三种需求：①需要进行循环化改造和清洁生产改造的重点企业或高污企业的需求。主要体现在其在无法独自承担改造费用或者其技术水平等条件无法满足改造需求的情况下，很多企业选择和一些专门帮助高污企业进行循环化和清洁生产改造的环保企业合作，但是二者之间信息难以互通。②专门从事废弃物再资源化的企业的需求。主要体现在原材料供给的信息渠道不畅。由于我国的废弃物是禁止市场化运作的，因此一些专门从事废弃物再资源化的企业的原料来源只能来自当地政府的扶持和协调，企业认为这种模式在来源稳定、价格以及废弃物品质方面难以自我预料和控制，极大打击了专门从事废弃物再资源化的西部地区企业的发展循环经济的积极性。因此，建立专门从事废弃物再资源化的企业与原料之间的信息交流渠道不但有利于满足企业产能，也能保证废弃物的统一监管。③企业的技术服务需求。在西部地区地方政府的设计中，西部地区企业进行技术改造往往要求与西部地区高校和科研机构相结合，这也是国家对于高校科学技术迅速转变为生产力的题中之义。但是通过调研发现存在西部地区高校科研和循环经济企业需求相互脱节的问题。西部地区高校等科研机构只能根据宏观的区域环境统计数据进行技术的开发，其科研成果未必能满足特定企业的循环经济专门技术需求，除非企业花费巨资专门委托科研机构为其进行专门性的技术研发，但是大部分西部地区企业尤其是中小企业无力承担这笔出资。因此，企业实际上对于循环经济技术服务的需求应该建立在西部地区政府或企业群体资金支持下，根据各企业个体的污染物特性所进行的技术服务，而这种高度专业性的信息交流渠道是现有环境统计和公布制度所无法适应的。总而言之，现有的循环经济相关信息制度无法适应西部地区企业的市场化运营需求，无法满足企业发展循环经济所要求的信息和技术服务。

3. 不能适应当下公众知情权的实现方式的要求

信息公开制度本质上是为实现公众参与社会公共事业管理而对公众知情权的保障制度。对于循环经济来说，知情的公众对问题关注度更高，更能实现对政府和企业的政策和决策的监督。而标志标识制度针对的则是消费者的知情权，通过充分的信息引导消费者作出更符合循环经济的选择，从而影响生产者的决策。但是无论是公众获取信息的渠道还是消费者了解产品的渠道均和立法目的有着较大的区别：①网络已经成为信息传播的最主要方式，但是循环经济信息发布制度的立法却明确规定以平面媒介作为发布途径。②环境标志标识制度所要求的在产品上显著位置粘贴标志标识，以此向消费者传达产品环境信息，但是这种方式不能反映在电子商务中，在网络零售业中经营者往往忽视所售产品环境标志标识的展示，导致在消费者的网络消费中，产品价格因素对产品和企业环境社会责任因素有着压倒性的竞争优势，失去了企业对产品和环境保护的激发作用。③在传统的信息公开制度中，一部分涉及公众利益的信息仍被归入依申请公开的范畴，这种现象在循环经济信息发布制度中更为严重，由于涉及环境和循环经济的信息均带有一定的公共利益色彩，因此现有较为狭隘的依职权公开的环境和循环经济信息制度已经无法满足公众知情权的需求。

（二）促进循环经济发展的信息服务制度面临障碍

我国促进循环经济发展的信息服务制度虽然已经以政府信息公开制度为基础基本建立起来，西部地区循环经济信息公开制度亦然。但是依然存在众多障碍，有些障碍是现有政府信息公开制度本身造成的，有些障碍却是循环经济的公益性和专业性使然，具体表现在以下方面。

（1）循环经济信息公开制度现行的主要规范性文件为生态环境部发布的《企业环境信息依法披露管理办法》，但是循环经济信息公开的特殊性在于其涉及的部门较多，单纯靠环保部门发布的部门规章进行权力限制明显缺乏效力，这是由其法律层次所决定的。

（2）缺乏自主性。现行循环经济信息公开制度已经从单纯的政府单一主体，发展为企业也成为信息公开主体，但是其法律依据依然是强制性法律规定，企业并没有成为信息公开的受益主体，因此经常出现企业不愿意公开信息或者捏造虚假信息的情况，缺乏科学、系统和具有互利性的企业环境信息公开制度。

（3）向公众公开的环境信息量少，信息公开手段落后。现行政府信息公开制度立法无法满足循环经济信息公开需求，由于传统政府信息公开制度中很大一部分的信息公开机制是依申请公开，因此不能适应循环经济的公益性。循环经济的公益性和公众参与原则决定了大部分的循环经济和环境信息都涉及公共利益，应当主动向公众公布。这个问题的另外一个原因是我国立法所规定的信息公开方式均要求在传统媒介上进行公开，这些媒介的信息搭载余量十分有限，获取途径也比较麻烦，因此也难以满足大批量信息公布的需求。

（4）信息公开监管措施不足。对企业违反信息公开行为的法律责任追究问题上仍存在立法空白，信息公开对于企业环境形象的影响无法达成"惩恶扬善"的目标。

(三) 循环经济统计制度在科学性和适用性上存在缺陷

循环经济统计制度在实质上是对能源、资源和污染物三大类物质流数据的收集、整理和分析、核算的制度，但是要构建科学和可适用性强的物质流核算机制，从而构建循环经济统计制度最重要的原则是回归经济层面。现行循环经济统计制度脱离经济层面，缺乏科学性和适用性，其主要表现在以下方面。

（1）在能源、资源和污染物的流动环节，较为侧重的是输出方面，即以废弃物和污染物的排放作为主要目标。但是对输入方面的统计较为薄弱，即对资源进口和国内资源开采方面仅有国家宏观层面上的统计，如对于资源进口仅限于商务部进行的国际贸易统计。但是循环经济统计制度应该回归经济层面，在物质流统计中必须体现西部地区供需关系等市场因素，而资源输入数量、效率以及依赖性等因素直接影响该种资源或能源是否存在危机，是否有发展该类循环经济实体的需要。

（2）在物质消费环节，现行循环经济统计制度较为注重的是资源和能源的利用效率、废弃物的再生利用效率，以及所有生产因素的综合利用状况，这体现我国现在循环经济发展的重点仍停留在生产环节。与此相对应的是，现行循环经济统计制度对于消费领域的有关数据存在空白，缺乏操作性。这种状况导致循环经济统计制度所得出信息无法真实反映西部地区的市场需求，使得循环经济无法适应西部地区市场经济的发展趋势和客观规律。

（3）现行循环经济统计指标过多反映社会发展状况，加入过多的社会发展指标，背离了统计制度的客观性要求。一方面造成指标体系脱离经济层面，缺乏权威性和针对性，另一方面容易使人为因素干扰统计信息，通过不规范的信息收集和分析方式人为制造符合政绩需要的误导性信息。

（四）环境标志标识制度尚未体现循环经济需求

现行的环境标志标识制度实质上还是传统的绿色标志，虽然在一定程度上也可以视之为循环经济标志，但是其认证所依据的标准和循环经济的要求依然存在相当大的差距，具体表现如下。

（1）环境标志标识的认证标准基本上集中在生产过程中的节能减排等方面，但是并没有类似单位产值和产品个体的材耗、水耗和能耗，以及废弃物排放等体现循环经济价值观的标准。

（2）环境标志标识的认证方式侧重生产末端的污染控制，与循环经济源头控制，预防为主，倡导资源节约的同时突出循环利用的立法目的相差较远。因此，一个企业能够达到环境标识标志制度所要求的环保标准，未必符合循环经济的要求。

（3）现行的环境标志标识制度自身也存在问题，即产品生命周期问题。在 ISO 14000 的体系下，不但要求目标企业本身的生产环节和产品均要符合相应的环境标准，也要求企业基于生产需要的采购渠道中合作商提供的产品也要符合同样的环境标准，但是现行的环境标志标识制度并没有在这方面进行规范，因此在建立循环经济标志标识制度中应当建立产品的生命周期制度。

四、化解西部地区促进循环经济发展的信息服务制度的障碍的对策

（一）在国家层面确立促进循环经济发展的信息服务制度的基本原则

法律原则是法律体系和法律制度中的基本指导思想，是具体法律规则的本源性准则，因此循环经济信息服务制度在现有信息管理制度上进行修订，均要体现一定的基本原则。除了原有循环经济信息统计制度、信息发布制度和标志标识制度所应坚持的原有原则外，还应根据循环经济发展的特点确立和重视以下基本原则。

1. 公众参与原则

我国的环境保护法律体系和循环经济有关法律制度一贯较为重视公众参与的作用，因此无论是环境保护法还是循环经济促进法均把公众参与作为基本原则和基本制度进行阐述。但是我国循环经济有关的信息管理制度对公众参与制度的支持仍侧重于保障公众知情权方面，新形势下的循环经济信息服务制度应当在让公众知情、接受公众监督的基础上发展为可以使公众得到教育，增强公众认同感，让公众成为循环经济参与主体的平台，如可以通过公布资源再利用型企业的技术特点和生产、排放数据消除公众对于废弃物再利用而产生的畏惧和反感。

2. 社会性原则

循环经济具有很强的社会性，一方面指的是循环经济发展具有社会公益性，可以改善社会整体所面临环境资源困境；另一方面指的是循环经济发展需要社会各主体全面参与，如在发展适应市场规律的循环型企业时，不但要有生产者的参与，也要有消费者的支持，因此循环经济信息服务制度必须具备一定的社会性。

循环经济信息服务制度的社会性一方面表现为信息来源的社会性，这要求循环经济信息统计必须全面体现社会各阶层各类型主体对循环经济的需求和期望；另一方面要求信息要面向全社会，现有信息管理制度主要面向政府的需求，而我们通过对西部地区实施《循环经济促进法》的现状实地调查研究发现企业对专业性、有经济价值的循环经济信息需求强烈，而公众需求的是通俗的、与人身健康和社会发展有关的循环经济信息，这在建立新型的循环经济信息服务制度中也需要兼顾。

3. 服务经济原则

循环经济的有关信息制度最主要的目的并不是为提供绩效考评的依据，也不是单纯反映环境保护工作成效的工具，而是一种和经济相结合的信息。在我国服务型政府的语境下，一项行政制度和措施的根本目的就是服务国民经济和社会发展，而循环经济之所以称为一种经济发展模式，是由于其针对的是社会生产和再生产的过程，因此循环经济信息服务制度不能脱离"服务"和"经济"的特性，前者是由我国服务型政府是一个向全社会提供公共产品和服务的政府所决定的，而后者则是循环经济作为一种经济发展模式的本质要求。

（二）西部地区整合信息管理资源，建立统一管理下促进循环经济发展的信息服务制度

西部地区要建立高效实用的循环经济信息服务制度，必须做到"法出一门"和"令出一门"，前者要求在立法上单独规划循环经济信息服务制度，后者则要求把循环经济信息的统计、分析、管理和认证等职权集中到同一个部门进行统一行使。在对西部地区调研中我们发现，西部地区企业申报的数据由于不同的授权往往由不同的部门进行分析管理，也由于这些部门各自不同的标准和执法价值取向而得出不同的结果。因此，西部地区应当通过地方性法规统筹明确循环经济发展相关部门在信息服务上的职

责，把循环经济信息管理亦纳入部门权力清单。现有的循环经济信息职能管理部门包括统计部门、发展和改革委员会、工业和信息化部以及生态环境保护部门。由于统计部门的业务中循环经济信息统计只是其中的一部分，而统计工作亦存在较强专业性，因此不宜进行分割。我们认为应当将生态环境保护部门确立为循环经济信息分析、管理、发布和认证的主要主体，而工业和信息化部和发改委只需要根据环境保护部门管理的信息进行决策，具体理由如下：①2022年2月8日施行的《企业环境信息依法披露管理办法》，生态环境部门在循环经济信息公开方面也累积了丰富的经验；②环境标志标识制度的认证机构是环境认证中心，隶属于生态环境部，生态环保部门有丰富的管理经验；③生态环保部门较少涉及政策和措施的直接制定，因此在评价政策和措施的效果时立场亦比较中立，避免通过篡改数据或者捏造数据谎报政策效果，保证"自己不做自己的法官"的权力制约机制；④生态环保部门对于具体环境问题，如污染物构成等方面具有专业性，能保证提供信息的科学性。当然工业和信息化部和发改委对于其促进循环经济发展的决策、措施以及依法属于本部门保存的信息也应依职权进行信息发布和管理。

（三）在政府信息公开制度框架下完善西部地区促进循环经济发展的信息服务制度

循环经济信息发布制度可以通过在西部地区政府信息公开制度框架下，通过地方立法的方式进行完善，因此上文所述的统一信息管理职权就是完善信息发布制度的前提，只有统一信息管理职权才可以构建循环经济信息发布制度，解决生态环保部门现有环境信息公开的规章无法规范其他部门的循环经济信息公开行为问题。除了统一信息管理职权外，应通过以下途径完善西部地区循环经济信息发布制度：①以依职权公开为常态，由于循环经济相关信息和环保信息是与群众生活质量和健康安全密不可分的，因此循环经济信息应当由西部地区政府和企业主动面向全社会进行公开，有利于建立有效的群众监督和民主决策机制；②丰富信息公开渠道，传统的信息公开方式有其规范性和权威性的特点，应当作为信息公开的主要方式继续坚持，而且应当成为公众参与循环经济决策知情权实现的正式途径。但对于抽象行政行为、政策性文件以及相关法律法规等面向不特定人的信息，可以通过网络媒介进行广而告之，既符合行政行为的效率和便民原则，也可以加快公众和行政机关、执法者和立法者之间的交流，还可以加深公众对循环经济的认识和认同感；③完善信息公开责任制度，尤其对于循环经济发展过程中应当负有信息公开责任的西部地区的个人、企业和其他组织等非行政机关的主体在违反有关循环经济信息公开规范时，应当规定其应承担的法律后果，这种法律后果可以是经济惩罚、行政处罚，以及对其商誉和信用的降低；④尝试采用"云端"大数据收集和公布方式。云数据模式是一种数据集成、分析、整合、分配和预警的技术平台，以数据、信息流收集—多维信息整合精算—信息分配—信息推送为内容的高速处理平台，被广泛应用于公共交通、金融、日常生活资讯等方面，可以通过云数据模式整合地方与中央的统计信息，再通过网络信息发布和推送的方式提供各级政府，企业和公众的查询，可以将循环经济信息公开带入群众的电子通信设备中。通过实地调研和比较，我们发现：在此方面，贵州省在西部地区中做得较好，已经将大数据运用到发展循环经济、实施循环经济促进法工作中，值得西部其他省份学习。

（四）提高循环经济统计指标体系的科学性和可适用性

提高循环经济统计指标体系的科学性和可适用性是为了通过统计制度正确反映西部地区国民经济中生产—消费—再利用各个环节循环化改造的市场现状。虽然当下要发展循环经济必须通过政府的行政手段和经济手段，而且实践证明，一个新兴产业的初步发展均需要政府强有力的扶持，甚至这个时期政府的行政手段直接干预和支持更为重要和有效。但循环经济并不是新兴产业，而是对新兴环保产业的扶持以及对旧有产业的改造，在此之中后者地位更为重要。因此在已经市场化的旧有产业，尤其是工业产业中发展循环经济，必须遵循市场基本规律，而循环经济统计制度的建立和运行必须正确反映以市场现状为前提的物质减量化、资源化和再利用化的水平。提高循环经济统计指标体系的科学性和可适用性主要包括生产性指标、消费性指标及资源和能源总量指标三个方面。

1. 增加产业产能总量控制指标

循环经济并不是单纯地为了资源的重复利用。我们在西部地区实地调研发现，虽然中央已经将钢铁、电解铝和铜冶炼行业划入产能过剩行业，各地均开始对过剩产能重组和淘汰开展工作，但是广西某市新建循环经济重点企业恰恰是从事钢铁、电解铝和铜的循环利用，一方面在产能优胜劣汰的机制下由于先天成本上的劣势无法在市场竞争中存活，另一方面其产品也属于低端原材料产品，并无核心竞争力，因此这些企业均面临经营困难等问题。因此应增加产业产能总量控制指标，以市场需求为基本参数通过淘汰生产同一类产品的高污高耗企业，然后以再资源化企业补充削减产能，才能符合我国市场经济客观规律。

2. 建立消费性指标

现行的循环经济统计指标均针对生产环节中的资源综合利用和污染物排放等方面，这是由现阶段我国发展循环经济的工作重心所决定的，具有一定的可适用性。但循环经济统计制度缺乏专门针对消费环节的指标统计体系则成为制约统计信息客观科学地反映循环经济发展现状的主要因素，缺乏对市场需求的掌握而单纯强调对生产的调控，无法适应我国已经建立的社会主义市场经济体制，因此要建立消费性经济指标，正确处理生产环节循环化改造的轻重缓急。建立消费型经济指标，主要包括以下几个方面：①低碳消费指标，如已有的人均碳排放量可以细化为以产品消费来分类的人均资源能源消耗和排放指标；②绿色消费指标，如人均购买绿色产品、环保产品中的支出等消费指标；③市场认同指标，反映消费者对循环利用产品的认同度、可以接受的价格以及其他选择因素；④循环利用产品在零售端的占比，应着重统计循环利用的产品在同类产品中的市场销售份额，而不应以产能占比作为考察产品是否适应市场需求的依据。

3. 增加资源和能源总量指标

在设置反映资源和能源等物质流消费和利用等综合情况时，应注重西部地区资源输入情况，不仅要注重单位产品和单位生产总值的资源消耗和综合利用情况，而且要关注资源总体安全问题，通过对资源的总量统计设立西部地区整体资源安全指标，有侧重地投入紧缺资源的减量化、资源化和再利用化，而不是把有限的循环经济财政扶持投入技术含量较低、产能过剩的产业，应有效抑制西部地区政府"唯循环经济产能至上"的新生产总值价值观。

（五）建立专门的循环经济标志标识制度

建立专门的循环经济标志标识制度，就是要在原有的环境标志标识制度的基础上，一方面继续支持企业开展节能减排的清洁生产和减量化行动，并给予环境标志企业或产品认证，另一方面要建立与循环经济发展相关的资源化和再利用化的技术、工艺、管理方式和产品的标准和标识。在循环经济标志标识制度的构建中，可以将循环经济标志标识分为两类标准，分别代表循环经济发展的两个阶段。第一种为以节能减排为目的的清洁生产型标识，主要针对企业的生产过程中是否达成国家要求的节能、节水、低耗低污染的标准进行认证和标识；另一种则是绿色产品标识，主要针对消费者在消费时能够接收到企业在经营活动中所履行的环境社会责任以及对循环经济发展的共享为目的，可以把已有的能效标识、环境标志、绿色产品、有机食品等产品标识纳入其中，为西部地区推行优惠政策、政府实施绿色采购和公众在消费环节进行参与提供明确的信息指引。此外还要在具体的销售环节进行若干强制规定，强制性规定无论是何种销售渠道进行产品销售均要求经营者主动向消费者明示产品是否通过绿色产品认证；强制性规定政府机关、医院、学校等机构必须采购通过绿色产品认证的产品；要求西部地区企业在生产中必须使用一定数量通过绿色产品认证的材料、零部件、包装物方可获得绿色产品认证的资格等措施。

第七章　西部地区实施促进循环经济发展的环境税制度的障碍及对策研究

一、促进循环经济发展的环境税制度的基本理论

(一) 环境税制度的概念

环境税又称生态税、庇古税、污染税等。当下，环境税的界定在我国学界中仍没有统一。关于环境税的概念，欧洲环保局和我国一些学者已经开始使用。关于环境税的含义，在我国主要表现在三个方面：一是狭义的环境税，指国家针对污染环境的主体需要缴纳的款项，污染物与应缴款项的计量单位进行统一规定。二是中义的环境税，它扩大了应缴环境污染款项的主体范围，不仅涵盖了环境污染者，还将资源开发利用者囊括其中，大大扩展了环境税的内涵。[①] 三是广义的环境税，其含义较环境税更为广泛，在中义环境税确定的环境税缴纳主体的基础上，又增加了与二者有联系的税收法律、政策和其他税收规范，分为限制类税收与引导性税收两类。相比之下，本书持广义观点，包含了狭义的和中义的环境税的概念，并且认为环境税不仅局限于前二者的范围，还包括与前二者有关的法律、制度、措施等，其目的是据此为节能环保筹集资金，促进经济环境的可持续发展。

(二) 循环经济与环境税制度的关系

1. 环境税制度对我国循环经济发展的作用

(1) 保障我国循环经济的发展。循环经济的发展需要全社会

---

① 褚睿刚. 环境保护税立法目的选择刍议——兼论《环境保护法》[J]. 中国石油大学学报 (社会科学版), 2017, 33 (3).

共同努力才能实现，要让企业改变过去传统的生产模式而采用先进的循环经济发展模式，仅仅依靠企业的自觉是远远不够的。必须依靠政府宏观调控，通过建立完善的环境税制度来引导、规范企业的行为，促进循环经济的发展；只有政府运用法律所规定的环境税通过国家强制力才能让传统的生产要素运行模式转变到循环经济发展模式。①

（2）调节余缺，促进产业转型升级。法律是国家实施调控的重要工具之一，国家制定出调控经济的法律，通过法律来引导经济向着国家预期的方向发展。环境税制度就是由国家制定的，通过征收环境税来引导企业的生产经营，优化资源配置，促使产业结构调整。企业以营利为目的，首要考虑的是成本问题。企业在生产经营过程中，要缴纳环境税，对环境污染越严重，资源消耗量越大，则要缴纳的环境税也就越多，缴纳过多的税赋，增加了企业的生产成本，进而导致企业的利润减少，在市场中的竞争力会大大地减弱。企业为了增强自己的市场竞争力，获得更多的利润，必然会升级产业结构，引入循环经济的新技术，降低资源消耗，减少排放污染物。因此，环境税对于推动企业更新技术，优化资源配置，发展循环经济模式起到了巨大的作用。

（3）环境税制度为我国发展循环经济提供了经济保障。构建一个循环型社会，需要国家投入大量的财政，建设许多环境公共设施，研究开发循环经济的技术和设备。环境税有无偿性、强制性和固定性三大特征，为我国循环经济发展提供了雄厚的资金保障，国家通过征税的方式来取得财政资金，为社会提供公共服务物品，满足社会公共需要。② 环境税属税的一种，充实着国家的财政收入。通过税收和财政手段，为循环经济的发展筹集资金，加大循环经济发展的投入力度，为其提供经济保障。

---

① 何锦前. 生态文明视域下的环境税收法治省思——从平移路径到并行路径 ［J］. 法学杂志，2020，41（3）.

② 朱小会. 中国财税政策的环境治理效应研究 ［D］. 重庆大学，2018.

2. 循环经济的发展促进我国环境税制度的完善

以往，我国经济发展方式较粗放，高能耗、低产出。国家通过环境税的税收手段督促企业改变生产方式，改善经营管理，淘汰落后技术、设备，给予其发展循环经济的优惠政策（如降低税收），促使其开展循环型经济发展模式。环境税制的施行无疑是循环经济发展的重要推动力量，同时循环经济的发展亟待推出环境税制度，并在发展的过程中逐步将其完善，两者相辅相成、相互促进，共同促进节能、降耗、环保的新型的循环经济发展。

二、循环经济下我国环境税制度的历史沿革

中华人民共和国成立之初，环境税制度几乎一片空白。改革开放后，我国环境税制度得到了重要的发展。1979 年颁布的《中华人民共和国环境保护法（试行）》规定了谁污染谁治理原则、税收优惠政策和排污费超标收费制度。1982 年，国务院出台《征收排污费暂行办法》，其中规定了排污费制度。1984 年颁布的《中华人民共和国国营企业所得税条例（草案）实施细则》规定了计算企业所得税时，企业可以扣除为了治理"三废"产品的盈利净额；之后又颁布《中华人民共和国产品税条例（草案）》，明确指出，对于企业利用废物生产出来的产品将给予一定程度的减免税赋。1985 年出台《中华人民共和国集体企业所得税暂行条例》进一步规定了利用三废作为原材料来生产产品的企业，可以减免征收所得税。上述法律法规中的相关条款都体现了在发展循环经济过程中的税收优惠政策。1985 年公布的《城市维护建设税暂行条例》、1986 年公布的《车船使用税暂行条例》、1987 年公布的《耕地占用税暂行条例》、1988 年公布的《城镇土地使用税暂行条例》和 1991 年制定的《固定资产投资方向调节税暂行条例》的有关条款中都制定了税收限制的规定，对于资源浪费、污染环境的行为征收重税。1989 年《中华人民共和国环境保护法》

正式出台，我国环境税制度得到了快速的发展。1994 年颁布了《中华人民共和国消费税暂行条例》，该条例中将消费税列为一项单独征收的税收，在 2006 年又对其进行了修补，丰富了消费税的类型。1994 年颁布的《中华人民共和国资源税暂行条例》扩展了资源税的征收范围，把税收优惠和税收限制有效地结合在一起。2003 年国务院公布的《排污费征收使用管理条例》对水体、噪音、海洋、大气污染和固体废物等都作出了明确的收费规定。国务院于 2007 年 6 月印发《节能减排综合性工作方案的通知》，指出要开始研究征收环境税。随后，环保部、财政部和国家税务总局一起对于我国的环境税征收进行可行性和必要性的论证。2007 年 10 月，党的十七大报告指出，我们要构建资源有偿使用和生态环境补偿机制，建立一个有利于社会科学发展的税收制度。[①] 与此同时，环保部在 2007 年还与中国银监会开展了国家绿色信贷政策的制定和地方试点工作。2008 年制定新的企业所得税法及其实施条例，进一步详细地规定了税收优惠政策，鼓励企业在生产过程中大力发展循环经济、节约资源、保护环境。环保部和财政部在 2010 年出台有关排放指标有偿使用和排放交易的法规。2013 年 11 月，环境税方案被写入党的十八届三中全会的决议，把目前法律规定排放重点污染物的企业所需要缴纳的排污费改为缴纳环境税。2014 年修订的《环境保护法》，以环境保护税取代了排污费的征收。2016 年通过《环境保护税法》，2018 年该法被修正。

三、促进循环经济发展的环境税制度的主要内容

基于我国以往的资源税和排污费，在遵循税收理论的基础

---

① 向贤敏. 我国环境税收法律制度的考察及其法治优化 [J]. 河南财经政法大学学报，2015，30（4）：125-135.

上，为满足循环经济发展的需要，可以将环境税分为资源开采中的资源税、排放废物中的排放费、利于循环生产的优惠政策、促进节能的消费税。

（一）资源开采过程中的资源税

资源税是在开发利用自然资源的过程中征收的税种。根据我国相关法律规定，矿产、森林、草原、城市土地等均为自然资源。《资源税暂行条例》中仅将征收资源税的范围限定为矿产和盐两类，排除了城市土地、草原、森林等自然资源。笔者认为，有必要将城镇土地使用税和耕地占有税扩展至资源税的征收范围内。①

我国法定的资源税有天然气、煤炭、盐、原油、有色金属原矿、黑色金属原矿、其他非金属矿原矿 7 种。② 资源税的征收原则是，坚持差别税额从量征收，以避免企业开发资源过程中忽略贮藏量小的矿藏的开发，促使其同等地开发矿产资源，实现"减量化"的目标。

耕地占用税主要是指对占用耕地来建造房屋或者进行非农建设的个人和单位所征收的一种税。1987 年我国公布的《耕地占用税暂行条例》是耕地占用税的法律依据，该条例的立法目的是保障农业生产中最基本的土地资源，防止耕地被任意占用。最近几年房地产业的扩张，耕地面积大幅度降低，国家在 2007 年修改《耕地占用税暂行条例》，将耕地占用税的税额提高了很多，在一定程度上减缓了耕地面积的减少，提高了耕地资源的利用率，有效地促进了循环经济的发展。2019 年《耕地占用税法》正式取代《耕地占用税暂行条例》开始施行。

城镇土地使用税是指对于实际占用的国家所有和集体所有的

---

① 肖伊. 资源税改革历程及立法意义 [J]. 湖南税务高等专科学校学报, 2020 (5).
② 叶金育. 资源税的改革与立法——从主导目的到税制协调 [J]. 法学, 2020 (3).

土地，按照规定的税额对所拥有土地使用权应当缴纳的一种资源税。1988 年公布的《城镇土地使用税暂行条例》是我国城镇土地使用税最原始的法律依据，国务院后来进行了四次修改，最新版是 2019 年 3 月 2 日实施的《城镇土地使用税暂行条例》，修改后的该条例将城镇土地使用税分成引导性税收和级差税收两种税收模式。采用这两种模式对城镇土地征收不同的税额，不仅能够提高城镇土地的使用收益，提高国家的财政收入，还能引导公民正确地对废弃荒地进行改造，大力发展绿色产业，提高我国土地利用率，加强环境保护，这也是我国循环经济"资源化"的体现。

（二）废弃物排放环节的排污费

排污费是国家对废物排放者所收取的一种费用。我国排污费的征收范围包括"三废"和超标的噪声。1978 年发布的环境保护工作要点便提到这一概念。1982 年国务院出台《征收排污费暂行办法》，排污费制度得以确立。2003 年国务院重新颁布《排污费征收使用管理条例》，规范了最新的排污现象，重新制定了排污费的征收依据。这一制度，充分体现了循环经济的"减量化"原则，有效地推进循环经济的发展进程。排污费只适用于排放废弃物污染环境这一行为。国家征收排污费后将其作为发展循环经济和环保的专项资金使用。2018 年 1 月 1 日，《排污费征收使用管理条例》被《环境保护税法实施条例》所取代而失效。

（三）促进循环生产的税收优惠政策

该政策是指国家为促进循环经济生产方式在生产中的应用所采取的各种税收支持。目前主要包括两类。一是所得税缴纳的优惠，包括个人所得税优惠和企业所得税优惠。前者是国家或组织对个人在环保领域的奖金免征个人所得税。后者是企业采用促进循环经济发展的新工艺、新技术以及环保的投入或所得收入可减免或抵消企业所得税，如采用节能、节水技术的收益和促进循环经济发展和环保的技术转让所获收入等都可减免或抵免企业所得税。二是增值税缴纳的优惠。为了发展循环经济，我国实行的增值税优惠范围有：①以清洁能源生产的无污染或低污染的产品。②循环利用剩余原料生产的产品。③循环利用废弃物生产的产品。

（四）引导消费者节能消费的消费税

消费税是指对消费品在流通过程中所发生的消费额进行征税的各种税收的总称。我国征收消费税的环节包括生产、加工、进口，不包括批发和零售。1994年国务院施行《消费税暂行条例》，首次规定了消费税。目前我国的消费税是2008年修订后的消费税，共有五大类十四小种，涉及循环经济发展的消费税主要有车辆购置税、燃油费等。

燃油税是指对于在我国境内购买的汽油或柴油的汽车所需要缴纳的费用。燃油税的征收增加汽油和柴油的价格，人们就会倾向于选择环保出行或者使用节能环保车辆，如此，必然能使车辆的废气达到减量化排放，从而促使循环经济的发展。车辆购置税主要是指我国境内购买法律指定车辆的个人或单位需要缴纳的一种费用。我国2001年1月施行的《车辆购置税暂行条例》中规定，自己生产、购入、进口、接受赠与以及其他方式得到并且自己使用的摩托车、汽车、挂车等应缴纳10%的车辆购置税。车辆购置税的征收对于促进发展循环经济的作用，主要体现在通过征收车辆购置税，加大购买车辆的成本，进而促使人们选择小排量、节能环保的车辆，不仅能减少我国对汽油、柴油的使用量，也能减少汽车尾气的排放，保护环境，符合循环经济减量化的要求。2019年7月1日《车辆购置税法》施行，规定在中华人民共和国境内购置汽车、有轨电车、汽车挂车、排气量超过150毫升的摩托车的单位和个人，为车辆购置税的纳税人，应当依照规定缴纳车辆购置税。

四、西部地区实施促进循环经济发展的环境税制度的障碍

（一）资源方面的税收规定对西部资源保护的作用有限

资源税、城镇土地使用税、耕地占用税是我国资源方面主要的税种。关于这些税的规定虽然在某种程度上促进了循环经济的发展和生态保护，但还是有一些问题。第一，资源税征税种类太少。根据《资源税法》规定，对 5 大类 33 种税目资源可以征税，丰富了《资源税暂行条例》仅对 7 类资源进行征税的规定，但依然不能完全满足有效促进资源的减量化利用和资源的全面保护。第二，税收征收依据不科学。目前我国仅是根据销售数量和使用数量来征收资源税，这就将开采后未利用的资源排除在外，不利于资源的有效保护。第三，资源税的征收标准过低，使得税收对经济调控作用大大降低，对资源的减量化使用也是十分不利的。这种情况同样也存在于耕地占用税和城镇土地使用税领域。从目前的资源税的征收依据上看，征税依据交叉、相互矛盾现象严重，限制了对西部地区循环经济发展。

（二）排污费制度的设计存在缺陷

在制度安排上排污费有以下缺陷。①鉴于排污费的行政性费用的法律属性，其法律效力较低，没有足够的强制性普遍适用的空间。②对超标排污费制度设计的局限性。超标排污费只能征收超过规定标准的排放污染的企业的排污费，而对于没有超过规定标准但同样会污染环境的企业排放污染物不能征收排污费，因此不能有效遏制资源的消耗。③征收排污费的起点较高。排污费征收主要是为了限制企业的污染物排放、保护自然环境，起着一种警示的作用，同时也能为治理环境筹措资金，但是由于征收排污

费的起点较高，致使企业的很多的排污行为得不到控制，这就变相增加了污染物的排放。④排污费的收取和利用制度不合理。我国的排污费是由地方收取的，中央政府不干预，这在很大程度上增加了地方对排污费利用不科学的概率，使得排污费得不到很好的利用。

（三）税收优惠政策对促进西部地区循环经济发展的环境税制度的支持不足

税收优惠政策的支持局限主要表现在以下几个方面。首先，一些政策与循环经济理念矛盾。如对农药、化肥等农业用品只征收 13% 增值税，这就实际上激励农业企业从事这类经营，增加农药、化肥的使用，其作用适得其反。其次，环境税收的优惠程度低。第一，环境税的优惠力度因增值税的改革而降低。2008 年取消了《关于废旧物资回收经营业务有关增值税的通知》中免征增值税的规定和抵扣进项税额的规定，这一定程度上打击了环保企业和发展循环经济企业的积极性。第二，增值税对于资源综合利用方面的税收优惠规定范围太小，《资源综合利用目录》中规定的项目很多，可是增值税中仅仅是对利用工业废气作为原料生产的产品、废弃物发电和再利用废旧混凝土生产新的混凝土等少数项目才享有减半征收或者即征即退的税收优惠，对于利用太阳能、风能和水能等清洁能源生产的企业优惠力度不够。第三，国家给予发展循环经济产业的企业税收优惠时间太短，发展循环经济的企业盈利往往需要比较长的一段时间，现在国家规定的税收优惠制度没有给发展循环经济的企业留够充分发展的时间，不利于西部地区循环经济企业在市场上竞争，进而导致很多企业不愿意发展循环经济产业。

我国的税收优惠政策种类偏少。一般的，税收优惠政策主要有九种形式：税收减免、纳税扣除、税收抵免、税收豁免、税收转让、税收信贷、延迟支付、优惠税率和加速折旧。国外成熟经验表明，在发展循环经济过程中，多类型的税收优惠政策并举，效果显著。而我国当前采取的税收优惠只有减免退，其对西部地区发展循环经济的促进作用和环境保护的功能有限。

（四）消费税规定不合理

在西部地区发展循环经济和生态环境保护的过程中，消费税逐渐暴露出一些缺陷和不足。一方面，在发展循环经济和环保方面的消费税设立的种类较少。如消费税的征税对象中并不包括塑料袋和废旧电池，对一次性筷子的生产企业的征税比例也很低，仅为5%，对于调节企业的生产行为和大众的消费行为效果不明显。另一方面，税收优惠并不能惠及采用新型节能环保工艺的产品，如我国对新能源汽车的消费税优惠仅限于电动汽车，这就对采用其他清洁能源的汽车起不到推动作用，一定程度上限制了循环经济的发展。

五、西部地区促进循环经济发展的环境税制度的对策

（一）改革资源税制，强化资源保护

相较于国外的资源税，我国的资源税征收标准较低。资源税的设立初衷是用于调节资源的自然差异，但因我国的资源税征收对象有限，征收标准较低，对西部地区发展循环经济的促进作用有限，也不符合循环经济的发展原则。因此，需要对我国的资源税制度进行完善。

1. 扩展资源税的征税对象

首先，水、草原、森林等再生能力有限和不可再生的资源扩展为资源税的征税对象。其次，资源税的征收范围再次扩大到城镇土地使用税和耕地占用税。最后，将动植物资源或其他海洋资

源扩充到资源税的税目中，使资源税的征收范围更加全面，以此才能使自然资源得到更充分的保障，促进减量化目标的实现。

2. 完善资源税的征收标准

改变以使用或销售量作为资源税征收标准的现状，要谨慎预防开采资源私下出售，流通于黑市的现象，对资源开采的过程中就进行资源税的征收，防止资源的过度开采和逃避资源税的征收现状，从源头上进行遏制。

3. 调整资源税的税率

在征收资源税时，要针对不同的资源制定不同的税率，根据资源的再生周期、储存量等因素将资源进行分类，对不可再生资源设置的税率最高，对较为丰富的、再生周期较短的资源设置的税率较低，以此来充分体现不同资源的不同价值，使得资源的开采和使用更趋合理。

（二）加快排污费的税制改革，扩大环境税的征收

虽然我国的《环境保护法》以环保税取代了排污费的征收，但仍有必要借鉴国外征收污染税的成功做法，采取征收标准固定、对象广泛的环保税。具体要以污染物排放的浓度和排放量来确定环保税的税率，除此以外，还要关注西部的经济发展，循序渐进地提高税率。这样在西部地区发展生产的同时还能控制污染物的排放，逐步实现循环经济的资源化和再利用。

（三）完善税收优惠体制，发展循环经济

1. 完善增值税的税收优惠政策

（1）强化对节能环保、发展循环经济企业的支持。虽然企业正在逐步转变经济发展方式，采用节能环保的产品，社会责任意识也不断加强，但这种现象仍未得到普及。西部地区的大部分地方仍然没有能力或不想对生产工艺和设备进行替换，这些企业的

社会责任意识有限，同时又限于企业的能力，造成循环经济在西部地区的发展受阻。国家和地方政府应当加大对节能环保的支持，对发展循环经济、采用新的生产方式、节能环保降耗的企业采取减免退的税收优惠措施，加大循环型生产方式的推广力度。

（2）增加即征即退产品的种类，合理利用资源。根据《关于资源综合利用及其他产品增值税政策的通知》中关于即征即退产品的规定可以看出，其大大缩小了《资源综合利用目录》中关于资源综合利用的产品的种类。因此我国的即征即退的产品种类明显偏少，需要有目标地予以扩大，使其达到再利用和资源化的目标。

（3）修改、删除增值税制度中与循环经济发展理念相矛盾的规定。《增值税暂行条例》中规定，农药化肥、农用膜适用13%的增值税税率，这对于发展循环经济保护环境是十分不利的，有违循环经济发展理念，而是应当删除对农药、化肥、农用膜的优惠政策，提高其增值税税率，降低使用量，以更好地促进西部地区农业生态环境的改善。

2. 完善企业所得税相关的税收优惠政策

企业所得税的完善可以分两个层次进行。一是企业所得税的优惠不再局限于环保领域，而应将其拓展为在生产、流通、消费、处置等各个与循环经济相关的过程。二是将6年的优惠期进行扩展，使之更加符合循环经济发展企业的生产经营状况，以服务于西部地区循环经济的发展为最终目标。

（四）改革消费税制，促进节能消费

我们认为可以从以下几个方面来完善现行的消费税制度。

1. 提高污染、高能耗的消费品的税率

西部地区一次性筷子市场需求量较大，而仅对其征收5%的消费税，致使一次性木筷的消费成本偏低，从而不能限制企业对一次性木筷的生产以及公众的消费。一次性木筷生产属于高资源消耗的行业，需要提高其消费税率，抑制公众对一次性木筷的消费和企业的无节制生产，缩小其市场需求量，以促进资源的再利用和资源化，保护生态环境。

2. 明示消费品的价格中的税收成本

目前消费品的税收与产品价格交织在一起，无法使一般人辨别。明示消费品中的税收成分可以在消费者进行产品购买时进行成本的选择，促使其选择税收成本低，环保型的消费品，以此来降低高资源消耗的产品的市场需求，达到资源利用减量化的目标。

3. 加强对新工艺、节能环保型产品的税收支持

税收是调节经济的有力杠杆，对新工艺、节能环保的循环型产品的税收优惠可以降低这些领域企业的生产成本，促进企业向该领域积聚，并且改变生产方式，降低资源的消耗，提高产品的环保功能，降低废物的排放，推动西部地区可再生、可循环、节能环保的循环经济的发展。

第八章　西部地区实施促进循环经济发展的信贷支持制度的障碍及对策研究

2016 年，G20 杭州峰会首次把绿色金融列为会议议题，这将使循环经济信贷支持制度的发展推向一个高潮，引起各行各业的瞩目。为了保证循环经济项目建设的长效运转，投入资金的来源不能单纯依靠各级政府的财政支付，需要通过信贷支持的法律制度，以此支持循环经济的健康发展。

一、促进循环经济发展的信贷支持制度的基本理论

(一) 促进循环经济发展信贷支持的概念

信贷是借贷在不同所有者之间发生的一种经济关系，是以债务人偿还债务作为条件的特殊价值运动形式，是债权人出借货币，债务人到期还本付息的信用活动。[①] 本书的信贷仅指银行贷款。在我国，银行是信贷的出借人，借款人主要是企事业单位、个体工商户以及其他经济组织。中国人民银行是全国性的信贷中心，其对全国范围内信贷业务进行统一管理。银行主要是按照国家宏观调控政策的需要，通过贷款的贷出与收回，贷款的数量，贷款的期限，控制信贷规模和投向、制定和调整利率等方式积极支持重点项目、不贷或停贷禁止支持的项目，分门别类的有保有压的引导企业组织生产、经营活动，并使之符合国家的计划、社会的需求和政策的规定最终实现国民经济和经济活动的宏观调控与微观调节，促使国民经济绿色发展。

因此，促进循环经济发展的信贷支持是指国家通过宏观调节方式，利用信贷促进循环经济的发展，并在信贷过程中，要求银

---

① 郭芳芳. 绿色信贷法律责任研究 [D]. 重庆：西南政法大学, 2021.

行等金融机构，优先对资源节约、环境友好的市场主体进行信贷支持，对企业的生态效益进行检测评估，以此保证利用信贷取得经济与生态环境的协调发展的一种环保经济手段。①

（二）促进循环经济发展的信贷支持制度的概念

《循环经济促进法》第四十五条规定了发展循环经济信贷支持法律制度。"对符合国家产业政策的节能、节水、节地、节材、资源综合利用等项目，金融机构应当给予优先贷款等信贷支持，并积极提供配套金融服务。对生产、进口、销售或者使用列入淘汰名录的技术、工艺、设备、材料或者产品的企业，金融机构不得提供任何形式的授信支持。"发展循环经济信贷支持法律制度是指调整国家通过宏观调节方式，利用信贷促进循环经济发展所产生的社会关系的法律规范的统称。

（三）促进循环经济发展的信贷支持制度的主要内容

根据世界主要金融机构共同确立的绿色信贷的国际准则——"赤道原则"，和我国发展循环经济信贷支持的相关规范性法律文件，发展循环经济信贷支持法律制度的内容主要有以下几个方面。

1. 分门别类明确信贷支持和禁止支持的项目

我国颁布的发展循环经济信贷支持的规范性法律文件，制定了相应的发展循环经济的项目目录，规定了信贷重点或积极支持项目、禁止信贷支持项目。①对节能减排、资源再利用的项目和企业重点给予信贷支持；②对国家重点建设项目给予优先信贷支持；③对淘汰的项目和企业不能新增信贷支持且要回收已放的信贷；④对于不符合国家环保政策的、落后的项目和企业禁止信贷支持；⑤对已经发放信贷的项目和企业，在贷款过程中发现有违

---

① 魏庆坡. 商业银行绿色信贷法律规制的困境及其破解 [J]. 法商研究, 2021 (8).

背国家环保政策的，采取立即停止信贷、加息、停顿整理等措施。以上信贷支持政策规定区别对待不同项目和企业，可优化信贷结构，促进循环经济有序发展。

2. 严格贷款准入标准

国家出台多部规范性法律文件明确规定，不能将资金贷给"两高"企业和被限制、淘汰的项目。同时，明确对授信申请人审查的首要环节，包括能耗、污染水平、产品质量安全等要素，重点审查授信申请人的排放指标、环评审批、能耗、技术装备水平，尤其是在审批贷款的环节，要加大对环保一票否决的监督执行。

3. 信贷监督

一些企业和项目在贷到款项后，不执行国家的相关政策法规按时还款。各银行确立了动态跟踪监测机制，该机制从环保信息的收集、信息的分析、信息的核实以及环保信息的预警出发，在常态的贷款后的管理工作中纳入环保风险管理，跟踪督查预警企业的环保治理进度、整顿验收情况等环保管理中的每个节点，对整个过程进行评价并监控风险。[①] 在信贷过程中，对发展循环经济的项目和企业是否遵守防止污染和其他公害的设施与主体工程"三同时"的制度进行监督，存在与我国产业政策相违背、污染环境、浪费资源的企业和项目，立即停工整顿、停止信贷，确保落实发展循环经济的专项信贷。

二、我国促进循环经济发展的信贷支持制度的历史沿革

我国促进循环经济发展的信贷支持制度历经以下几个阶段。

一是开放初期（1979—1989 年）。1981 年，国务院出台《关

---

① 秦芳菊. 绿色金融的法律规制研究 [D]. 长春：吉林大学，2020.

于在国民经济调整时期加强环境保护工作的决定》，该决定规定要利用经济杠杆推动企业治理污染。

二是市场经济转轨期（1990—2000 年）。1995 年，中国人民银行颁发《关于贯彻信贷政策与加强环境保护工作有关问题的通知》，要求银行贷款要考虑是否支持保护生态资源和防治污染，对未经环保部门批准的项目不得发放贷款。2000 年，中国人民银行制定《关于对淘汰的落后生产能力、工艺、产品和重复建设项目限制或禁止贷款的通知》，要求利用信贷手段，促进国民经济结构的调整。

三是科学发展期（2001—2011 年）。2001 年，国家经贸委等联合公布《关于加快发展环保产业的意见》，要求合理地运用金融措施，优先扶持和发展环境污染较小、能源消耗较低、高科技含量和附加值的产品、行业。加快调整产业结构，促进经济、社会、环境的健康协调发展。2003 年，全国人大常委会修订《中国人民银行法》《商业银行法》，修订的两法规定，商业银行信贷是在相应的国家产业政策指引下进行的。2005 年，国务院制定《关于加快发展循环经济的若干意见》，明确各种金融机构要支持推动循环经济发展的重要项目；2007 年又发布《节能减排综合性工作方案》的通知，提倡金融机构增强对循环经济、环保、节能减排等技术改造项目的贷款支持。全国人大常委会 2009 年颁行《循环经济促进法》，明确规定了本书论述的法律制度。2010 年，国家发展改革委等联合发布《关于支持循环经济发展的投融资政策措施意见的通知》指出政府应建立一个投融资政策支持体系，推动社会资本投入循环经济，使企业发展过程中缺少资金的问题得到解决。

四是生态文明建设期（2012 年至今）。2012 年，国务院制定《“十二五”循环经济发展规划》要求健全相关政策促进循环经济的发展。2012 年，中国银监会颁发《绿色信贷指引》，指明支持绿色信贷的方向和重点领域。2014 年，中国银监会出台详细的

《绿色信贷实施情况关键评价指标》。2015 年，全国人大常委会颁布新修订的《环境保护法》；同年，中国银监会等颁发《能效信贷指引》，规定银行业金融机构要优先支持达到信贷标准、符合先进能效条件项目和固定资产，以提高用能单位能源利用效率，降低能耗。2016 年，中国人民银行等出台《关于构建绿色金融体系的指导意见》，该意见提出构建绿色金融体系的重要意义，要求大力发展绿色信贷。2019 年，国家发展改革委等部门联合编纂《绿色产业指导目录（2019 年版）》，该目录旨在解决概念泛化、标准不一、监管不力等问题，进一步厘清产业边界。2021 年，国务院印发《关于加快建立健全绿色低碳循环发展经济体系的指导意见》，该意见对指导思想、主要目标、构建方式方法作出了原则性指引。

与此同时各地方政府积极响应发展循环经济信贷支持法律制度。在 2007 年以后，广西、山西、上海、河南等 20 多个省份的环境保护部门与所在地的金融监管机构联合制定了发展循环经济信贷支持的实施细则和方案。例如，《广西壮族自治区关于落实环保政策法规防范信贷风险的意见》《山西省关于落实国家环境保护政策控制信贷风险有关问题的通知》《上海市信贷投向指引》等。

三、西部地区实施促进循环经济发展信贷支持制度的障碍

虽然西部地区各个银行都实施循环经济信贷支持的法律制度，但根据国家金融监管总局不完全统计，循环经济项目贷款额占贷款总额的比例仍然偏低。这是因为西部地区在实施发展循环经济信贷支持法律制度过程中面临诸多困境。

（一）国家层面的促进循环经济发展信贷支持的法律法规体系不健全

目前我国发展循环经济信贷支持法律体系已经确立，该体系以国家政策为主，以《循环经济促进法》、银行和环保法律法规为辅，主要包含以下四类：一是《中国人民银行法》《商业银行法》《循环经济促进法》《环境保护法》等，制定主体是全国人大常委会；二是具有政策引导性的规范性法律文件，制定主体是国务院及各相关部委；三是地方规范性法律文件，制定主体是地方政府及其工作部门，效力范围仅及于当地；四是地方政策，由当地银行业根据全国和地方规范性法律文件制定。除第一类外，其余大多数都是以"通知""决定""意见""指引"等形式颁布的，仅仅是规范性法律文件。各部门也仅从本部门事务角度出发制定循环经济信贷支持制度，较为分散、不成体系，且现已颁布实施的政策只有少数是多部门联合发布的。因此，我国缺乏一套完整的、操作性强的信贷支持循环经济发展的法律法规体系。

（二）法律激励和处罚手段缺失，造成西部地区发展商业性信贷支持循环经济的积极性不强

循环经济项目和企业大都采用新技术，发展不成熟，有很大的信贷风险性和较长的回收周期；而商业银行以营利为主要目的，出于自身利益考虑，不会积极主动地放贷给循环经济项目和企业。据国家金融监管总局不完全统计，循环经济项目贷款额占贷款总额的比例偏低，不能形成对循环经济的有效支持。因此，要提高对循环经济发展的商业性信贷支持力度，需要建立行之有效的法律激励机制和处罚制度。然而到目前为止，西部地区仍没有有效发展循环经济信贷支持法律制度的法律激励措施和处罚手段，对商业银行负责人没有形成责任制、问责制，即使银行不遵守有关政策规定，也难以对银行进行相应的处罚。

（三）西部地区政策性信贷支持不能满足发展循环经济的需求

在我国，所有的政策性银行中，仅国家开发银行制定了《节能减排专项贷款业务指导意见》《污染减排贷款工作方案》《关于落实节能减排目标项目贷款评审的指导意见》等发展循环经济信贷支持政策。其他政策性银行会在具体工作中对于符合循环经济理念的项目，如农村清洁能源改造，给予一定的信贷支持，但并没有明确的信贷支持政策措施。因此西部地区的大多数循环经济项目和企业很难获得政策性银行的信贷支持。另外，目前我国的政策性银行所支持的大多是较大规模的开发改造项目，而对西部地区的中小企业开发循环经济项目所需要的资金很少给予支持。[1]

（四）发展循环经济信贷支持的配套机制不健全

目前，西部地区发展循环经济信贷支持的配套机制十分不健全，主要是信息交流机制不完善、公众参与监督的程度偏低。

1. 环境信息交流机制不完善

长期以来，我国一些环保部门公布的企业环境违法信息，内容不够全、针对性和实效性较差，不能为银行审核贷款提供依据。另外，银行与环保部门的信息共享渠道大都单向运行，未能实现真正的信息共享，很容易导致环保部门只提供信息，不管后续的维护，而银行只是利用但不完善信息结果，最终导致发展循环经济信贷支持制度的立法目的难以实现。

2. 公众参与监督的程度偏低

中国人民银行、生态环境部、国家金融监管总局是当前西部地区实行信贷支持的主要法律监督主体，其监督手段主要有两种：一是由三个部门单独或联合颁发信贷支持的指导意见，二是银行只依赖环保部门发布的企业环境风险数据制定环境审核标

---

[1] 付健. 论我国发展循环经济信贷支持法律制度 [J]. 法学杂志，2018（7）.

准，但公众参与监督的程度却偏低。

四、加强西部地区促进循环经济发展信贷支持制度的对策

发展循环经济信贷支持是为了更加有效地推动西部地区经济发展方式的转变，促进生态文明建设。对此，我们提出加强西部地区实施发展循环经济的信贷支持法律制度的对策。

（一）健全我国促进循环经济发展信贷支持制度的法律法规体系

通过整合现有法律体系和修订现行法的方式完善信贷支持循环经济发展法律制度。《循环经济促进法》是循环经济领域内的基本法，确立了我国发展循环经济的信贷支持制度。《人民银行法》《商业银行法》《银行业监督管理法》是发展循环经济信贷支持的专业法。但是后三部法律不能完全支持和保障发展循环经济信贷支持政策，应当把发展循环经济的信贷支持法律制度的内容纳入这三部法中，增加发展循环经济信贷支持的利率、政府贴息等方面的法律条款，以此来健全和完善我国发展循环经济的信贷支持法律制度。

（二）建立有效的激励和惩罚制度，提高西部地区发展商业性信贷支持循环经济的积极性

目前，西部地区发展商业性信贷支持循环经济的积极性不高，商业银行应该在国家的财政支持、补贴、担保等方式的引导下保障信贷的安全，为循环经济的建设提供信贷支持，促进循环经济的发展。

1. 建立有效的激励制度

首先，应该落实差异化的财政补贴政策。我国政府应该综合

运用财政贴息、费用补贴、税收优惠等多种方式，合理分散发展循环经济的信贷风险，提升商业银行的资金保障能力。① 对发展循环经济的信贷覆盖率和增长率表现优秀的商业银行，可以适当给予财政定向补贴或税收减免。从短期来看，发展循环经济信贷的最大障碍不在于政策或风险，而在于商业盈利，商业银行执行发展循环经济的信贷必然要放弃部分客源造成的经济损失，最终将难以协调经济利益和环境效益。因此，实施有效的激励措施及商业银行外部援助，可以有效缓和商业银行自身所面临的压力，以期提升商业银行发展循环经济信贷支持的积极主动性。② 其次，应建立发展循环经济的信贷担保制度，对于一些信誉良好的企业，一方面，政府财政资金可以作为担保，放大商业银行的投入比例。例如，企业因生产技术升级、更换节能设备、构建环保设施等原因向商业银行申请贷款，地方政府经核实后以财政资金作为担保，缓解商业银行后期障碍。另一方面，可以争取到更多的用于企业发展的资金。最后，建立银行间信贷支持循环经济的竞争机制。如今，商业银行的声誉越来越受到重视，这关乎着银行的品牌形象。因此，建立起各商业银行信贷支持发展循环经济的信贷评比制度，会让处于竞争中的各商业银行追逐商业声誉而积极主动发展循环经济的信贷。

2. 建立有效的惩罚制度

奖励和惩罚的结合能够有效地促进发展循环经济信贷支持法律制度的落实。惩罚制度换言之就是法律责任机制，具体表现为民事和行政责任。商业银行和企业在发展循环经济信贷法律关系中是平等的民事主体，双方在签订合同时对各自的权利义务、违约事项均有约定。商业银行对企业不履行或不正确履行发展循环经济信贷合同约定的义务，改变资金的用途或者对环境产生一定

---

① 秦汉锋. 我国绿色信贷发展需构建五大机制 [J]. 中国银行业，2016 (11).
② 王红一. 《商业银行法》修订背景下的绿色信贷政策法律化 [J]. 财经法学，2021 (1)：75-85.

污染的行为，有权要求其限期改正。如果在规定期限内，企业仍然无法减轻或消除对环境的不利影响，商业银行可以停止发放贷款并立即收回，严重的可要求企业承担违约责任，这就是企业承担民事责任的表现。当企业项目造成环境污染而被环保部门罚款或责令修复时，为企业项目提供贷款的商业银行应当承担补充责任，即当企业资金不足以支付环境修复成本时，不足部分由商业银行补充支付。这样商业银行在信贷中才会主动关注所贷出信贷资金的动向。

企业和商业银行违反法律规定所应受到的行政处罚即是指发展循环经济信贷所应承担的行政责任。依据行政处罚法对企业或商业银行违反法律法规的行为可以进行警告、罚款、没收违法所得或进行其他法定处罚；对上述违法企业和商业银行的主要责任人适用警告、罚款、行政拘留等处罚方式。通过增强行政处罚力度、落实法律责任、监督企业和商业银行遵守相关法律规范等多个方面，促进该法律制度的确立和实施。

(三) 完善西部地区促进循环经济发展的政策性信贷支持体系

在我国，政策性银行通过贴息和担保的方式吸引商业银行支持发展循环经济。循环经济政策性银行的金融支持是由国家产业政策指导，以弥补循环经济发展过程中的资金缺陷，以期增加金融资源的供给和有效的资源再配置。三大政策性银行应以社会整体经济利益为目的，促进各个行业和西部地区循环经济产业的发展。

健全的循环经济产业金融支持机制的建立过程中，要充分利用政策性金融来获取政策性信贷资金，用于循环经济建设。要清楚地认定政策性银行的职责和定位，并在此基础之上加强金融支持循环经济发展的力度，加速新型业务的内容和机构体制的改进，扩展政策性金融机构支持循环经济发展的范围。强化政策性银行支持所采取的具体措施有以下几个方面。

1. 充分利用现有的三大政策性银行，增强对西部地区循环经济发展的信贷支持

自我国三大政策性银行成立之初，其业务范围及经营范围就有了较为明确的定位，"两基一支"、战略性新兴产业的项目建设由国家开发银行负责，将促进对外关系发展和国际经贸合作作为进出口银行的业务范围；而农业发展银行通过国家所规定的农业政策性金融业务，服务于农业生产和农村经济发展。政策性银行相较于商业银行，应该结合自身的特点，在发展西部地区循环经济信贷支持领域中设立并推广更有针对性的业务。借用国家政策性银行独特的优势，加强信贷对循环经济的帮助，从金融的角度提供政策优惠，并给予资金方面的支持。

政策性银行选取项目时应该严格把关，以分支机构与地方商业银行合作的形式，将以银团贷款为代表的多种联合贷款模式引入其中，从而为西部地区循环经济有关项目的建设提供支持。通过对商业银行实施政策性担保、制定并实施相关政策性的优惠贷款条件，引导资金进入具备市场前景和技术支撑的西部地区循环经济项目中。如具有正外部性、高风险性的环保类高科技产业，在难以获得商业银行贷款时，政策性银行应当予以支持。"两基一支"在未来一定时间内，应当持续成为国家政策性银行所经营的贷款业务的主要对象，并将循环经济和与之相关的投资作为主业务的重点项目，在正常的贷款规模之上，不断拓展业务，从而实现循环经济的市场化、区域化发展的目标。例如，国家政策性银行将循环经济西部地区生态建设放在其开发性金融投资的首位，并逐步增加资金投入，循序渐进地扶持当地循环经济企业，加大其发展势头。此前，国家开发银行参与过江河水域污染的治理以及基础设施和环保设施的建设。今后，要将视野从支持单个项目逐渐转移至与西部地区环保部门合作上，逐渐形成有体系、重点突出的信贷支持。

2. 建立专门的循环经济发展银行，提高西部地区发展循环经济信贷支持程度

当前，循环经济发展所需要的资金，主要依靠地方政府，但西部地区地方政府的财政收入来源毕竟有限。在缺乏资金持续投入的情况下，我们认为可以尝试设立西部地区发展银行，以财政资金和银行贷款所筹措的资金作为支持，用于促进西部地区循环经济发展。因为许多国家在高速增长的初始阶段，都设立了区域性的政策性专门金融机构，承担起政府的部分金融职能。总之，该专门性银行对西部地区循环经济发展有着很好的推动作用，一方面能够借用特定金融产品解决相关企业最初资金来源的问题，另一方面也能协助西部地区政府在发展规划中更好地完成循环经济的目标。

(四) 完善西部地区促进循环经济发展信贷支持的保障机制

完善的法律体系是发展循环经济信贷支持的根本，但完善的保障机制也是不可或缺的。对此，我们提出以下几方面的建议。

1. 完善环境信息共享制度

循环经济信贷支持制度能否得到有效的实施，重要前提就是环境信息共享制度能否得到完善。目前来看，因为西部地区环境保护部门对违法企业的相关违法信息发布的时效性不够，针对性不强，加上商业银行难以及时反馈环境信息的利用状况，因此很难实现数据信息的共享。①

环境信息共享制度应当从以下几个方面来完善：①建立多样化的政府部门间的信息共享机制——在中国人民银行、环境保护部门等机构之间，设立联席会议制度，共享信息资源。②加强西部地区政府和银行的合作，进一步增加共享信息的内容，建立由

---

① 刘丽，公培涛，王换娥. 河北省实施企业环境信息公开制度存在的问题及对策 [J]. 河北大学学报 (哲学社会科学版)，2013 (5).

环保部门、中国人民银行共同参与的信息共享制度和征信系统。在信息管理数据库中纳入企业的环境信息，并及时更新。③在银行之间建立信息公开共享制度。借助"互联网+"，将银行之间的数据和网络进行连接，共享企业环境信息。这样不仅增加了银行业务方面的关联，还进一步降低了银行经营中可能产生的风险，同时压缩企业钻法律漏洞的空间。当然，环境保护是全社会的共同责任，不能仅仅靠节能减排一句口号或将责任全部归责到环保部和中国人民银行等主要监管部门，而应该调动社会所有主体的积极性，各司其职，相互合作，加强行业内、部门内以及跨行业、跨部门的交流与协作，使得环境信息全面公开和共享不仅仅是一句标语。①

通过政府、银行、企业间的数据和信息共享平台的设立，让所有参与者都能随时随地、全面高效地获取环境保护信息，增加各参与主体间的协作和互动交流，西部地区企业可以随时捕捉到自身评估水平与银行发展循环经济信贷支持要求间的差距，监管部门能够更加高效地对银行发展循环经济信贷支持的落实状况进行监督，商业银行也能够更为全面地了解企业环保执行力度，从而使得发展循环经济信贷支持的执行达到高效、公开、透明的目标。

2. 扩展西部地区促进循环经济发展的信贷支持的监督主体

当前，在发展循环经济信贷支持的监督方面，西部地区公众参与度较低，因此有必要扩展西部地区发展循环经济信贷支持的监督主体。扩展后的监督主体应当包含下列几类：①政府监管部门。以环保部门、中国人民银行为主，它们都有责任对发展循环经济信贷支持的执行现状进行监管。中国人民银行对商业银行相关业务的开展和执行情况进行审查并披露相关信息，环保部门监

---

① 陈积敏，江林升. 企业环境信息公开法治路径建构［J］. 社会科学家，2020（10）.

督企业和项目的环保状况并在信息平台上公开企业环保信息，这些信息将作为项目金融支持的审批依据，从而在很大程度上避免商业银行环境风险招致的损失。②大众媒体。在当今社会，媒体对社会信息的披露作用日益增强，一方面，媒体的披露可以让监管部门有效发挥其监管职能，避免忽视对社会利益的监管；另一方面，媒体曝光西部地区企业环境违法信息，可使企业强化社会责任和环境责任，推动其改进技术和生产方式。③司法机关。根据我国相关法律法规，检察院可以提起公益诉讼，检察院作为企业和政府部门的监督者，对违法者产生强大的威慑作用，为法律制度的执行提供国家强制力保障，从源头上减少了政府部门联合企业在损害社会生态公益前提下获取不正当利益的可能性。同时有效避免了执法、司法、法律监督混乱的局面。④社会大众。西部地区社会大众既是环境遭到破坏的最大受害人，也是环境问题的第一发现者。因此建立并完善社会大众环境监督机制十分必要。人民群众可以通过向监管部门或者司法机关进行检举、揭发、投诉，甚至是诉讼的方式来维护自身的权益，并为监管部门提供线索，为银行机构审查材料提供信息支持，最终使发展循环经济信贷支持法律制度能够更好地贯彻执行。

　　由于我国的发展循环经济信贷支持是采取"差别对待、有保有压"的政策，应在信贷方面着力支持对循环经济的发展有贡献而因此利益受损的西部地区单位或个人，降低对西部地区实施循环经济发展制造障碍的单位或个人融资的政策支持，最终用信贷融资方面的法律规范来调节西部地区各方的利益关系和诉求。

第九章　西部地区实施促进循环经济发展的产业投资基金制度的障碍及对策研究

促进循环经济发展的产业投资基金制度是一种对特定产业的未上市企业进行股权投融资及提供经营管理服务的重要投融资制度。产业投资基金投资对象的特定性，决定其与专门投资于上市交易股票、债券的证券投资基金是一组相对的概念。① 由于其具有市场化运作、产业导向明显的特点，因此，在循环经济的发展过程中可以减轻财政压力、弥补资金缺口，并为社会主体参与循环经济发展提供重要渠道。我国已有不少循环经济产业投资基金的实践，但相关制度规定并不完善。与此同时，现有循环经济领域的产业投资基金实践仍具有政府主导的显著特点，市场机制在其中发挥的作用较为有限。针对西部地区在发展循环经济的过程中，如何结合自身情况积极利用产业基金，并针对存在的问题提出制度性对策建议，值得进行专门的研究。

一、产业投资基金对于循环经济发展的意义

我国的产业投资基金是从西方私募股权基金（private equity）引申过来的，是指一种对未上市企业进行股权投资和提供经营管理服务的利益共享、风险共担的集合投资制度，即通过向多数投资者发行基金份额设立基金公司，由基金公司自任基金管理人或另行委托基金管理人管理基金资产，委托基金托管人托管基金资产，从事创业投资、企业重组投资和基础设施投资等实业投资。具体而言，我国的产业投资基金对循环经济发展的积极意义主要体现为以下方面。

---

① 徐洁. 中国产业投资基金发展模式研究 [D]. 沈阳：辽宁大学，2011.

（一）有利于解决循环经济发展"融资难"的问题

循环经济是一种以废物、废料、废能"再利用、资源化"作为内容，以资源消耗、废物排放"减量化"作为目标的新型经济发展模式，它对我国实现经济转型、产业升级十分重要。但是循环经济的发展需要以新兴环保产业的发展作为支撑，并以各企业、园区，甚至是城市和地区生产、生活设施的升级换代作为物质条件。目前，我国的环保投资所占国内生产总值的比重仍然较低，与循环经济有关的项目，通常具有投资大、建设周期长、收益率低的特点，更是加剧了循环经济产业发展的融资难度。[①]

如果单纯依靠国家的投入，除了会造成过重的财政负担之外，还容易产生低效率、重复建设等现象。我国虽已形成了由国有商业银行、政策性银行、股份制银行及各类非银行金融机构组成的金融体系，但是从这些金融机构贷款的类型、结构来看，贷款去向仍然主要倾向于热点优势行业，通过传统信贷的融资渠道来为循环经济提供资金支持较为困难。[②] 因此必须创新金融机制，寻求多种融资渠道。[③]

产业投资基金的运作是解决循环经济发展中"融资难"问题的重要方式。首先，产业投资基金虽然相比于银行信贷，具有"高风险"的特点，但同时也具有受市场调配的"高收益"的特点。[④] 因此，它对于吸收具有投资意向的社会闲散资金具有明显优势。此外，产业投资基金可以在政府的引导下，体现一定的产业导向性。例如，现阶段我国许多产业投资基金具有对特定行业

---

① 中国人民银行武汉分行课题组. 金融支持武汉城市圈循环经济发展的调研报告 [J]. 武汉金融, 2008 (11).

② 李虹, 艾熙. 构建适应我国循环经济发展的金融支持体系 [J]. 浙江金融, 2011 (1).

③ 曹宇. 循环利用机制纳入环境法典探索：理念、体系与制度构成 [J]. 政法论坛, 2022, 40 (2).

④ 陈叙. 中国产业投资基金运营研究 [D]. 成都：西南财经大学, 2001.

进行投融资平台的"官办"性质，在这样的背景下，通过政府的引导来设立专业的循环经济产业投资基金，将为循环经济发展提供专门的、市场化的资金支持。①

（二）作为第三方主体参与循环经济发展的重要途径

循环经济与环保产业的发展密切相关，发展循环经济必须以本国环保产业的发展、壮大作为基础性的支撑。积极推动社会主体、市场资金对环保产业的参与，使其符合党和国家政策的发展方向。中共十八届三中全会提出要"建立吸引社会资本投入生态环境保护的市场化机制""允许社会资本通过特许经营方式参与城市基础设施投资和运营"。而采用产业投资基金制度来促进循环经济的发展，可以为我国社会第三方主体参与环保、参与循环经济提供重要途径。②

社会主体通过产业投资基金参与循环经济发展的进程，可视为环境保护法中"公众参与原则"在该领域的具体体现。公众参与环保的方式，既可以是通过纯公益的行为，如对破坏环境的违法现象进行投诉、向环保公益组织进行捐赠等行为，也可以是通过趋利性的市场化行为来进行，如开设环保企业、购买循环经济产业投资基金等，均可实现对环保的具体参与。这两种行为方式各有特点，但缺一不可。

通过循环经济产业投资基金的投资、运营、管理，一方面，各类社会主体分担了政府财政在发展循环经济方面的压力，另一方面，也有利于社会整体通过更为专业、高效的市场化方式为循环经济的发展寻找到合适的路径。

---

① 胡静. 关于中国产业基金的调研报告 [J]. 金融与经济, 2010.

② 李毅. 循环经济 ppp 模式的法律规制——以城市生活垃圾处理为中心之展开 [J]. 环渤海经济瞭望, 2019 (10).

二、促进循环经济发展的产业投资基金制度在促进循环经济发展中的特点

(一) 产业投资基金与其他融资制度的区别

我国循环经济的发展面临产业基础薄弱、资金来源不足等现实，必须配套以多种融资渠道促进产业发展。产业投资基金制度相比较其他融资手段，具有许多自身的特点。

1. 产业投资与非"基金"融资制度的区别

产业投资基金制度的融资方式，与各种非"基金"类融资方式不同。循环经济发展可以采用的非"基金"类融资方式，既可以包括非市场化的融资方式，如政府财政资金的直接投入、社会主体的公益性捐赠等，也可以包括市场化的融资方式，如通过公募或私募方式进行的股权性融资、债券性融资等。[①]

循环经济的发展具有外部性，并且与节能降耗、废物处理等公益性环保领域密切相关。这些环保外部性、公益性明显的领域，原本是政府应当提供公共品的领域，因此由政府财政直接出资来促进这个领域循环经济的发展，具有必要性、合理性。此外，包括公民、企业在内的各类主体基于环保公益性进行的捐赠，也是循环经济发展获得资金支持的一种形式。虽然政府财政支持、社会捐赠对循环经济的发展固然重要，但毕竟它们可发挥作用的领域有限，过于强调财政支持容易导致过重的财政负担和过低的发展效率，而社会捐赠资金对循环经济的支持也不具有可持续性。

市场化融资方式应该是未来包括循环经济在内整个环保产业的发展所主要依赖的融资方式。投资产业投资基金是循环经济发

---

① 邱柯萍. 私募股权基金在我国的实践与发展研究 [D]. 南京：南京理工大学，2009.

展主体向市场寻求融资的重要渠道，然而它只是市场化融资方式的一种。由前述定义可知，产业投资基金主要对未上市企业进行"股权"投资，因此，首先，它不同于银行信贷或债券发行等债权融资方式；其次，产业投资基金成立之后所投资的对象主要为非上市公司，因此在未经证监部门审核的情况下，基金向这些非上市公司、企业购买股份主要是通过非上市、非公开股权融资的方式来进行的。除此之外，由于产业投资基金所进行的股权投资一般以能参与决策为最低份额限制，因此它除了提供融资服务之外，还能够为被投资企业提供经营管理服务。

相较而言，产业投资基金既不同于其他非市场化的融资方式，也不同于非"基金"类的融资方式。它不仅为社会资本进入循环经济领域提供了重要渠道，也为对门槛较高、融资较难的银行信贷、债券发行、上市募股等融资方式形成重要补充，并可通过投资入股、干预被投资企业的经营决策而优化循环经济的发展质量。

2. 产业投资基金的特征

产业投资基金，既是指以营利为目的、向特定领域的未上市企业进行股权投融资而募集的"资金"本身，更是指组织形态意义上的基金管理制度。按照基金投资人、基金管理人、基金托管人三方主体之间关系的不同，可以将产业投资基金的组织形式分为公司制基金、有限合伙制基金、信托（契约）制基金三种。[1] 不管采用何种形式，目前我国产业投资基金主要通过私募方式成立，实行商业投资运营，是一种典型的营利性组织，因此它不同于前述非营利性的政府性、公益性基金。此外，产业投资基金相比于一般的证券投资基金，在基金募集的定向性、运行的封闭性、投资方向的专业性、股权投融资额度的限定性、对投资对象经营决策的干预性等方面都具有显著特征。

----

① 徐洁. 中国产业投资基金发展模式研究 [D]. 沈阳：辽宁大学，2011.

正是基于这些特征，决定了产业投资基金相比其他基金在促进循环经济发展方面具有以下优势：首先，商业性运作的特点，有利于吸收民间资本；其次，较为明确的专业导向性，能够对循环经济的发展实现专项的扶持、引导；再次，产业投资基金通过影响被投资企业决策、提供经营服务，可以提高企业发展质量；最后，政府通过杠杆性财政投入、采用配套优惠政策，可优化循环经济的发展规模、质量。

（二）促进循环经济发展的产业投资基金制度运行的限制与要求

产业投资基金制度用于促进循环经济的发展，在现实中会面临一些适用领域的限制，而国家为了使其运行状态良好，还需要配套一些必要的措施。

1. 促进循环经济发展的产业投资基金制度适用领域的限制

从微观到宏观，循环经济的发展可以包含由企业、产业园区、城市和地区等不同层次所组成的体系。[①] 不同层次的循环经济发展分别有着不同的融资要求。在企业发展循环经济的微观层次，如提高资源的利用效率、减少废物排放等，都需要对技术改造或生产优化重组给予资金支持；而在产业园区层次的循环经济，要求企业之间形成物质集成、能量集成、信息集成的共生关系，在此过程中除了要求政府的规划、引导外，还需要对产业园区的基础设施建设等方面提供融资支持；在城市和地区的层次，发展循环经济已经是宏观布局的问题，因此需要的融资规模也更为巨大。[②]

产业投资基金在企业创业、企业重组、基础设施投资等不同

---

① 唐英凯，李鹏，杜江. 支持循环经济发展的多层次资本市场构建研究 [J]. 现代管理科学，2011 (12).
② 尹启华. 产业投资基金介入 PPP 项目的治理功能及路径选择 [J]. 经济研究参考，2020 (21).

环节都可发挥融资作用，因此对前述不同层次循环经济的发展都具有重要意义，但是由于其"股权"融资的特性，决定它可以发挥作用的领域有限定性。首先，产业投资基金仅对单个企业进行投资，而难以对园区、地区进行投资。其次，股权融资意味着产业投资基金很难只投资某个具体的循环经济技术改造项目，而是投资企业运营的"整体"，即通过投资入股成为股东，进而影响企业的经营决策，获得股权收益。这种适用领域的限定性，要求我们进一步寻找产业投资基金与循环经济发展的契合点。

应当说，企业园区或者地区不同层面的循环经济发展，既需要相关生产技术设备的优化升级，也需要生产组织形式的重新设计，因此在此过程中包含着相关设备和服务两方面的供给问题。能够为各个层面循环经济的发展提供技术设备、组织运行服务的主体，便是产业意义上专门从事循环经济产业发展的主体。在"建立吸引社会资本投入生态环境保护的市场化机制"和"允许社会资本通过特许经营方式参与城市基础设施投资和运营"的大背景下，组织开展循环经济建设具体工作的，既有可能是这些企业园区或者地区自身，也有可能是这些主体在给付一定的费用之后，将相关业务外包给专业机构，使其运行过程更为独立、专业、高效。

因此，产业投资基金制度与循环经济的契合点并非通过对某些具体循环经济项目进行的债权融资，主要是对那些专门从事循环经济技术研发、设备生产、服务提供的未上市企业进行股权融资。循环经济相关的产业投资基金通过在创业、重组、基础设施等不同环节对这些企业提供资金支持、引导其经营决策，即可带动循环经济甚至环保产业的发展。

2. 促进循环经济发展的产业投资基金制度运行的配套条件

产业投资基金制度在循环经济领域的运用状态如何，首先，取决于资金市场化运作的顺畅程度，这就要求市场的培育已经具备一定的基础。其次，由于循环经济发展具有外部性、公益性的特征，还取决于政府相关配套措施的保障。

（1）市场的培育。

目前我国社会经济已经进入新的发展阶段，一方面产业升级、经济转型的压力逐步增大，另一方面环保压力也逐渐增大。在复杂背景之下，将节能环保产业确立为新兴战略产业进行重点扶持是必然的选择。2016 年，国家发展改革委印发《政府出资产业投资基金管理暂行办法》，2020 年印发《"十四五"规划纲要》在第九章"发展壮大战略性新兴产业"中提到要聚集新一代绿色环保产业，加快关键核心技术创新应用，技术要求保障能力。环保产业在我国的发展前景可观，但是由于我国环保产业的发展仍处于初步阶段，产业创新能力不强、结构不合理、市场不规范、服务体系不健全仍是常态。如果产业本身不发达，那么产业基金可发挥作用的余地也必定有限。因此市场的培育很重要，既要在"环保第三方参与"的背景之下鼓励循环经济分工的专业化、精细化，鼓励相关科研、生产、服务企业的成立，同时还要促使各企业在技术创新、管理水平各方面全面提升。

（2）政府的作为。

循环经济的发展具有明显的外部性、公益性，仅靠市场自发的力量难以促使产业壮大，也难以使市场资金在该产业领域获得有效配置。因此在市场培育之外，也要强调政府的适当引导和作为。为了更好地利用产业投资基金的投融资机制来促进循环经济的发展，政府应当采取以下配套措施：首先，严格执行循环经济促进法及其他环保法律，提高各类社会主体的环境违法成本、促进环境外部性的内部化，并采用宣教、绿色标志、环境押金等各类激励措施来引导绿色生产、绿色消费。唯有这样，整个环保产业的发展才有市场，循环经济领域产业投资基金制度的运行才能具备良好的外部环境。其次，通过制定"产业指导目录"等方式引导基金投资的方向。2016 年《政府出资产业投资基金管理暂办法》中规定，投资于基金章程，合伙协议或基金协议中约定产业领域的比例不得低于基金募集规模或承诺出资额的 60%，循环经济投资基金中至少应当有 60% 的资金被投入于循环经济领域。然而判断此类限制性规定是否已被遵守，应当以相关产业清单、指导目录的存在作为前提。为了使产业投资基金的运作更具针对性，产业清单的制定应当尽可能细化并突出政府意图扶持的重点领域。再次，在必要的情况下，政府可以向产业投资基金投入财政资金，发挥杠杆及引导的作用。尤其对于市场基础较为薄弱但外部性和公益性明显、需要扶持的重点领域，政府通过投入财政资金既可以实现对该领域的扶持，也能够通过基金投资决策的直接影响，对投资领域和方向产生直接引导作用。最后，政府可以对循环经济等环保领域的产业投资基金提供税收、政策等方面的优惠，并可以通过控股方式直接影响一些基金的投资决策，对基金投资对象、投资领域进行引导。例如，对于守法记录良好的企业、经营的业务符合国家重点扶持领域的企业，在投融资上应有所倾斜，反之则加以限制。综上，强调政府的适当作为是重要的，但不能一味强调政府的强势干预。产业投资基金制度设置的初衷、运作的程序，仍应当以市场机制作为基础，应当尊重市场规律的主导作用。不管在基金募集还是在投资管理等方面，都应当尊重基金自身的营利需求，通过市场化的资源调配机制使社会资本融入国民经济最急需、最高效的领域。

三、促进循环经济发展的产业投资基金制度促进发展西部地区循环经济的现状

(一) 我国现行促进循环经济发展的产业投资基金制度

我国在产业投资基金领域出台的第一个全国性规定是 1995 年由国务院批准、人民银行颁布的《境外设立中国产业投资基金管理办法》，但随后很长一段时间内，并未出台关于境内设立产

业投资基金的规定，直至目前也尚未存在一个与产业投资基金直接相关的全国性规定。2005 年，经国务院批准，国家发展和改革委员会等部门联合发布《创业投资企业管理暂行办法》，规定了相关扶持政策。2008 年，国务院办公厅转发了国家发展改革委等部门《关于创业投资引导基金规范设立与运作指导意见的通知》，该通知并未对产业投资基金进行直接规定，但是它对政府财政资金如何通过"杠杆"效应来引导各类创业投资企业（产业投资基金的表现形式之一可以为创业投资企业）的市场化运作具有重要意义。2016 年 12 月 30 日，国家发展改革委根据《公司法》《合伙企业法》《中共中央、国务院关于深化投融资体制改革的意见》《国务院关于促进创业投资持续健康发展的若干意见》《国务院关于创新重点领域投融资机制 鼓励社会投资的指导意见》等法律法规和有关文件精神，制定了《政府出资产业投资基金管理暂行办法》。2022 年 8 月 12 日，中国证券监督管理委员会《关于修改、废止部分证券期货规章的决定》中第二次修正《期货交易者保障基金管理办法》。

除此之外，基金投资领域还存在《证券投资基金法》及国务院《关于管理公开募集基金的基金管理公司有关问题的批复》等相关规定，但是这些规定都主要针对于投资上市股票、债券的证券投资基金，以及公募基金的具体运作问题，对产业投资基金问题并无直接涉及。与全国性法律文件相对缺乏的情况相对应，近年来西部地区地方政府关于产业投资基金的法律文件纷纷出台，为各地产业投资基金的实践提供了直接依据。例如，2015 年，四川省人民政府出台了《关于印发四川省省级产业发展投资引导基金管理办法的通知》。2016 年，广西壮族自治区人民政府办公厅出台《关于印发广西政府投资引导基金产业类子基金操纵指引的通知》。2017 年，贵州省人民政府办公厅出台《贵州省促进产业投资基金加快发展的意见》和《贵州省产业投资基金管理暂行办法》。2022 年，重庆市财政局制定《重庆市产业投资基金管理办法》，这些地方性法律文件表明西部地区对于利用产业投资基金促进本地经济发展的逐步重视。

因此，虽然目前产业投资基金制度在全国范围内尚未确立，但是随着中央政府的引导以及西部地区政府的逐渐重视，产业投资基金在实践中已经开始运作起来。而产业投资基金在运作过程中可能会涉及的许多问题，如基金组织的形式问题、各类主体之间权利义务关系的处理问题（如应当如何采用公司制、有限合伙制、信托制来组织管理等），都可以在我国的《公司法》《合伙企业法》《信托法》，甚至《民法典》等法律文件中找到依据。它们都为产业投资基金的发展提供了制度基础。

目前，关于循环经济产业投资基金的运作问题，尚无直接的规范性法律文件。《循环经济促进法》对于如何通过产业投资基金等市场化方式带动循环经济发展，也未进行明确的规定，但是在第五章"激励措施"部分，其规定了政府为促进循环经济发展可以采取的一系列措施，如提供专项财政资金支持、对有利于循环经济发展的产业活动给予税收优惠，在制定和实施投资计划时将节能、节水、资源综合利用等项目列为重点投资领域、实施有利于循环经济发展的政府采购政策等。这些规定，为实践中西部地区政府采用多种手段引导循环经济产业投资基金的发展提供了依据。

（二）西部地区实施促进循环经济发展的产业投资基金制度的障碍

1. 产业投资基金对循环经济融资的状况

自 2005 年以来，国务院先后批准了我国数十家产业投资基金的设立。其中第一家产业投资基金——规模为 200 亿元的渤海产业投资基金便以循环经济作为主要投资方向之一。在此之后，各地又不断涌现出一批专业的循环经济产业投资基金，如 2011 年武汉循环经济产业投资基金正式发起设立，该基金总体规模达到 200 亿元，重点投资于新能源、节能环保、循环经济园区等领域。除了东部地区外，西部地区相关省份近些年也积极利用产业基金来带动本地经济社会发展，如 2016 年云南省政府与上海新沪商联合会签署战略合作协议，共同发起设立资金规模达到 300 亿元的产业基金；2014 年基金总规模达到 200 亿元的广西北部湾产业投资基金正式启动，其子基金"广西北部湾（循环经济）产业投资基金"也已筹备发起。在上述企业投资基金的帮助下，截至 2023 年，广西绿色制造和服务体系不断完善，创建国家级绿色工厂 29 家、绿色工业园区 4 个、绿色供应链管理企业 1 家。

从前述基金成立的概况可知，产业投资基金的融资能力巨大，可为我国循环经济发展提供重要助力。应指出的是，由于我国产业投资基金制度的发展仍然处于不完善的阶段，因此前述循环经济领域产业投资基金的成立、运行过程具有明显的"政策先行、政府主导"的特点。例如，北部湾产业投资基金是由广西壮族自治区政府主导设立的。因此，虽然我国循环经济相关的产业投资基金融资规模巨大，但是目前其融资来源仍然与政府财政密切相关，以市场化运作为主的产业融资体系尚未建立起来。

2. 面临的障碍

促进循环经济发展的产业投资基金制度是一种可以由政府实施杠杆性、政策性、产业性引导，并可通过市场化机制吸引社会资本参与循环经济的重要制度，它对于专业化、高效化地解决循环经济发展融资难的问题意义重大。由前已述，目前产业投资基金在我国乃至西部地区循环经济领域的运作已经具备了一定制度基础，也已经取得了一定成效，但总体而言仍然面临以下障碍。

（1）缺乏统一的制度性规定。

目前，我国尚不存在与产业投资基金直接相关的全国性规定，更毋论循环经济产业投资基金的相关规定。因此，目前产业投资基金在循环经济发展领域的运作，具有政策先行和实践先行的特点。"摸着石头过河"固然可以发挥实践智慧，但如果缺乏健全的制度保障，也容易致使好的制度无法被广泛运用。

（2）基金投资环境仍需改善。

基金投资环境是否良好，除了取决于前述法律、政策要素之外，还取决于金融结构、产权市场、人才培养、服务水平、风险监管等要素。目前我国产业投资基金制度不健全导致项目运作缺乏充分的保障，较为不发达的金融结构导致基金募集渠道单一，产权市场不健全又直接影响基金通过上市转让股权等方式退出获利，专业人才的缺乏、风险监管的滞后仍然制约着产业投资基金制度在循环经济领域的运行。

（3）政府强势主导，市场力量单薄。

由于产业投资基金的运作在我国仍处于不完善阶段，因此客观上需要政府的大力扶持、引导。但就目前各地方政府出台的相关规定，以及已有的循环经济产业投资基金项目的具体情况来看，我国循环经济乃至整个产业投资基金的运作仍然大多直接或间接由政府发起并作为主要出资人，因此相比于市场化运作的基金，其股权更为集中，市场化程度更低，而且政府与市场关系的法制界限尚不明确。长此以往，将不利于发挥产业投资基金的优势，也将违背产业投资基金制度的初衷。

四、完善促进循环经济发展的产业投资基金制度的对策

循环经济的发展贯穿于社会生活的各个领域，要使既有发展模式向循环经济模式转变，需要从生产企业、工业园区、城市区域各个层面对生产生活形式加以系统化改造，需要投入大量资金。如果仅从单个循环经济项目出发来考虑问题，在此基础之上又严重依赖政府对各个项目的财政投入，那么整个循环经济发展的资金需求将永远无法得到满足。因此，唯有推动循环经济发展产业化、市场化，方可解决困境。如前所述，虽然通过产业投资

基金制度来推动西部地区乃至我国循环经济的发展已取得一些进展，但仍然存在不少问题。为了更好地利用该项制度来促进我国循环经济的发展，应当从以下方面来加以推进。

(一) 应当适时推动相关立法的出台

与产业投资基金直接相关的立法长期缺位，不利于该项制度在包括循环经济在内各个产业领域的普遍运用。因此，立法机关应当结合多年来的运作实践，在进一步调研、试点的基础上出台产业投资基金管理办法。甚至在时机成熟时，也可结合循环经济领域的需求出台专门的循环经济产业投资基金管理办法。唯有通过制度化的保障，方可使产业投资基金制度在循环经济领域通过市场化融资、产业导向、政府扶持多方优势的结合，使其获得充分的利用。

(二) 继续完善对循环经济发展的产业引导

每个基金在成立时就应当明确未来的投资方向，产业投资基金尤其如此。在明确产业方向的前提下，各个基金通过对相关领域未上市中小企业的创业、重组、基础设施建设等进行股权融资，有助于培育市场、扶持优秀企业的成长。然而，由于目前我国立法仍然缺失，具体产业投资基金的"产业"设定仍具有任意性。在对产业基金配以政府政策性扶持的情况下，有必要通过产业清单等方式对循环经济"产业"加以界定，分清政府政策性扶持的轻重缓急——对重点领域加以重点扶持，并按规划性的周期对其内容进行调整。

(三) 继续提供适当的政府扶持

产业投资基金制度是市场化运作与政府扶持相结合的制度，市场与政府均可在基金的运作过程中发挥作用。其中，政府对产业投资基金所提供的财政、税收、信用担保方面的优惠和扶持，往往是社会资本愿意进入某些对国计民生而言比较重要，同时投资风险较大的一些产业领域的重要原因。政府可视各个产业发展的具体情况及其对国民经济发展的重要性，进一步确定其各自应当配套的扶持政策。由于循环经济相关的产业具有明显的公益性、外部性，因此仅凭市场机制在该领域发挥配置功能显然不够，应当根据循环经济具体领域的特点，提供适当扶持。

（四）让市场机制发挥主导作用

目前包括西部地区在内，我国各地循环经济产业投资基金的运作呈现出"政府强势主导，市场力量单薄"的特点，处于产业投资基金发展的不够完善阶段，这样的状态具有一定合理性。然而，产业投资基金毕竟不同于政府直接拨付专项资金，它具有市场化投融资的功能，以发现市场、追逐利润作为目标。过于强调政府扶持或者政府干预，不利于其优势的发挥。因此，必须在未来的立法文件中确立一系列原则。例如，在坚持"政府制定规则、进行风险监控、获取投资收益"的基础上，确立"政府退出市场充分竞争领域""政府参股但不控股、政府引导但不主导""政府不直接参与投资管理决策"等原则来制约政府的过度作为。只有处理好政府与市场的关系，才可以很好地利用产业投资基金制度来促进我国乃至西部地区循环经济的发展。

综上，未来应当通过出台专门的产业投资基金管理办法、循环经济产业投资基金管理办法等立法文件，来落实和保障产业投资基金对循环经济的产业引导，政府对循环经济产业投资基金的适当扶持，市场机制在循环经济产业投资基金领域充分发挥主导作用。此外还应当从健全金融结构和产权市场，提高人才培养和服务水平，以及提高基金投融资风险监控能力等各方面着手，努力为循环经济产业投资基金的发展营造良好环境。

| 第十章 | 西部地区工业园型资源循环利用企业面临的障碍及对策研究——以广西、贵州为例 |

发展工业园型资源循环利用企业对我国建立覆盖全社会的资源循环体系具有重要的意义。目前，我国西部地区工业园型资源循环利用企业的兴办处于起步阶段，面临着资金和原料短缺等困难，民间资本基本不具备独立发展工业园型资源循环利用企业的条件。国家基于环境保护义务及宏观调控的需要，应直接投资参与促进循环经济，并投资西部地区工业园型资源循环利用企业，为其事业起步保驾护航。专门从事废弃物再利用和资源化的资源循环利用企业是这个综合体系中的主体之一，其能否发挥作用，直接决定了西部地区循环经济发展的大局。

一、工业园型资源循环利用企业基本理论问题界定

(一) 资源循环利用企业的定义

工业园型资源循环利用企业是资源循环利用企业的三大种类之一。国家发展改革委、中国人民银行等部门联合发布的《关于支持循环经济发展的投融资政策措施意见的通知》中明确了信贷支持的重点循环经济项目，包括节能、节水、节材和综合利用、清洁生产、海水淡化和"零"排放等减量化项目，废旧汽车零部件、工程机械、机床等产品的再制造和轮胎翻新等再利用项目，以及废旧物资、大宗产业废弃物、建筑废弃物、农林废弃物、城市典型废弃物、废水、污泥等资源化利用项目。因此，资源循环利用企业是指以可持续发展和资源的循环利用为己任，专门从事

将各行业废弃物再利用和资源化活动的企业。①

(二) 资源循环利用企业的种类

根据资源循环利用企业面向对象的不同，资源循环利用企业主要分类如下。

1. 工业企业废弃物循环利用企业

工业企业废弃物循环利用企业指的是针对大型工业企业废弃物进行再利用和资源化的企业，多数是以大型工业企业的一部分或者子企业的方式兴办，其再利用和资源化的对象是工矿企业在生产活动过程中排放出来的各种废渣、粉尘及其他废物等。

2. 生活废弃物循环利用企业

生活废弃物循环利用企业指的是针对生活废弃物进行再利用和资源化活动的企业，主要集中在城市及乡镇等聚居区。其中，再利用和资源化的对象是在城市日常生活中或为城市日常生活提供服务的活动中产生的固体废物，包括居民生活垃圾、医院垃圾、商业垃圾、建筑垃圾等。②

3. 工业园型资源循环利用企业

工业园是建设在一定地域内由企业组成的企业社区，地方性工业园政策在资源循环利用体系的作用是减少企业经营活动中的环境参与因素，同时利用企业群体解决环境问题和生产问题以提高企业的社会效益和经济效益。工业园型资源循环利用企业是针对一定地域内企业社区产生的制造业或服务业废弃物的再利用和资源化的企业。由于工业园一般位于城市边缘地区，在地域分布上工业园型资源循环利用企业和生活废弃物循环利用企业是重叠

---

① 杨昀. 环境税制改革视角下固体废弃物治理法律配额交易机制之引入 [J]. 天津法学，2017 (3).

② 孙大鹏，马溪平. 沈阳城市垃圾资源化回收利用研究 [C] //中国环境科学学会. 发展循环经济，落实科学发展观——中国环境科学学会 2004 年学术年会论文集. 北京：中国环境科学出版社，2004.

的，因此本书认为我国在发展工业园型资源循环利用企业时可以考虑进行生活废弃物的循环利用，所以本书将要讨论的工业园型资源循环利用企业既包括专门服务于工业园区内企业群体的资源循环利用企业，还包括落户在工业园区内针对城市生活废弃物循环利用的资源循环利用企业。

二、西部地区工业园型资源循环利用企业面临的障碍及原因分析——以广西为例

（一）西部地区工业园型资源循环利用企业面临的障碍

通过调研，课题组发现目前我国西部地区工业园型资源循环利用企业的兴办尚处于起步阶段，取得了一定的成就，但依然面临如下的障碍。

（1）工业园区资源循环利用企业的覆盖面十分狭隘，一方面不能完全满足中小型企业的需要，另一方面也不具备对城市生活废弃物再生利用的能力。即使是专门性的资源循环利用产业的工业园区，其处理对象也仅仅是有色金属，资源循环利用并没有达到较宽的覆盖面。例如，截至 2023 年，广西有生态工业园约 40 多个，其中包括 7 个国家级开发区和 16 个省级开发区，但 2021 年中华人民共和国生态环境部对广西壮族自治区开展了第二轮生态环境保护督察。对广西的部分工业园区开展监督检查时发现，忽视环境保护和片面追求经济效益的现象仍然存在。① 对此情况，必须要及时解决，否则必将重蹈"先污染后治理"的老路，与国家建设生态工业园的目标背道而驰。

---

① 广西壮族自治区环境厅. 中央第七生态环境保护督察组向广西壮族自治区反馈督察情况［EB/OL］. （2021-07-16）［2023-05-21］. http://sthjt.gxzf.gov.cn/zwxx/gnyw/t9512483.shtml.

（2）工业园型资源循环利用企业数量少、规模小。在广西调研中，我们发现除了一个专门性的资源循环利用产业的工业园区外，其他工业园区并没有建立任何实质意义上的资源循环利用企业。在我们调研的企业中，广西某公司虽然是广西重工业实现循环经济较好的企业，也曾得到广西壮族自治区的嘉奖，较好地贯彻了《循环经济促进法》的减量化原则，但没有真正实现资源从消费或者废弃物环节重新进入生产环节，没有很好地贯彻《循环经济促进法》的再利用和资源化原则。

（3）对旧有工业园区的改造仍采用较为粗放的方式，对企业废渣废水的利用，仍处于清洁生产的范畴，并没有做到真正的资源循环利用，如我们在实地调研桂林市燕京啤酒（桂林漓泉）股份有限公司、广西柳州钢铁（集团）有限公司、河池市南方有色冶炼有限责任公司时，发现除了桂林市燕京啤酒（桂林漓泉）股份有限公司将其中一些原料废弃物经过再加工后成为饲料外，其余公司对已有生产线以及工业园区的改造，仍然停留在"三同时"制度及技术改进方面。可见，广西的工业企业及工业园区自身发展循环经济水平较低，对旧有工业区改造并不足以实现资源的循环利用。

（4）工业园区资源循环利用企业的物流渠道不畅，主要表现在废弃物从消费系统回流生产系统及企业再生的产品进入再生产的环节上的流通困难很大。2021年5月生态环境部对广西的部分工业园区开展监督检查时发现，园区公共设施落后，供能、环保、物流及通关等公共配套设施建设落后；供热、供气和污染治理等园区公共服务支持体系不完备；招商引资力度小，缺乏融资渠道，政府扶持力度偏小。2021年中央第七生态环境保护督察组向广西壮族自治区反馈督察情况，指出广西环境基础设施短板明显。广西上报2020年设区市生活污水集中收集率为44.8%，该数据已明显低于全国平均水平。[①]

（二）西部地区工业园型资源循环利用企业面临障碍的原因分析

我国西部地区工业园型资源循环利用企业的发展困境，主要由以下原因造成。

1. 资金方面

要发展工业园型循环利用，企业首先遇到的是投资问题。由于工业园型循环利用企业需要较高的技术投入，且见效较慢、风险较高，因此很多民间投资并不愿意进入该领域。虽然我国已经着力构建健全有利于循环经济发展的投融资政策支持体系，力求引导民间资金投向循环经济发展，但仍未能有效解决西部地区工业园区型循环利用企业融资难问题，具体表现为以下两点。

（1）民间缺乏投资工业园型循环利用企业的积极性。在我国资源循环利用企业属于新兴产业，启动资金投入和技术要求较高，必须要有大量的资金支持，而发展循环经济的资金回收周期很长，短则半年，长则四五年，很多企业因为没有资金保证而无法实施，或者有的企业投入之后因为资金周转问题半途而废。例如，广西梧州进口再生资源加工园区的可再生铜制造冶炼项目总投资需约 22.4 亿元。而我国中小型工矿企业分布较为分散，各地废弃物处理方式不统一，缺乏废弃物循环利用的社会配套措施等原因导致投资地方性工业园型循环利用企业面临较大的障碍和风险，因此民间资金不愿意投向工业园型循环利用企业。

（2）国家对中小企业投资资源循环利用企业的财政奖励制度不够完善。《循环经济促进法》及一些已经出台的配套法律法规规定，国家财政对发展循环经济、投资资源循环利用企业的奖励

---

① 广西壮族自治区环境厅. 中央第七生态环境保护督察组向广西壮族自治区反馈督察情况［EB/OL］. （2021-07-16）［2023-05-21］. http://sthjt.gxzf.gov.cn/zwxx/gnyw/t9512483.shtml.

支持制度主要是以事后奖励为主，对资源循环利用企业初始投入缺乏有效的支持。此外，国家或者地方财政奖励制度大都集中在涉及石油、煤炭、矿物等大型工矿企业，对中小企业投资资源循环利用企业的激励效果十分有限。

通过实地调研发现，在资金方面，虽然桂林市政府已经贯彻落实了国家综合利用的相关法律法规和优惠政策，为发展循环经济的企业办理资源综合利用产品认定，并为之提供国家税收优惠，同时还为企业研发的各种节能减排项目提供高达32%的资金支持。但是，这些资金支持还远远不够，桂林市共有28家发展循环经济项目的试点企业，但至今还有公司没有达标，在循环经济工作中更是面临着资金缺乏的困难，无法及时淘汰一些高能耗或低效率的设备。资金缺乏是制约桂林市开展循环经济工作的一项重要因素。

西部地区工业园区往往集中了中小型企业群体，由于缺乏启动资金及国家财政对循环经济的奖励政策并不能有效覆盖中小企业，所以在现有条件下，单纯依靠民间资本投资发展工业园型资源循环利用企业并不现实。

2. 原料方面的原因

工业园型资源循环利用企业主要循环利用的是中小型制造业和服务业企业的废弃物以及城市生活废弃物，相对于大型工矿企业的资源循环利用，是否有稳定的足够数量的"原料"来源是其发展的决定因素之一。但在现有条件下，西部地区地方性工业园型资源循环利用企业普遍面临着"原料危机"。主要表现在以下两方面。

（1）工业园区内企业种类繁多，废弃物种类也十分复杂，而这些企业基本是中小型企业，其废弃物数量很难满足企业规模化生产要求；城市生活垃圾分类收集制度不普及，居民有自主挑拣可利用废弃物后出售给私人收购者的习惯。这两方面原因造成工业园型资源循环利用企业收集废弃物渠道不通畅。

（2）我国的废弃物采取的是集中处理原则，即集中倾倒，集中清运，集中处理。可见，我国废弃物的处理渠道是处于严格的控制之下的。而现今缺乏相关的制度和规定，让收集起来的废弃物流入再生产环节，即资源循环利用企业缺乏合法途径获取废弃物，进行资源化和再利用活动，尤其对民营企业来说更是难上加难。目前，我国的废弃物不是传统意义上的"商品"，也无法通过市场价值规律进行有效调节。因此在现有条件下，由民间资本发展工业园型资源循环利用企业是无法通过正常的市场行为来解决"原料"问题的。

基于上文所述，在我国通过单纯由民间资本发展工业园型资源循环利用企业尚未具备成熟的条件，缺乏配套的金融、财政、行政、社会意识，以及国家政策等条件。因此，本书认为在现有条件下，民间资本基本不具备独立发展西部地区工业园型资源循环利用企业的条件。

三、国家投资是发展西部地区工业园型资源循环利用企业的有效对策

根据前文分析可知，由于发展工业园型资源循环利用企业是我国构建资源循环体系，最终实现循环经济目标的关键环节，在现有条件下，我国民间资本无法独立发展西部地区工业园型资源循环利用企业，但是社会对其迫切需要。因此，本书认为国家有义务直接投资这些工业园型资源循环利用企业，这也是政府职责所在，符合国家直接参与经济的客观要求，也有利于解决西部地区工业园型资源循环利用企业发展中遇到的实际困难。

（一）国家投资工业园型资源循环利用企业是政府应负的环境保护职责

2014 年修改的《中华人民共和国环境保护法（试行）》规

定了国家的环境保护义务，随后又制定了一系列法律法规，从各
个方面规定国家保障公民的环境权的义务。国家对工业园型资源
循环利用企业进行投资将直接体现国家对公民环境权利的保护，
其履行国家职责的表现主要在以下三个方面：第一，国家投资工
业园型资源循环利用企业，加强对生活废弃物的处理，改善居民
的生活环境，保护西部地区公民的环境权利。第二，国家投资工
业园型资源循环利用企业，为西部地区从事制造业和服务业的中
小型企业减轻了处理废弃物的负担，为中小型企业提供公共服
务。第三，国家投资工业园型资源循环利用企业，有利于尽早建
立资源循环利用体系，带动绿色经济，实现可持续发展，也是国
家保护环境和自然资源的责任的体现。

（二）国家投资工业园型资源循环利用企业是满足国家宏观经济调控的需要

现代国家为使社会经济可持续发展，需运用一定的经济政策
和手段，对社会各有关经济主体的经济行为予以引导和促进。这
种引导和促进行为是通过完善和科学化而形成的体系被称为宏观
调控体系，其中包括经济计划、经济政策以及调节手段三个部
分。因此，本书认为宏观调控不仅仅是现代国家干预经济的一种
手段，也是国家应负的宏观经济调控职责之一。①

在建设西部地区资源循环经济体系的过程中，可以看到针对
发展工业园型资源循环利用企业的宏观调控措施中已然具备了经
济计划和经济政策，这些计划和政策主要包括以下方面。

（1）2021年《"十四五"循环经济发展规划》提出，大力发
展循环经济，推进资源节约集约利用，构建资源循环型产业体系
和废旧物资循环利用体系。

---

① 殷继国，阳雨璇. 寻找经济法中的法理——"经济法中的法理"学术研讨会暨
"法理研究行动计划"第七次例会述评 [J]. 法制与社会发展，2019（6）：203-220.

（2）《循环经济促进法》和配套法律法规的出台，以及西部地区一些地方性行政法规的颁布，为建设资源循环经济体系构建了初步的法律调整机制，将一些促进循环经济的激励措施通过法律的形式确定下来。

（3）近年来，中央和西部地区不断出台促进资源循环利用企业发展的金融、税收、技术引入、人才培养等方面的优惠政策，并一直致力于引导民间资金投入发展资源循环利用企业，为建设资源循环经济体系提供了政策支持，但是因为市场运行规律及投资者心理等原因，引导民间资金投入发展西部地区工业园型资源循环利用企业的现实情况不太乐观。因此，在市场规律这只"看不见的手"失灵的情况下，需要国家通过直接调整手段来扶持资源循环利用产业的发展。本书认为，国家直接或主导投资工业园型循环利用企业是现有条件下发展西部地区工业园型循环利用企业的最佳途径和最有力的调整手段。

国家调整经济的基本方式和手段包括强制、参与和促导三种，国家经济强制一般多运用在反垄断和反不正当竞争的场合，而国家促进循环经济发展的手段是财政、税收、金融、信贷等经济工具的运用。我国在建立资源循环利用体系的政策中并不缺少经济促导手段的运用，经过改革开放四十年的积累，这些手段已比较成熟。因此，目前西部地区工业园型资源循环利用企业发展举步维艰，并不是政策的失误和缺失，而是原料、资金和产品市场的不成熟导致的，必须运用国家直接参与经济的手段，对无法通过市场自身发展而又急需发展起来的产业进行直接投资，通过国家直接参与工业园型资源循环利用企业的生产经营活动，为工业园型资源循环利用企业的起步保驾护航。

（三）工业园型资源循环利用企业的起步阶段需要国家采取直接投资、参与经济的调整方式

基于上文论述，本书认为要发展西部地区工业园型资源循环

利用企业，国家应采取直接投资、参与经济的调整方式。直接投资、参与经济是指国家直接参与某些生产经营活动以调节社会经济的结构和运行，这种调整方式中一个重要的手段就是国家直接投资开办国有企业，而这种做法应广泛引入工业园型资源循环利用企业发展的起步阶段。

19 世纪末 20 世纪初，西方资本主义国家逐步介入经济生活，国家直接投资开办国有企业成为国家干预经济、调节经济结构和运行的一种重要的调整手段。[①] 各国投资国有企业或其他国有经济形式的目的一般包括财政性目的、政治性目的和宏观调控性目的，其中宏观调控性目的是通过国家直接投资兴办国有企业或其他国有经济形式，调节社会经济的结构和运行，促进社会经济协调、稳定和发展。西部地区工业园型资源循环利用企业举步维艰的原因正是其投资困难，在一定时间内不能赢利，短期内无法收回成本和创造利润，因此基于市场主体"理性经济人"的特性，民间资本无意也无能力对其进行投资。但是对于国民经济整体布局及可持续发展国策的执行来说，针对西部地区中小型企业和城市生活废弃物的资源循环利用企业是资源循环体系、绿色经济和循环经济不可或缺的部分，即使国家投资工业园型资源循环利用企业在一定时期内不能增加财政收入，但基于国民经济长远发展和国家整体利益等方面的考虑，还是必须直接投资该地区工业园型资源循环利用企业。

国家投资西部地区工业园型资源循环利用企业是基于执行国家经济政策，调整国民经济的目的，是现代国家所担负的职责之一，既满足社会资源循环利用的需要，也满足国家调节经济的要求，有利于有效、快速地建立资源循环利用体系，最终实现社会经济协调、稳定和健康发展。

---

① 徐澜波. 我国宏观调控程序规范的法律属性 [J]. 法学, 2017 (11).

(四) 国家投资工业园型资源循环利用企业的优势

从工业园型资源循环利用企业面临的困境中可以看出，民间资本投资发展西部地区工业园型资源循环利用企业面临着缺乏资金和原料的困难。而国家直接投资工业园型资源循环利用企业具有以下优势：①可以以社会效益、环境效益为先，兼顾经济利益。国家投资的相关理论认为，对于不能增加财政收入但是确实会影响公共利益、国民经济长远发展及国家整体利益的行业，国家也应当进行投资，因此由国家对西部地区工业园型资源循环利用企业进行投资可以以社会效益、环境效益为先，兼顾经济利益。②针对国家财政对发展循环经济的激励措施难以覆盖西部地区中小型企业的问题，由国家直接投资工业园型资源循环利用企业可以为中小型企业的废弃物处理提供公共服务，减轻中小型企业在环保问题上的负担，提高资源循环利用体系的覆盖面。③开办工业园型国有资源循环利用企业可以激发相关经济管理部门和环境管理部门在实施循环经济配套措施上的积极性，相关部门为了解决资源循环利用企业的原料问题，为了企业能够增加财政收入，会积极制定相关配套措施，严格执行已有规定，普及垃圾分类处理等制度，在筹办西部地区工业园区和招商引资的时候也会充分考虑产业的分布情况，这有利于解决工业园型资源循环利用企业的原料问题，也有利于科学分布区域内的产业。④在我国，国有企事业单位担负废弃物的清理、集中、拣选、掩埋、焚烧的工作，废弃物并不能成为市场上的"资源"，极大地制约了民间资本投资资源循环利用企业的积极性。但对于国家投资开办的国有企业来说，却成为其获得大量稳定的原料来源的有利因素，通过在现有的废弃物集中管理制度中加入资源循环利用企业这一环节，让资源循环利用企业成为废弃物处理的终端场所。这样既不会动摇对废弃物进行严格管理的现有体制，也无须寻找废弃物市场化的途径，更不必承受废弃物市场化可能带来的风险。

基于上文所述，由国家投资西部地区工业园型国有资源循环利用企业不但能避免和解决由民间资本投资工业园型资源循环利用企业所面临的困难，而且无须对现有的循环经济激励、废弃物处理等制度进行大规模修改，既保证了政策的稳定性，又规避了相关的风险，最重要的是能在短时期内发展该地区工业园型资源循环利用企业，为中小型企业和居民提供公共服务，能有效建立起覆盖工业园区废弃物和城市生活废弃物的资源循环利用体系。

四、国家投资西部地区工业园型资源循环利用企业的法律建议

国家投资的主要目的是满足国家对经济宏观调控的需要，因此在制定国家投资工业园型资源循环利用企业的法律制度和政策时，应首先考虑资源循环利用体系中的薄弱环节、物质生产部门的需求及对环境资源的保护作用，其次要考虑在西部地区工业园型资源循环利用企业发展壮大、市场成熟后如何进行民营改革的问题。本书认为，应该从以下五个方面综合制定国家投资西部地区工业园型资源循环利用企业的法律制度和政策，以及相关的配套措施。

（一）规范与工业园区配套的资源循环利用企业的基本建设程序

国家投资西部地区工业园型资源循环利用企业的程序应与地方建设工业园区的程序结合起来，在工业园区规划的同时对拟引进企业种类、数量、规模等作出评估，以此为依据为开办工业园区配套的资源循环利用企业提供科学支持，应遵循以下几个程序：①由政府主管部门提出工业园区的项目建议书；②有关政府职能部门委托有资质的机构进行项目评估并对配套的资源循环利用企业所需的规模、种类进行研究；③建设单位或有关政府主管

部门组织对配套资源循环利用企业进行招标；④在未能吸引民间资本或民间资本不能满足开办资源循环利用企业所需时，由政府主管部门组织编制开办企业的相关计划；⑤由政府决策机关进行审批；⑥指定或委托设计单位编制设计文件，内容包括技术引进、管理层人员、基础设施建设以及相关资金概算；⑦与工业园区同时施工；⑧与工业园区同时竣工验收、交付使用并开始运营。

在西部地区工业园区资源循环利用企业开办的程序中，应注意贯彻"三同时"制度，要求地方政府对工业园区引入企业种类、数量及所产生可再利用、资源化的废弃物种类、数量进行科学缜密的研究，同时尽可能兼顾生活废弃物的再利用和资源化，避免重复建设和资源浪费。

（二）国家投资西部地区工业园型资源循环利用企业应针对重点废弃物

在同一工业园区内不可能都是同一类生产企业或服务企业，即使是同一类企业，因为生产工艺和原料采用的不同，所产生的废弃物也不尽相同，因此不可能在同一工业园区只产生一种废弃物。而随着居民生活方式的改变，工业园区企业生产技术、工艺的变迁，生产材料的更新换代，工业园区资源循环利用企业所要处理的废弃物也会发生变化，这要求在国家投资西部地区工业园区资源循环利用企业的过程中做到以下三点。①先期投资和技术引进应针对数量大、污染危害高、可再利用率高的废弃物，尤其是掩埋或焚烧后会对环境有较大危害的废弃物，如化工产业的废弃物。②后续投资和技术引进应针对稀缺的、经济价值高、物质生产部门需求大的废弃物，尤其应着重对各种矿产资源的再利用和资源化，如广西梧州进口再生资源加工园区，该园区是国家生态环境部批准成立的国家级"圈区管理"示范园区、国家级循环经济试验区，坚持以发展循环经济为立区之本，按照"减量化、再利用、资源化"的原则，构筑循环经济产业链条，高效综合利用资源和能源，形成完整的再生资源回收利用产业体系。在实现节能减排、保护环境的基础上，达成可观的经济效益，建成以发展循环经济为特征的新型工业化基地。③对工业园型资源循环利用企业的投资是一个长期的过程，应针对废弃物种类的变化而进行资金的投入和技术的引进，有效的资源循环利用所产生的社会效益应优先于资源循环利用企业的经济效益。

（三）在西部地区调整各类资源循环利用企业的产业布局

在发展西部地区工业园型资源循环利用企业时，应注重充分利用已有的资源循环利用企业、交通网以及城市地域关系。例如，在城市周围有大型工业企业的资源循环利用生产部门时，应以财政补贴、拨付等方式改造已有的资源循环利用机构，而不应另行投资开办资源循环利用企业；在一些特大城市中，应发挥其交通网发达的特点，利用特大城市对其卫星城市和周边城市的辐射作用，以其为核心联合开办较大型的工业园型资源循环利用企业，为区域内所有工业园区企业提供服务，建立资源循环利用的卫星区域；在省、自治区、直辖市的区域内，应因地制宜开办不同的资源循环利用企业，调整资源循环利用企业的产业布局，避免资源循环利用企业成为面面俱到的"垃圾站"，否则新兴办的工业园型国有资源循环企业极易成为新的垃圾掩埋场和焚烧站。

（四）建立健全西部地区工业园型国有资源循环利用企业改革制度

由于资源循环利用企业并不属于国民经济要害部门，只是因为我国当前的国民经济急需和发展的障碍，所以才应由国家直接投资。因此，在资源循环利用体系得到建立、资源循环利用市场逐步成熟、民间资本能够发展资源循环利用产业之后，需逐步将这类国有企业转为民营或合营企业，应当在以下方面提前进行规范：第一，在工业园型资源循环利用企业筹建期间能募集到足够民间资金的，应允许民间资本的投资行为，并给予财政和政策支持，解除资金和原料问题的制约。第二，在工业园型资源循环利用企业筹建阶段筹集的民间资本不足时，应当改为国家控股或持股的有限责任公司或股份有限公司，鼓励民间资本的投入。第三，对已经产生经济效益的工业园型国有独资资源循环利用企业，可以采用租赁式经营和承包经营，对于较大的企业应采取股份制和公司制改革，吸引民间资本参股。第四，对于稀缺资源、国家控制或禁止流通资源、关系国计民生资源的西部地区资源循环利用企业，应坚持其国营性质，保留国有独资性质，但仍需改善经济管理制度，转换经营机制。

（五）制定和推广资源循环利用配套制度

要建立西部地区资源循环利用体系，开办和支持各类资源循环利用企业和机构固然重要，但是仍需要本地区全社会的参与和支持。因此西部地区应当制定资源循环利用的配套制度，如节能减排、废弃物集中处理、废弃物分类收集、废弃物利用主体的资质审查、废弃物流通监管等制度。这些制度既可以确保有价值的可再利用、资源化的废弃物能进入循环利用的渠道，又能确保有害废弃物能得到妥善处理，杜绝非法使用废弃物的行为，以保证公共卫生安全和环境资源安全。

第十一章　西部地区城市生活垃圾减量化的障碍及对策研究

城市生活垃圾，一般指单位和个人在日常生活中或在为日常生活提供服务的活动中产生的固体废物，从形态上一般包括餐厨垃圾、普通垃圾和庭院垃圾。餐厨垃圾一般包括每天吃剩的食物残渣、瓜皮、果屑等；普通垃圾一般为纸类、废旧塑料、罐头盒、玻璃瓶、陶瓷、木片、旧服装、旧鞋帽等日用废物及无机灰尘等；庭院垃圾一般包括植物残余、树叶以及庭院中清扫的杂物。西部地区要发展循环经济，必须注重城市生活垃圾减量化问题的解决。

一、循环经济对城市垃圾减量化的内在诉求

从产品的流向看，城市生活垃圾是产品进入消费领域后的最终产物，要么流入大自然，要么回归人类社会。因此，城市垃圾治理很自然地成为循环经济的组成部分和重要领域之一。展开来看，循环经济的基本理念、价值取向、制度功能及制度设计模式，必然对城市垃圾处置有着内在诉求，这种诉求体现在如下两个方面。

（一）在理念上，需要根据循环经济的本质，转变对城市垃圾处置的价值判断

循环经济是区别于传统工业经济发展模式的一种新型经济发展模式。传统的工业经济发展路径是线性的、单向的，追求纯经济增量的发展，对于自然资源的消耗废物，没有考虑其源头和去向，对于其将给自然环境带来的影响缺乏必要的考量。而循环经济模式主导下的经济发展，既遵循了人类社会的发展需要，又遵循生态环境规律。在对大自然的开发和利用上，遵循谨慎干预的

原则，尽量避免给自然太多的干扰；在科学技术研究和应用上，遵循技术理性的指引，防止单向性和简单化。循环经济本质上是人类环境意识自觉的产物，是对环境危机的主动回应，其基本的行为机理是尽量减少人类社会活动对大自然的干扰，人类的归人类，自然的归自然。大自然是一个生命循环之圈，但"人类一直在摧毁这个生命之圈，不仅为生物性的需求所驱使，而且也为社会组织所驱使。这个组织是他们用来征服自然的，是用来约束那些与驾驭自然发生冲突要求的攫取财富的工具。最后的结果是环境危机，一个生存的危机。为了生存，我们必须再度封闭这个圈子"①。循环经济的推行是封闭这个圈子的有效路径。因此，循环经济应有之义首先是"循环"，而不是"经济"。

垃圾是特定历史阶段的产物，对垃圾定位，与社会价值选择、科学技术发展水平、自然资源丰富程度以及人类环境意识程度密切相关。"垃圾是一种放错地方的财富"，这是循环经济推行后自然科学和社会科学的理论界、实务界的一种共识。垃圾分类处置是建立在垃圾是一种"有价资源"的价值判断之上的，这种价值判断对城市垃圾分类处理无疑具有重大的意义。但是，这种价值判断是功利主义层面上的解读。循环经济首先是"循环"，而不是"经济"，它是用一种经济机制封闭人类社会的物流之圈。从人类社会外部而言，循环经济是人类社会与自然环境友好共处的自我约束和调整；从人类社会内部而言，循环经济是协调环境利益、社会利益和经济利益冲突的有效路径，是以"和谐"为自身的价值判断和行为选择。因此，不应该仅仅将垃圾分类处置建立在一种资源性的功利主义价值判断之上，而应该将其作为一种人类社会和自然环境、人类内部利益冲突的一种协调机制。

---

① 巴里·康芒纳. 封闭的循环 [M]. 侯文蕙，译. 长春：吉林人民出版社，1997.

（二）在实际工作中，需要根据循环经济的"3R"原则，展开对城市生活垃圾分类处置的机制运行

"3R"原则即减量化（Reduce）、再利用（Reuse）和资源化（Resource）要求循环经济从起点开始，减少进入生产和消费领域的自然资源和能源数量，并通过反复利用和再生利用尽可能提高资源和能源的消耗和废弃物的产生，用最小的资源环境代价发展经济，最少的经济成本来保护自然环境，实现经济社会可持续发展。

作为循环经济重要组成部分的城市垃圾分类处置，必须体现"3R"原则的内在要求，具体体现在：就减量化而言，要求在社会生产、消费过程中尽量减少利用原生性的自然资源，提高资源的利用效率以降低同等产量下资源的利用量。这就意味着，人类社会需要多探索资源性生产要素的多元化来源，减少生产、消费过程的终极废弃物流向大自然。那么，城市垃圾的综合回收利用就成为必然。反之，就资源化而言，循环经济要求尽可能延长产品的生命周期，以延长产品成为废弃品的期限；尽可能在产品生命周期结束之后寻找新的利用模式，赋予废弃产品一种新的生命，作为一种新的原辅材料重新利用而不是作为工业或者生活垃圾加以抛弃。就再利用而言，要求将生产、流通和消费过程中产生的废弃物，经过修复、翻新、再制造等科学技术处理，继续作为原用途或者其他用途的产品多次使用和反复使用，而不是仅仅使用一次就作为垃圾加以抛弃。

循环经济的"3R"原则中，各个原则在循环经济中地位不是并列的，在价值判断上具有序列性。减量化是环境道德上的首要选择，是资源化、循环利用化的基础和前提。当然，强调减量化，本身就是循环经济的内在之义。循环经济是可持续发展战略实施的一种科学模式，它是在可持续发展理念指导下人类理性选

择的一种经济发展路径，即循环经济实施首先是建立在发展基础上，不能把减量化简单地视为单纯地减少资源和能源的利用数量，更不能以减缓经济发展的速度和降低人们的生活水平为目的，其根本目的应是追求资源生产率、利用率的提高，以保障经济、社会发展所需的资源供给和环境支持。城市生活垃圾减量化，其根本目的不是要限制社会发展，也不是要禁止和限制社会消费，相反，它是通过提高资源的利用率和增强社会民众的环境意识，让全社会的消费建立在人类理性、环境友好的基础上，更好地理性地推动社会发展。

二、城市生活垃圾"3R"治理面临的障碍——结构性失衡

按照循环经济的内在要求，城市生活垃圾治理需要从减量化、循环利用和资源化三个维度进行，以减量化作为首要路径。从人类社会系统和自然环境体系的关系看，其实"3R"方式都是减量化的过程，这三个维度代表了垃圾治理不同阶段的减量化：源头减量化、中间减量化和末端减量化。城市生活垃圾治理是一个系统工程：从源头开始尽量减少城市生活垃圾的产生量；对不可避免流入社会系统的垃圾，尽量循环利用；难以循环利用的，最后进入垃圾末端处置环节，通过必要的技术使之资源化和无害化。这三个维度是城市生活垃圾治理体系的基本结构，需要保持必要的平衡。但是目前我国西部地区大部分城市的生活垃圾治理基本上呈现出结构失衡的状态，体现在整个社会垃圾治理路径的中心集中在末端治理，即生活垃圾末端资源化和无害化处理，并且突出无害化；作为中间减量控制的生活垃圾循环利用的形式化；作为源头减量控制的生活垃圾减量化的边缘化。

(一) 源头减量的边缘化

源头减量化出现了立法和实践的二元背离。在立法上，立法者注意到了源头减量化的重要性，通过《环境保护法》《循环经济促进法》《固体废弃物污染防治法》《清洁生产促进法》等一系列法律法规，确立了预防为主原则、生态保护原则、源头控制理念等体现环境风险前置的治理理念，但是这些法律规范大多是示范性、倡导性和宣示性的，缺乏切合实际和具体明确的可操作性规范体系。虽然源头减量的控制理念在实践上有所体现，但主要还是体现在工业"三废"排污、节能减排的领域，对城市生活垃圾的源头减量化，尤其是对家庭生活垃圾排放问题重视不够。以餐厨垃圾为例，多年来城市餐饮业的餐厨垃圾排放和物流一直处于监控真空状态，餐厨垃圾没有进入城市垃圾治理的视野。餐饮企业的餐厨垃圾处置依靠的是民间自发形成的自由交易市场，即餐厨垃圾可以作为一种资源，可以用于喂猪、提炼生物油等而自愿选择形成的市场；家庭产生的餐厨垃圾，则一直与普通生活垃圾混合在一起，进入城市垃圾处置体系。直到近年来发生了数起城市环境公共卫生问题后，这些问题才进一步得到社会民众、立法机构、行政机关的充分重视。

(二) 循环利用的形式化

由于缺乏科学的垃圾分类体系和物流系统，我国西部地区城市生活垃圾的循环利用种类分散、利用效率低。从总体上看，我国确立了城市生活垃圾循环利用的相关立法，但是也存在着立法过于原则化、对象单一、缺乏体系、规定过于模糊、缺乏可操作性等问题。例如，在一些重要的废旧物品如废旧电子产品、建筑废物等的回收利用上，立法较为具体明确，但是在废包装、废塑料、餐厨垃圾、废旧汽车及其配件等大宗废物的专业化循环利用上没有国家层面的相关立法。《环境保护法》《清洁生产促进法》

《固体废弃物污染环境防治法》等一些相关法律和行政法规的规定零散且抽象，缺乏系统的解决机制。因此，实际上城市生活垃圾循环利用效率不高，趋于形式化。以废报纸回收为例，近几年，我国的废纸回收率未达到30%，显著低于瑞典等国家和地区的水平。以瑞典为例，瑞典通过城市生活垃圾分类回收后，50%的垃圾用于焚烧发电，47%进入再使用和再制造环节，最终填埋的仅占3%。

(三) 垃圾资源化的低绩效

世界各国通行的垃圾处理方式主要有填埋、焚烧和综合利用三种。其中，焚烧和综合利用与垃圾的资源化相关，填埋主要是对垃圾进行无害化处理。在我国西部地区，由于源头减量化被边缘化、中间减量化流于形式，因此，垃圾治理集中于最后的末端治理。目前垃圾主要的处理方式是填埋，即以无害化处理而非资源化为主。但从无害化处理指导下的填埋实践看，我国西部地区的垃圾填埋至今存在大量占用土地、填埋场滤液处理困难、无害化程度较低而对水源和大气的潜在影响较大等重大问题。美国、日本等国家城市垃圾填埋率很高，美国占67%，英国占83%，德国占68%，日本虽然土地紧缺，但填埋率仍占23%。这些国家的城市生活垃圾填埋与我国西部地区的无害化处理不同之处在于，它们的垃圾填埋不仅仅是无害化处理，还与垃圾资源化结合。美国、日本等一些国家，从无害化角度，对卫生填埋的场地选择及设计、垃圾成分、卫生填埋作业及毒害控制标准有严格的规定；从资源利用的角度，利用成熟的技术，将垃圾填埋气发电，向城市提供电能或热能，产生了很好的经济效益。这些年，我国也一直在探索垃圾资源化利用问题，但是效率很低。以垃圾焚烧为例，我国西部地区在垃圾焚烧方面虽然已经取得不少进步，一些地方城市也在摸索与研究之中，但是普遍存在效率低下、技术落后、社会冲突加剧等问题。

我国西部地区城市生活垃圾治理的结构性失衡，致使城市生活垃圾总量不断上涨，大有垃圾围城之势。由于城市生活垃圾减量被边缘化，从源头开始，就对整个城市垃圾治理体系输送持久的压力，末端治理的任务过重，难以支撑整个城市的垃圾容量。粗放式的填埋方法，不断突破当地的生态红线和环境承载力，引发了社会利益冲突，甚至发生群体冲突事件。

（四）治理机制之间的结构性失衡

对城市生活垃圾的行为规范存在两种治理机制：命令—控制性机制和经济性激励机制。命令—控制性机制主要设定必要的生活垃圾减量化义务和法律责任，采用行政命令控制模式对生活垃圾排放进行治理，经济性激励机制主要通过设定收费模式或者经济激励点，将生活垃圾排放成本内部化，对生活垃圾排放进行治理。目前，在我国西部地区城市生活垃圾治理过程中，这两种机制之间也存在结构性失衡：一是在命令—控制性和经济性规制手段中，突出运用命令—控制性手段，很少运用经济性规制手段；二是经济性规制手段在探索之中，但是基本工具体系尚未形成。虽然命令—控制性治理机制具有明确、确定、强制的特性，但是经济性激励机制相对命令—控制性机制而言，具有一些独特的优势：控制性机制经常产生一系列复杂、具体和高度集中制定的标准，而经济激励工具则根植于广泛的目标群，因而无论对规制者还是企业来说，信息和行政成本都大大减少；经济激励机制赋予的自由空间能够激发企业发展技术的动力；命令—控制性机制的执行具有违法行为被发现、追诉概率和惩罚程度等相当的不确定性，而经济激励性机制只涉及一定数额的金钱，其征集的资金可以用来补偿外部性问题的受害者，命令—控制性机制则很少能够让受害者得到补偿。

三、城市生活垃圾 "3R" 治理面临障碍的主要原因

(一) 认知上的偏差

长久以来，城市生活垃圾问题并没有真正得到社会重视，其危害性没有被充分认知，对于它的污染形态、表现方式、物流方向等缺乏深入调查和研究，虽然各个地方城市一直都在对生活垃圾进行收集、运输和处置，但是仅仅是作为一个社会问题而不是环境问题来对待，更具有破坏性的认知是认为由于物品消费具有经济上、人性上的内在合理性，因而城市生活垃圾的产生具有社会合理性。体现在立法上，必然是宣示性、原则性规范多而缺乏实际可操作的法律行为规范和法律责任设置。另外，即使认识到城市生活垃圾是污染源，但对这种污染源的性质、规制的重要性也缺乏充分认识。

(二) 政府供给动力不足

对城市生活垃圾性质和影响上的错误认识，必然影响到政府在公共供给决策上的选择。这个时代存在着各种风险，政府必须对各种风险采取对策；政府的财力有限，如果对环境风险对策做过多的社会资源投入，就会减少对其他风险对策的社会资源投入，而可能增加社会整体风险。因此，政府必须对风险统一把控，在各种风险规制中确定优先序位，有效分配，投入社会资源。城市生活垃圾治理涉及社会利益，具有公共性，因而具备公共物品的属性。在我国，公共物品主要由政府提供。政府需要提供公共物品的领域很多，而每一种公共物品提供都需要消耗大量的社会资源。在社会资源有限的情况下，政府应该根据对社会问题、环境问题等各种问题的社会压力、财政预算、政治影响等要

素，对公共物品的提供进行评估和决策。同样是环境问题，城市生活垃圾与节能减排、重金属污染、大气污染、大规模生态破坏等社会问题相比，难以在评估决策上具有优先性，因此政府供给动力不足。

（三）核心环节设置的偏差

这里的核心环节设置的偏差是指垃圾产生、进入社会系统之后核心治理环节的缺失。循环经济的实施，最重要的是"循环"。城市生活垃圾循环利用是建立在"垃圾是一种资源"的价值判断上，循环的核心是对这种资源加以分类，分为可利用垃圾和不可利用垃圾。当然，在垃圾科学分类的前提下，还要具备完善的回收利用体系。然而，在我国西部地区这两方面的要素都不充分，一是垃圾分类不够科学，表现为分类过于粗糙、分类标准不够科学、可操作性不强等方面；二是回收循环利用体系尚未确立。我国西部地区的生活垃圾产生后，由于缺乏科学的分类系统，一方面是全部垃圾直接混同进入城市垃圾收集、运输处置体系，由于目前分拣技术落后，导致循环利用效率并不高；另一方面是通过民间的生活垃圾分拣体系，经过拾荒者分拣、垃圾收购组织收购，再进入循环利用企业。换言之，我国西部地区垃圾分类回收利用的主要角色不是城市生活垃圾收集运输部门，也不是回收利用企业，而是拾荒者。但是在垃圾分类回收利用体系尚不健全的情况下，拾荒者并不负担也不可能负担全部垃圾的分类回收工作。虽然其对城市生活垃圾的分拣、收集和出售，客观上对我国西部地区的垃圾循环利用发挥了重要作用，但是这种自利动机下的垃圾分拣，是非体系化、非组织性的，离循环经济的内在要求相差甚远。

（四）治理工具选择上的偏差

在政府供给动力不足的前提下，与末端治理机制相对应，我国西部地区城市生活垃圾治理目前采用的是较为传统的管制方法，即主要是行政命令—控制性的方法，具体体现在国家和政府包办生活垃圾收集运输和处置业务、未调动社会组织参与治理体系、固定化的生活垃圾收费制度等偏向于行政性规制的工具选择上。这种治理工具选择，容易忽视生活垃圾治理过程中的不同利益诉求，忽视生活垃圾只作为一种资源具有的市场需求，也容易忽视社会力量对生活垃圾治理的可能贡献。一些地方城市开始探索市场化机制。例如，一些城市通过公开招投标与特许经营相结合的方式，在生活垃圾处置上引进社会资本，探索政府与社会合作治理生活垃圾的机制；一些城市开始实行垃圾的浮动收费制度，如捆绑电费和水费收取垃圾处置费。这些探索为生活垃圾治理多元化工具的选择提供了可以研究的路径。

四、加强西部地区城市生活垃圾减量化的对策

（一）实施减量化优先准则

无论是从循环经济的内在要求，还是从城市生活垃圾治理所面临的实际问题看，减量化都应该成为一种最优的立法策略选择。通过生活垃圾减量化法律实施，可以减少流向城市垃圾治理系统的生活垃圾总量。社会垃圾循环利用和无害化、资源化处置，也必须建立在减量化的基础上。当前的社会实践有两种导向值得反思：一是强化城市生活垃圾的末端治理而忽视垃圾循环利用和垃圾减量化，因为征地、建厂和引进社会资本要比构建回收利用体系、规范减量化简洁得多；二是过于强调垃圾的循环利用，立法的重心放在垃圾分类收集、循环利用法律规则的设定上。虽然这两种导向是克服城市垃圾围城的必由之路，是矫正垃圾治理结构失衡的有效路径，但是这两种导向建立在这样一种价值判断之上：垃圾是一种放错地方的资源。这种价值判断让人们

重新认识了城市生活垃圾的性质，改变了人们对垃圾的认知。恰恰相反，从某种视角上看，这种价值判断是有害的。因为这种价值判断暗含了这样的一种逻辑：垃圾的产生具有必然性和合理性，不具有道德的可谴责性。在价值上认定了垃圾产生的必然性，就很容易漠视垃圾的减量化，即可能将"垃圾存在"问题视为一种社会问题、环境问题，并没有将"垃圾的产生"视为一种社会问题和环境问题。当然，强调垃圾减量化优先原则，并非要弱化垃圾循环利用和资源化、无害化处置，其实质是要改变它边缘化的地位。

之所以如此，还在于法律机制作为垃圾治理工具，作用是有限的。生活垃圾产生行为是一种物权支配行为，也是一种环境行为。最有决定性、最终支配环境行为的是环境意识长期培养产生的环境自觉。因此，城市生活垃圾治理的最有效的长效机制是社会公民的环境自觉，即意识到自身行为对环境的影响而主动调整自己的行为。当然，环境意识并非自觉生成的，需要有个体的内在反省，也需要外部的引导机制。而生活垃圾减量化的法律机制，相比于生活垃圾循环利用和资源化法律机制，更能长期影响和促进人们自觉环境意识的形成。

由此可见，应该把促进减量化作为调整当前城市生活垃圾治理结构性失衡的一种主要路径：一是要确立减量化的法律责任主体；二是要确立不同法律责任主体实施减量化的行为路径；三是要确立减量化和循环利用的关键规制点——垃圾科学分类体系；四是要确立减量化有效工具。

（二）法律义务主体的调整：从消费者到生产者

生活垃圾减量化的法律主体具有广泛性，但究其具体主体类型、责任分配轻重，则有一个发展的过程。在环境污染领域，社会对法律责任主体的认知，首先是企业。然后，随着环境公平和正义内涵的不断发展，社会认识到环境污染是社会发展的代价，全社会都应该对环境污染负责，加上环境污染损害的累积性、潜伏性、滞后性、迁移性和复合性，在很多情况下往往较难确定"污染者"，国家、社会、企业、消费者等，都可能成为环境污染的责任主体。

在循环经济中，企业首先成为责任主体，由此发展出著名的生产者责任延伸制度，要求企业对其产品的生命周期可能带来的环境污染问题承担责任，这是一种源头控制、资源减量化促进物质循环利用的制度。但是在生活垃圾治理问题上，社会对责任主体的认识是不同的。生活垃圾产生的直接根源是产品消费。因此，很长时间以来，社会普遍认为城市生活垃圾的产生主要是消费者利益集团。对于城市生活垃圾的法律规制，主要集中于产品消费后产生垃圾的环节和行为上。法律上承担环境义务的主体主要是个体性和组织性的消费者，具体体现为家庭组织和社会组织。但是，这种理解并没有真正反映循环经济的内在逻辑。由于认为消费者群体是城市生活垃圾的责任主体，导致了这样一种社会实践：一是法律制度设计内容集中于生活垃圾收集处置控制，而不是生活垃圾的源头控制；二是对于生产者在循环经济中的垃圾治理义务，集中于生产者责任延伸的责任配置，而不是产品垃圾的生产源头控制。循环经济的减量化要求，最重要的就是资源投入的减量、产品和产品附件可能成为城市生活垃圾的原料的减量。另外，循环经济之所以成为一种新型的经济发展形态，在于与传统经济形态相比，它对生产者和经营者的社会功能有不同的理解：传统开放性经济认为生产者和经营者的社会功能在于为社会最大限度地生产和销售多元化的"物质产品"；而在循环经济理念之中，生产者和经营者的社会功能是为社会最大限度地提供"产品服务"。在循环经济体系中，消费者得到的是产品的服务功能，而不一定需要购买和拥有产品全部所有权。因此，传统经济到循环经济的转变，是实体经济到功能经济的转变。在这种功能型经济体系下，产品本身仍然由生产者所拥有，消费者只要在一个为满足需求而组织起来的体系中消费服务并支付服务费用即可。因此，城市生活垃圾减量化的责任主体，首先是生产者和经营者。

循环经济这种社会功能的转变，是设置生产者减量化法律义务的内在逻辑。既然生产者和经营者提供的产品以体现"社会提供服务"为准则，如果这种产品所承载的服务是必要的而不是多余的，那么产品承载多余的，没有体现社会服务功能的，都是生产者和经营者减量化法律义务设定的路径，这些路径包括：一是产品设计的减量化，在产品设计上考虑更多的产品附件回收利用、综合利用功能；二是产品包装的减量化，尽量减少不产生实质性社会服务功能的产品附加物料；三是一次性消费品的减量化，通过延长产品的使用寿命来降低资源流动的速度，相应地减少城市生活垃圾；四是原生资源投入的减量化，尽量少利用新的生产资料，尤其原生性不可再生自然资源，而多利用循环回收资源。

（三）消费者义务主体减量化行为的路径调整：从个体性到社区性

从社会产品物流路线看，产品经过生产者、流通者和经营者，最后到达消费者。消费者分为个体性消费者和组织性消费者，组织性消费者产生的垃圾以企业组织、国家机构等形态存在，而个体性消费者产生的垃圾以家庭性形态存在。减量化义务主体的确立，对于立法而言并非难事。但是，义务主体的组织形态对减量化的绩效作用不可忽视。环境行为科学的研究成果表明，从个体环境行为的因果关系看，改善环境需要的是转变人的观念和行为模式，而不仅仅是改善制度和技术手段。与个体性、松散的社会环境比较，个体在组织性环境中更容易做出负责任的环境行为。在群体中，个体的心理和行为会受到他人的影响，群体不仅能够满足个体的各种心理需要，而且能够形成群体独特的心理，使个体在群体中的活动与独处环境中产生很大的差异。尤其是具有良好的组织文化的群体，对个体的心理影响更大。因此，应该通过一定的法律制度安排，建构一种组织性激励机制，克服个体性减量化动力不足的问题。对组织性的消费者，可以通过法律机制引导单位塑造内部激励机制；对个体性的消费者，可以建构一种组织性机构，对其生活垃圾减排产生必要的激励。因为个体性消费者最终以家庭为单位进行生活垃圾排放，家庭环境认知状况、环保理念、环保意识及经济状况、家庭社会地位都深刻影响家庭的环境行为，而家庭结构都嵌入在社区结构之中，所以将家庭的生活垃圾减量化与社区治理相结合，是立法上应该考虑的组织性激励形态。

社区现在已经成为中国社会的基本单元。不少城市都在试点通过社区治理推进生活垃圾治理，也取得了不少成效。例如，北京市郊区王平镇"小票积分兑换"和上海的"绿色账户"都是成功经验，北京市由"零废弃"衍生出"零废纸计划"，规定5公斤废纸便可兑换一份奖品。

具体的法律规制路径，可以是带有强制性的，也可以是软性激励的。强制性的，可以通过物业管理公约、业主公约等文本确定生活垃圾减量化的义务和具体措施；激励性的，可以总结当前社区生活垃圾治理的有效机制，如家庭物业补贴、环保积分、物质回馈、免费提供垃圾袋等措施，对社区内的家庭环境行为产生激励。

（四）减量化关键规制点的调整：从垃圾混同到科学分类

垃圾分类是城市生活垃圾治理体系结构调整中的关键环节，是垃圾循环利用的前置性条件，也是垃圾减量化的有效途径。国内外研究表明，对垃圾分类处理和综合利用的经济效益明显，进行分类处理和综合利用，垃圾处理成本降低而收益增加，经济效益明显；相反，无论采用填埋、堆肥还是焚烧处理，其产出都低于投入。因此，对于城市生活垃圾，不是该不该分类的问题，而是该如何分类的问题。

一是要将垃圾分类作为国家和地方立法的基础，我国西部地区大部分城市的生活垃圾治理立法，过去的侧重点集中在生活垃圾产生后的收集、运输和处置法律义务的配置上，今后要从源头减量化考虑，需要将垃圾进行源头分类、细化分类标准与操作规范并明确法律责任。二是把垃圾分类作为规制点，需要考量各地区的垃圾物流回收体系、核心治理技术和社会基础的差异性。三是要考虑垃圾分类的区域性。从环境行为理论视角出发，社会民众的环境行为受多元因素的支配，除了个体性环境意识之外，集体意识和支付意愿也是影响环境行为的因素。因此，垃圾分类需要考虑区域和空间的差异性。例如，在居住场所、工作场所、休闲场所等不同的区域，在城市中心和城市郊区等不同区域，结合不同的要素对垃圾进行不同的分类收集，这对于促进垃圾减量化是具有正面效应的。

（五）减量化规制工具的调整：从控制性工具到经济激励工具

无论生产者、经营者还是消费者，都有垃圾减量化的义务。但是，与污染排放、垃圾排放行为不同的是不能将减量化义务设定为一种强制性的法律义务（尤其是针对消费者）。因为命令—控制性的法律工具可以设定最低限度的行为要求，但是很难对行为者进一步的环境友好行为产生充分的激励。而经济激励性机制恰恰能够克服这一缺陷。因此，在生活垃圾减量化法律制度设计中，应考虑该对经济激励工具的运用。只有使垃圾治理的价格反映真实的社会成本，才有可能通过回收费用的相对降低促进生活垃圾减量化活动，从而达到最有效率的垃圾减量水平。有关垃圾减量化的经济激励性机制，如产品征税、计量用户收费、押金返还、回收补贴等，在对垃圾减量的功能、实践效果和减量化实现方面都各有特色。每一种政策对城市生活垃圾减量化的作用机制方式各不相同，结合我国西部地区的社会实际，其具体经济工具类型和运用的路径如下。

1. 设置产品税收

现实中有一些产品的包装物被消费者抛弃处理时，会产生大量的城市生活垃圾，会对环境造成污染，甚至对人类健康产生威胁。因此，只有形成更加合理的价格形成机制，将生态环境尤其是原生态原料作为一种生产要素纳入经济生产过程，才能从根本上推动循环经济减量化的发展。对于这样的产品和原材料所征收的税就是产品税。产品税通过提高污染性材料和产品的成本的方式，激励生产者和消费者用环保型产品和材料替代非环保型产品和材料，以减少城市生活垃圾的产生量。西方国家在对城市生活垃圾处置过程中实施产品税，对生产者、消费者的激励调节作用是比较显著的，值得我国西部地区借鉴。

2. 由固定的城市生活垃圾收费制度转向弹性化的垃圾收费制度

消费者必须为其所产生的城市生活垃圾对环境造成的污染负担一部分成本，以合理的收费方式减少城市生活垃圾量。在现阶段，应将固定收费与按量收费两种方式的优点相结合，设计具有可实施性的浮动定额收费制度，然后逐步过渡到按量收费制度。

3. 产品押金返还制度

一些包装实现押金退款制度，即购买具有潜在污染性产品的人将支付一笔附加款，这笔附加款将在他们把产品或其包装返回到认可的回收或处理中心时退还给他们。这种制度的管理费用也相对较低，一旦缴纳了押金，就不再需要政府的过多参与。在我国西部地区城市生活垃圾处置管理过程中，如果实施这种制度，不失为一种有效的垃圾减量化路径。它可以引导单产品由流动的线性经济向物质反复循环流动的循环经济转变，从而把经济活动对自然环境的影响降低到尽可能小的程度。

4. 经济或物质补贴

补贴是政府给予生产者、消费者的某种形式的财务支持。补贴可以作为一种激励机制鼓励生产者或者消费者进行城市生活垃圾减量化，在许多国家都被广泛地应用。在我国西部地区，现阶段的城市生活垃圾处置过程中，应重点补贴那些应用新技术对城市生活垃圾进行减量化产品设计、简化包装等的企业，以及通过补贴对消费者、居民家庭产生必要的经济激励。

第十二章 西部地区实施农村畜禽养殖业废弃物资源化制度的障碍及对策研究——以广西、贵州为例从古至今，畜禽养殖在人类生存和发展进程中不可或缺，是人类赖以生存的重要手段。当前，在畜禽养殖规模持续扩大的浪潮中，畜禽养殖业成为拉动农村经济发展的主要动力。但着眼于当下，农村畜禽养殖业废弃物却占据了农村污染源的很大比重，西部地区农村尤为显著。据中华环保联合会报道，畜禽养殖业垃圾占据垃圾来源的 30%。因此应重点关注因畜禽养殖废弃物的排放所引发的环保问题。

一、农村畜禽养殖业废弃物及其资源化的相关理论

（一）畜禽养殖业废弃物概述

资源经济学指出，畜禽养殖所产生的废弃物并非单纯的垃圾，而是在畜禽养殖过程中所必然产生的非产品性产出，是特定物质与能量的集合体。畜禽养殖所产生的废弃物，既包含畜禽日常生存所产生的废弃物，又包含服务于畜禽养殖业的过程中所产生的废弃物。依据其形态，畜禽养殖业废弃物可划分为固体废弃物和液体废弃物，前者主要包括畜禽养殖所产生的畜禽粪便、饲料残渣、畜禽毛羽和尸体等；后者主要有畜禽尿液、冲洗污水、畜禽饮用的剩水等。

畜禽养殖业废弃物自身的特性不同于工业和日常生活废弃物，表现在：①特有的资源性、能源性。一方面，大量的磷、氮、钾等微量元素存在于畜禽养殖业废弃物之中，是提高土壤肥力，增加农业产出的清洁肥料；另一方面，在废弃物中存在着大量的甲烷，作为有机物，是不可多得的清洁能源。②污染性。畜禽养殖业废弃物中往往含有重金属元素，如铜、锌、镍等，这些

元素极易对水土造成难以修复的污染；而其产生的诸多污染气体携带着许多微生物细菌，极具传染性，一旦被人吸入体内，将极大威胁身体健康。

（二）畜禽养殖业废弃物资源化相关理论概述

根据《循环经济促进法》规定，"资源化是指将废物直接作为原料进行利用或者对废物进行再生利用"。畜禽养殖业废弃物资源化指的是，通过一定程度的技术加工及相匹配的管理措施，回收并再利用禽畜养殖业废弃物中存在的资源和能源，即畜禽养殖业废弃物利用。规制并调整畜禽养殖业废弃物资源化的相关法律制度是对畜禽养殖所产生的废弃物直接利用或再生利用的规则、原则、法律措施、法律责任等法律规范的总称。对畜禽养殖中所产生的废弃物资源化，有以下两方面的措施：一是通过一定技术手段将其废弃物进行加工从而产生一种新的物质即物质转化，如有机肥、饲料等；二是以微生物降解、化学加工等科学方法，将畜禽养殖产生的废弃物进行能源化加工，即能量转化，通常以发电、沼气为代表。

（三）对畜禽养殖业废弃物资源化的必要性

1. 畜禽养殖业废弃物资源化是西部地区实现经济环境可持续发展的需要

在新形势下，"高耗能、重污染"这种在西部地区存在已久的传统发展方式已然无法适应经济发展的需求，以资源化的方式开发新能源已是大势所趋。"资源—产品—再生资源"的流通体系已然形成了经济与环境紧密结合的体系循环。畜禽养殖业废弃物不应仅仅被定义为"垃圾"，而应作为另一种形式的能源或资源。畜禽养殖业废弃物资源化，是与发展循环经济的理念内在统一的，是适应循环经济对畜禽养殖业发展的需要。

2. 畜禽养殖业废弃物资源化是降低西部地区农村环境污染的需要

在西部地区农村最主要污染源于畜禽养殖所产生废弃物，不加处理无限制地向自然界排放，这势必会对生态环境造成恶劣影响。例如，土壤和水体被废弃物中所含有的铜、镍等多种重金属污染；另外，其所产生的恶臭往往会携带着极易传播扩散的微生物细菌，从而进一步污染空气，影响环境的自我净化能力。由此可见，利用一定的科技手段资源化畜禽养殖过程中所产生废弃物，可以极大地降低畜禽养殖业废弃物对环境的损害，从而改善当地的自然生态和农业发展环境，推动西部地区环境与经济互利共赢、协调发展。

3. 畜禽养殖业废弃物资源化是维护人类安全的内在需求

众所周知，畜禽废弃物发散的恶臭携带着极易传播扩散的微生物细菌。这些细菌极易被人吸入体内，并对身体健康造成威胁。此外，人们如今大量地使用化肥、农药等化学肥料，致使毒素等残留于农产品，严重危害人类健康。畜禽废弃物进行资源化制度的落实可以减少农业投入品的投入，降低废弃物对环境的污染，提高农业产出的质量，更有益于人类的健康和安全。

4. 畜禽养殖业废弃物资源化是应对农产品出口绿色贸易壁垒的要求

目前，西部地区农产品出口的问题，不仅受国际环保热潮之影响，还要面临贸易保护主义的制约。因此在国际贸易往来中往往遭受绿色贸易壁垒之阻拦，继而对作为农业大国的中国的国际地位产生了一定的影响。在此种严峻形势下，要求我们创新农业发展新模式，以此进一步稳定我国在农产品方面在国际上占有的市场地位。作为循环农业的主要模式之一，畜禽养殖业废弃物资源化需要依照循环经济促进法所明确规定的减量化、再利用、资源化原则，有效整合农业生产与消费环节为统一体。这样，一方面既能降低对人类的危害和环境污染，降低农业投入品的使用；
另一方面又能打破名目繁多的贸易壁垒障碍，从而能够在一定程
度上巩固我国在国际市场中的地位。

二、西部地区农村畜禽养殖业废弃物资源化模式及实施农村畜禽养殖业废弃物资源化制度的障碍

（一）西部地区农村畜禽养殖业废弃物资源化模式

随着经济的发展，人民生活水平日益提高，我国西部地区农
村畜禽养殖业逐渐由传统的散户养殖模式发展成为集约化的养殖
模式，形成了具有一定规模的养殖业。集约化养殖模式虽然在一
定程度上提高了养殖效益，但也造成了一些不利影响，如其所排
放出来的废弃物会对环境造成一定的破坏。近年来西部地区就受
到了严重的养殖业废弃物的污染。从另一个角度看待这些废弃
物，即这些废弃物可以转化成为绿色资源供人们利用，同时成为
西部地区发展循环经济的十分可行的途径。在调研广西、贵州畜
禽养殖业废弃物资源化的基础上，本书介绍两地的发展模式和成
功经验。

1. 以农户为主体的循环利用模式

一个农村最基础的单位是农户。随着社会的不断进步，工农
业生产水平的不断提高，农村畜禽养殖业也得到了空前的发展，
但其所带来的环境问题也不容忽视。面对这一问题，应利用所掌
握的技术将废弃物变废为宝，使畜禽养殖业废弃物资源化，以此
缓解西部地区资源缺乏的问题，进而实现传统农业发展的转型。
在调研过程中，我们发现，在广西恭城县和贵州省锦屏县，废弃
物最主要用作土地肥料，或降解为沼气和沼肥后再分别利用，沼
气作为农民生活燃料，沼肥则作为土地肥料。除此之外，"林下
经济"也是一种较为常见的畜禽养殖业废弃物资源化方式，所谓

"林下经济" 是指以林地资源为依托而发展起来的林下养殖业、种植业和森林旅游业等产业。这种资源化方式可以缓解当地农户对燃料的需求，在一定程度上减轻了对环境所造成的影响。本书经调研得知，农户受客观因素的影响，只能进行小规模养殖且数量有限，集约化水平较低，畜禽养殖业废弃物也只是进行模式较为简单的处理。

2. 以企业为主体的循环利用模式

利用企业进行畜禽养殖业废弃物资源化，实际上是对生产过程中产业链的延长。调研广西、贵州时得知，西部地区农村利用生态农业产业园模式综合利用农户养殖和畜禽养殖业所产生废弃物，使其产出最大效能。受地域、气候等因素的影响，广西、贵州两地因地制宜，发展生态旅游农业，同时企业与农户和养殖场合作，将畜禽养殖业废弃物转化为农作物及林地所需的肥料，有效缓解了土壤受污染的问题，增加了农业产出的绿色和安全，繁荣了当地的旅游，推进了西部地区畜禽养殖业废弃物的资源化进程。

(二) 西部地区实施农村畜禽养殖业废弃物资源化制度的障碍

通过对广西、贵州两地的调研考察可知，我国为推动畜禽养殖业废弃物的资源化进程，出台了大量规范性法律文件，如《循环经济促进法》《畜禽规模养殖污染防治条例》等。在法律法规的强力保障下，西部地区的畜禽养殖业废弃物资源化的综合利用逐渐朝着有序、健康方向发展。但目前仍然存在着如下问题。

1. 资源化制度规定得较为 "粗放"

循环经济的原则之一即资源化。由于循环经济在西部地区发展较晚，水平较低，对于废弃物资源化的各项制度措施还要予以规范，需要用法律、政策等手段加以推行。我国已出台了《循环经济促进法》《清洁生产促进法》《畜污防治条例》等规范，对资源化也作了相应规定；广西、贵州也颁布了《关于广西畜禽规模养殖污染防治工作方案》《贵州省生态文明建设条例》《贵州省畜禽养殖规模污染防治条例》等规定，以立法的方式促进畜禽养殖业废弃物资源化发展。然而上述法律法规的规定均过于原则，可操作性不强，有关资源化制度的规定略显不足，专门以法律形式对资源化作系统规定的更是寥寥无几，如此造成资源化在法律上不能得到有力保障，进而影响其发展的局面。

2. 资源化方式过于简单且利用率较低

《循环经济促进法》规定资源化的方式："本法所称资源化，是指将废物直接作为原料进行利用或者对废物进行再生利用。"《畜污防治条例》也对规定畜禽养殖业废弃物作出了相关规定。相关法律法规对畜禽养殖业废弃物资源化方式的规定过于粗糙，如用作肥料直接还田，并没有通过无害化技术进行除臭、灭菌、脱水等，容易导致二次污染。畜禽养殖废弃物蕴含着丰富农业生物质能源，美国、德国等国家已经通过相关农业法案利用畜禽养殖废弃物制造农业生物质；同时，美国在 2009 年生物农业黑炭听证会上论证了利用畜禽养殖业废弃物等农业有机物制造生物农业黑炭减缓全球变暖的问题。课题组在广西调研时发现，已有 159 家企业在利用畜禽养殖业废弃物产出有机肥料，年产出量近 400 万吨，平均每家每年 25000 吨。但纵观整个广西，畜禽养殖业废弃物每年的排放量有 1806 万吨，只有其中的五分之一作为原料，用作还田的量占五分之二，剩下的五分之三的量作为废弃物直接排放到自然界中，畜禽养殖业废弃物资源化的方式过于粗糙，利用也不够充分。畜禽养殖业废弃物与一般的废弃物不同，既是一种特殊的可再生资源，又是一种污染源，众多的有害物质存于其中。一般的资源化处理方式，既不能很好地利用，其有害物质还会再次污染环境，最终危害人类，这在一定程度上违背了废弃物资源化的安全原则。《循环经济促进法》规定，"在废物再利用和资源化过程中，应当保障生产安全，保证产品质量符合国家规定的标准，并防止产生再次污染"。《畜禽规模养殖污染防治条例》也对安全原则从多个方面作了具体规定。粗糙的资源化处理形式，有违循环经济发展的安全原则，还降低了畜禽养殖业废弃物的利用效率。当下西部地区对畜禽养殖业废弃物的利用率为30%，而有些国家则高达70%，如英国早在2014年就最早制造出以畜禽养殖业废弃物作为动力的环保公交车。

3. 资源化行为规范机制存在缺陷

资源化行为规范机制主要有两种形式：命令—控制性机制和经济激励性机制。前者主要是通过规定责任主体义务、法律责任的方式促使畜禽养殖业废弃物资源化行为得以规范化，使之符合安全原则的要求；后者是通过宏观调控手段减少资源化的成本支出，激励农户和企业的畜禽养殖废弃物资源化的活动。贵州省相关部门指出，政府每年都编制预算，由于经费有限，限制了畜禽养殖业废弃物资源化的发展。以上两种机制仍有不足：一是现行的法律法规多是命令—控制性机制，政策性激励机制则规定得较少；二是有利于资源化的经济激励机制还没有体系化，法律规范的可操作性也不强。

4. 对资源化的监管力度不够

畜禽养殖业废弃物资源化监管，是监管部门对畜禽养殖业废弃物资源化过程中有无违背安全原则、有无对环境再次造成污染等情形进行监管的一种行为。对广西、贵州考察后发现，畜禽养殖业废弃物资源化的监管主要由农业部门、环境保护部门等机构负责。在监管时，其享有的监督权往往委托执法机构行使，或联合进行监督，还没有一个专门机构专司监督职责，监督管理不分，易使监督权滥用，监管作用效果甚微。同时，监督方式落后，鉴于畜禽养殖业废弃物资源化的特殊性，主要进行事后监管。以上问题制约着畜禽养殖业废弃物资源化进程，西部地区环境问题得不到根本改善。

三、西部地区实施农村畜禽养殖业废弃物资源化制度的障碍的原因分析

(一) 对资源化的认知度不高

废弃物的产生主要源于人们对资源化的理解不到位，无法认识到经济发展和生态循环的统一关系，不能充分发挥各种资源的作用。主要体现在以下几个方面。

一是循环经济起步较晚，特别在我国西部地区起步更晚，除此之外，循环经济在城市和农村的受关注度也不同，城市的循环经济往往更受到重视。2014 年《畜禽规模养殖污染防治条例》出台，这是唯一一部关于畜禽养殖业废弃物资源化的行政法规。但与此不同的是，我国关于工业、建筑废弃物的资源化的法律法规已颁布不少。由此可知，我国循环经济资源化不仅在世界范围内属于发展较晚的，而且在我国西部农村的循环经济也处于起步阶段，比起工业、建筑废弃物，畜禽养殖业的废弃物往往产生在非城市地区，很难较早地引发关注。二是在我国的经济发展过程中，社会对畜禽养殖废弃物资源化的关注度极低，对其认识不全面，甚至连其具体危害、形态及流向都不重视。人们对畜禽养殖业的废弃物只是进行简单的处理，如堆弃在一边，或者直接还田，虽然这种模式长久以来就存在，但并没有进行法律调整。

(二) 政府缺乏供给动力

由于对畜禽养殖业废弃物资源化的认知度不高，政府财政供给科学性较低。政府应当统一把握社会中的各类风险，以确定对环境风险的财政支持力度，从而更好地分配社会资源。畜禽养殖业废弃物资源化是有利于社会公共利益的，能给公共社会带来效益，但相关技术的研发以及基础设施的建设均具有社会公共属

性。由于现实中基础设施不完善，导致西部地区农村的畜禽养殖业废弃物资源化并不科学高效，并且方法太原始且单一。之所以出现这种情况，原因在于政府在面对非常多的社会风险之时，会对资源投入对象进行某种排序，而影响排序的因素除了风险因素之外，最重要的就是要评价此资源投入对象是否会给社会带来效益以及其效益大小。农村畜禽养殖业废弃物若与城市的废弃物如工业、建筑业废弃物等相比，其资源化的过程缓慢，很难在短时间内见到明显效果，故在政府的利益评价中排名必然被置后，使政府对其投入动力不足。我国西部农村地区畜禽养殖业废弃物资源化是非常需要政府提供相关支持的，无论是政策还是财政，特别是较大的前期投入，不能只依靠农户和企业。但在现实中，西部地区对畜禽养殖业废弃物资源化其循环利用效率低下，方式原始单一，在拨付的财政经费上也十分有限，因此也导致了畜禽养殖业废弃物资源化的投入研发经费不足。

（三）相关立法存在利益冲突

畜禽养殖业废弃物资源化还需要立法的引导和支持，但是现阶段相关的立法无论是从点、面还是综合层次上都不完善，究其原因还是利益冲突的制约。"部分资源综合利用规章、政策或文件的出台，往往只考虑到了出台者的部门利益，难以较全面地兼顾社会整体利益"，即存在部门利益冲突。[①] 同时，也有利益集团之间的博弈。对畜禽养殖业废弃物资源化进行立法需要处理好各部门、各利益集团的关系，其涉及的法律制度也与我国经济的运行体制紧密相关。在立法过程中，根据基本原则，政府相应主管部门不仅拥有监管职责，还获得法律授权拥有监管职权。然而，在实际中，一些政府相关部门对职权与职责的认识不全面，且相关法条非

---

① 孙佑海，张天柱. 循环经济立法框架研究［M］. 北京：中国法制出版社，2008.

常模糊，有的根本没有规定职责。在畜禽养殖业废弃物资源化的过程中，肯定会对某些经济主体造成不利影响，如生产化肥、农药的企业。与此同时，与能源、基础设施建设有关的企业则会得到好处。在这种情况下，如果双方不能够协调一致，则会影响畜禽养殖业废弃物资源化立法的质量，甚至是法律实践的效果。

四、改进西部地区农村实施畜禽养殖业废弃物资源化制度的对策

（一）增强社会公众意识

增强社会公众意识不仅要注重广度，还要注重深度。使西部地区的社会公众特别是农户意识到畜禽养殖业废弃物资源化优势与作用，促进生态与经济的可持续发展。这种认识，不应仅仅停留在表面，应当深入社会公众的内心，为创建畜禽养殖业废物资源化制度奠定良好的社会基础、群众基础，进而提高社会公众对该制度的认同。所以，实现社会公众对禽畜养殖业废弃物资源化的社会认同感，可以从政府、企业、农民等社会主体进行。①

1. 增强政府的意识，使得政府在制度建设方面发挥主导作用

畜禽养殖业废弃物资源化具有社会公共属性，而政府恰恰在公共领域发挥主导作用。较之于行政级别更高的政府部门，农村地区的乡、镇级政府与农村畜禽养殖的联系更普遍、更直接，这一点在西部地区尤为明显。因此西部地区的乡、镇级政府部门能更直接、更迅速地在发展农村经济与治理生态环境问题的博弈中实现动态平衡。一方面，提高政府，尤其是基层政府对畜禽养殖业废弃物资源化诸多优势的认识，落实循环经济促进法关于畜禽养殖业废弃物处

---

① 谭志雄，任颖，韩经纬，陈思盈. 中国固体废物管理政策变迁逻辑与完善路径 ［J］. 中国人口·资源与环境，2021（2）.

理资源化的原则；另一方面，基于当地的具体情况，着力开发新型畜禽养殖业废弃物资源化模式，将政府的有效管理、企业与农民的积极参与相结合，使得各方面的效益得到最大发挥。

2. 增强西部农村地区畜禽养殖企业的资源化意识

传统的畜禽养殖业的发展与其废弃物的治理模式已跟不上政府提出的绿色发展的目标。实现西部地区农村畜禽养殖业废弃物资源化，不仅是法律需求，亦是道德需求。在养殖业成规模、高速发展及种养分离模式会使土地无法在短时间内容纳过量的畜禽养殖所产生的废弃物，破坏生态环境。因此，必须进行制度设计，确立相应的法律调整西部地区农村畜禽养殖业废弃物资源化问题。以法律方式为主体，辅以道德手段，用社会舆论监督、行业自律等多样化的方式保护环境，不断深化社会公众畜禽养殖业废弃物资源化的认识，促使其以自身行动加速畜禽养殖业资源化的进程。

3. 提高西部地区农民的环境保护与维权的意识

西部地区农村畜禽养殖业存在严重的随意排放废弃物的问题，农村畜禽养殖企业逃避环境责任现象普遍，这与农民的环保意识淡薄、维权意识薄弱息息相关。西部农村畜禽养殖企业的环境保护意识基本淡薄，再加上缺乏以农民为主体的群众的监督，促进养殖业废弃物资源化积极性不足。采取号召农民等社会公众进行环保、监督的宣传教育，是加强公众对畜禽养殖企业监督的重要方式，从而敦促畜禽养殖企业将废弃物资源化、再循环利用。

要深化群众关于畜禽养殖业废弃物资源化的认知，通过各种宣传渠道，普及环保知识，积极宣传畜禽养殖业废弃物对环境难以修复的破坏性和其资源性特征。另外，还要普及实施方式，通过全方位、深层次的教育，使畜禽养殖业废弃物资源化利用的知识及价值理念能够被相关企业、社会公众和农民所熟知和理解。通过全方位、深层次的教育，经济与环境的协调发展得以实现。要借助媒体监督的功能，积极宣传畜禽废弃物资源化的优势，评估其发展水平，对该领域发展做出突出成就的企业或农户进行奖励并积极宣传，发挥其社会影响力，促进互动式发展。

（二）完善畜禽养殖业废弃物资源化法律体系

实现畜禽养殖业废弃物资源化的目标，应以法律为主要手段，完善相关法律法规，使全国范围内的法律法规、规章与地方性法规、规章形成完善的法律体系。完善畜禽养殖业废弃物资源化法律体系，实现畜禽养殖业资源化目标，可以从两个方面进行，即完善全国的法律规范与西部地区地方性法规。

1. 完善国家层面的立法

（1）在宪法中明确循环经济的发展原则。

资源化是经济发展的目标，也是循环经济发展的重要原则。将资源化提高到宪法的高度，可以发挥宪法作为根本法的统领作用，循环经济发展的各项立法均应在宪法的框架下进行。日本将发展循环经济作为宪法的一项基本制度，其经济的发展均要符合循环经济的各项制度和原则，此举对日本循环经济的发展起到了基础性作用。

（2）制定畜禽养殖业废弃物资源化条例。

根据畜禽养殖业废弃物资源化"资源—废弃物—资源"的发展路线，制定畜禽养殖业废弃物资源化条例时要重视畜禽养殖业废弃物资源化对我国循环经济发展的重要作用，明确监管部门的权责，厘清企业、农户等主体的权利和责任，专门立法为畜禽养殖业废弃物资源化的发展保驾护航。

（3）修改综合性法律中较为原则性的规范。

我国专门规范在畜禽养殖业废弃物资源化的规定只有《畜禽规模养殖污染防治条例》，但该规定过于粗糙，没有具体的执行办法，如对补偿款的相关规定过于模糊，可操作性不强，等等。因此，需要对该规定中较为原则性的规定予以修改、细化，着眼于具体制度的落实，并且合理调配各利益主体的关系，明确监管主体、企业、农民的权利和责任，促进畜禽养殖业废弃物资源化的规范化运作。

2. 完善西部地区相关地方性立法

（1）西部地区要制定系统性的畜禽养殖业废弃物资源化的地方性法。

到目前为止，我国尚无关于农村畜禽养殖业废弃物资源化的综合性法律，仅是较为原则地在《农业法》《循环经济促进法》《畜禽规模养殖污染防治条例》中作出一些规定。目前城市工业垃圾的处理是资源化的核心和关键，由于各地的实际情况不一，在全国层面立法的基础上要制定各地的综合性规定，通过对贵州、广西的实地调查，本书认为在地方立法的过程中要考虑以下因素：一是鉴于畜禽废弃物易造成二次污染的性质，要在地方立法中明确废弃物的处理程序问题；二是在地方立法中要明确资源化的模式和激励机制的相关规定；三是在法规中明确生态补偿制度，建立补偿资金支持制度，促进相关技术设备的开发利用。

（2）出台防治农药和化肥污染的地方性规定。

通过对贵州、广西等地的实地调研发现，农村重要污染源是化肥和农药，而通过畜禽养殖业废弃物再利用的推进，可以减轻这一污染的危害。与此同时，出台地方性规定预防、治理农药和化肥污染，是畜禽养殖业废弃物资源化的关键举措。同时还要加大有机肥的使用力度，促进有机肥料的产业化发展。例如，《天津市肥料管理条例》中关于有机肥料推广和产业化发展的规定，为西部地区各地方出台关于农药和化肥污染防治的地方性法规提供了很好的立法经验。

（三）加大西部地区政府的投入力度

畜禽养殖业废弃物资源化是农业发展方式的重大转变，对于西部地区绿色农业的发展意义重大。由国家（政府）承担环境保护责任，才能提供一个良好的生产和生活环境。政府是畜禽养殖业废弃

物资源化必不可少的主体，需要发挥其引导作用，对资源化的发展
给予必要的政策支持；畜禽养殖业废弃物资源化需要投入先进的生
产工艺和专业人员，而政府目前的人才、资金、技术的投入显然不
足，后期要注重资源化人才的培养，普及资源化的相关知识，做好
技术的研发和推广，具体可以分为三个层面。

第一，由于西部地区经济发展水平较低，发展速度也有待提
高。为了保障畜禽养殖业废弃物资源化能有足够的资金支持，需要
改进我国的财政体制，使之服务于循环经济发展的需要。国家要在
明确对循环经济采取直接补贴的前提下，设立西部农村畜禽养殖业
废弃物资源化基金，做到专款专用，建立长期、稳定的补贴机制；
同时，设立对西部地区中小企业的专项资金补贴，以扶持循环经济
的发展需求。地方政府在加强对畜禽养殖业废弃物资源化投入比重
的同时，也要充分拓宽补贴资金的来源渠道，可以发行畜禽养殖业
废弃物资源化的福利彩票，吸收社会的闲散资金，用于对西部农村
畜禽养殖业废弃物资源化的发展，实现西部农村畜禽养殖业废弃物
资源化的基础资金保障。

第二，补贴有机农产品。畜禽养殖业废弃物资源化充分利用现
代生产工艺将废弃物转化为农业发展的有机肥料，有利于绿色农业
的发展。另外，广西比邻东南亚，可有效对接东南亚国际市场，打
破贸易壁垒的束缚，财政、税收的优惠是很好的支持方式。

第三，利用政策手段，调节社会资本流向畜禽养殖业用于对
其废弃物进行资源化。根据宏观调控原理，财政、税收、金融等
调控手段是调节经济健康发展的重要手段，对畜禽养殖业废弃物
资源化的调节，需综合运用以上手段引导资金流向，实现规模
化、专门化经营。

(四) 完善西部地区农村畜禽养殖业废弃物资源化的激励措施

1. 建立价格激励机制

价格激励机制是与畜禽养殖业废弃物资源化的监管措施相辅

相成的，价格激励在两个层面有所体现：一是对企业或个体通过资源化方式的产出经查验合格即可享受优惠的价格政策；二是以资源化的方式所取得的产出品投入到农业生产中，并且所得农业产出品经查验合格者，可以附上相应的质量标识，市场价格可高于传统农产品，以鼓励资源化企业的发展。如果资源化的生产企业和经过产品认证的企业有违安全规定，则要对其进行惩罚。

2. 建立生态补偿机制

生态补偿属于激励措施的一种，在畜禽养殖业废弃物资源化中建立生态补偿制度，可以起到很大的推动作用。生态补偿制度的建立需要考虑下面内容：①既不能局限于畜禽养殖业废物资源化本身，还要完善相关配套政策，如财税、金融、信贷等政策，采用这些手段给予企业、农户优惠，进而使西部地区农村畜禽养殖业废弃物资源化进一步发展。②联系项目。生态补偿制度在西部地区的确立是一项重大进步。与此同时要创新生产技术和设备，设立有利于畜禽养殖业废弃物资源化的相关项目，以项目带动资源化进程。③完善生态补偿的相关规定。生态补偿的规定要切实可行，便于操作，符合立法意图。经过实地调研我们发现，一是生态补偿的资金来源应当清晰。西部地区农村的生态补偿资金由财政资金、生态费用、社会团体的捐助、生态破坏罚金等构成，是生态补偿制度得以实现的基础；二是生态补偿的补偿范围和标准应当清晰，建立动态监管模式，保证各项资金用于补偿畜禽养殖业废弃物资源化过程中的各种合法利益所受损失，确保生态补偿资金的规范操作。④建立生态公益区。增强公众的资源化意识，加大对本区内的畜禽养殖业废弃物资源化的补偿力度，逐渐形成生态公益区，促进畜禽废弃物的循环、充分地利用。

第十三章　西部地区实施服务业一次性消费品减量化制度的障碍及对策研究

服务业一次性消费品具有便捷性、低廉性、挥霍性等特征，在高节奏、高竞争、高效率的现代社会，一次性消费的出现恰恰符合了人民群众的现实需求。此外，相关企业在生产服务业一次性消费品时忽略对环境破坏和污染的成本，就会导致生产成本明显变少，也造成了服务业一次性消费品发展趋势颇盛。在一次性消费批量化，加大资源的耗能和浪费的同时，对生态也造成了不可修复的创伤，对广大人民群众的健康产生了急迫威胁与更大范围的严重伤害，这样的消费环境，与公平原则严重相悖。

一、服务业一次性消费品减量化的概述

（一）服务业一次性消费品减量化的概念

服务业即指生产和销售服务产品的生产部门和企业的集合。消费品是用来满足人们物质和文化生活需要的那部分社会产品。一次性消费这种一经使用就丢弃的消费方式，无疑产生了严重的浪费，资源应有的价值属性没有得到应有的发挥，这是人类消费欲望的严重膨胀，还与传统的勤俭节约的美德相违背。一次性消费，只是一味地通过消耗有限的物产资源来满足短暂的物质欲望，不但不顾及后代子孙的利益，而且还破坏了子孙后代赖以生存的环境和资源，这无疑与持续发展原则背道而驰。本书所指服务业一次性消费品主要包括以酒店为代表的服务业所提供的一次性消费品、塑料袋、一次性塑料餐盒、一次性木筷、一次性纸杯等。

减量化是有效的进行垃圾处理的原则，可以从根本上减少垃圾的危害，是对固体废物进行管理的基本原则。基于对固体废物体积、重量、占地面积等情况的考虑,将固体废物进行压缩、减轻重量、降解等方式的处理,使其缩至十分之一以下,便于储运,该做法对减少垃圾的产生量极为有利,可以从源头削减了废弃物。

(二) 服务业一次性消费品的危害

1. 服务业一次性消费品造成资源的严重浪费

我国自然资源结构不协调,而服务业一次性消费品在严重损害矿产资源和森林资源的同时还给环境造成了严重的破坏。服务业一次性消费品由于其自身特征的局限往往仅能使用一次,无法重复利用,所以它对资源的浪费是极其严重的。在完成其使命后,它们就会被丢弃并退出产品流通环节,采用难以降解的填埋对它们进行处理。

还有使用一次性塑料袋、餐盒、卫生筷、纸杯都是对资源环境破坏和掠夺。这不仅是对自然的破坏,也给我国带来了严重的环境问题。因此,限制或者禁止服务业一次性消费品势在必行。

2. 服务业一次性消费品造成了环境的污染与破坏

人们在享受服务业一次性消费品所带来的方便的同时,整个城市甚至连地球都在承受着因人类过度向自然索取而造成的环境污染的危害。近几年,新闻媒体常常报道游客在自然保护区、旅游度假区、动物园等地都留下了各种垃圾,无论在形象上还是垃圾处理上都给人类自己带来了负面影响。在街头、田野或者郊区我们也可以看到诸多白色污染。特别是塑料制品的降解耗时十分长久,把它们掩埋在土地里,不仅会给地下水造成污染,还会导致细菌滋生、土壤板结等诸多问题。而用焚烧的方式处理服务业一次性消费品,会生成二噁英等有害物质,进入土壤危害植物并被动物误食而带来致命危险,又会给大气造成二次污染,破坏大气臭氧层。

3. 服务业一次性消费品带来了健康卫生等问题

服务业一次性消费品在生产、运输、销售等过程中看似经过消毒，但是其中能造成二次污染的机会是非常多的。例如，经常使用的一次性卫生筷，在生产中要经过浸泡、化学加工等程序，很容易在筷子上残留二氧化硫等化学添加物，由于某些生产商为了牟取暴利，使用低成本高污染非食用型添加剂对服务业一次性消费品进行制作，这些经过硫磺熏制的卫生筷会侵害人的呼吸黏膜，给呼吸、消化功能造成影响，进而深层或浅层影响人类身体健康。又如，常用的一次性餐盒，主要成分是聚苯乙烯树脂，这种物质在高温食物作用下会产生对人体健康不利的物质，它们会随着食物进入消化系统，从而进入人的身体之中，长此以往，可能会对人类身体及其后代造成深层的、不可逆转的伤害，如导致人类患乳腺癌为代表的各类疾病。简而言之，服务业一次性消费品给人们带来了健康卫生问题。对于国家发改委将一次性发泡塑料餐具从《产业结构调整指导目录》删除，曾一度造成了很大的争议。再如，一次性劣质鞋垫、尿布等产品，都会因为长期使用而给人类身体健康造成各种危害。服务业一次性消费品生产标准不统一、市场监管不到位、生产商降低成本使用劣质原料等因素，都是造成其污染环境的重要原因，故而很有必要对其进行规制。

(三) 服务业一次性消费品减量化的意义

从某种意义上来说，循环经济是人类对地球自然生态的一种"善意"，其经济形态本质上是"资源—产品—再生资源"发展模式，要使自然资源在经济活动中得到充分利用，最好不要将自然资源一次用尽，而要尽可能物尽其用、循环使用。除此之外，降低经济活动对环境的负面影响亦十分重要。一方面要高效运用资源，做到将有限的自然资源效益最大化；另一方面则要降低污染物排放量，开发清洁能源及清洁生产技术。从生态环境保护的规律上来看，循环经济是符合要求的，其"低开采、低排放、高利用"模式是正确的，只有这样才能够从源头控制污染物并进行全过程治理。

二、西部地区服务业一次性消费品的使用现状和立法现状

（一）服务业一次性消费品的使用现状

西部地区服务业一次性消费品的使用现状与全国各地情况大同小异。

1. 酒店业的一次性消费品

20 世纪 70 年代后期，服务业一次性消费品越来越成为人们生活中的时尚用品。例如，旅店或酒店等住宿业通常会提供牙刷、梳子、纸杯、无纺布拖鞋等一次性用品，特别是 1996 年出台的《旅游涉外饭店星际的划分及评定》中明确要求星级酒店或者饭店必须提供洗浴用品。

进入 21 世纪以来，随着人民文化素质的提高，环保意识也越发被重视。人们发现在酒店中使用的一次性消费品并不能一次性用尽，往往是丢弃浪费掉的。在被丢弃的一次性消费品中，大部分的产品都是塑料制品，这就给废弃物的处理带来了很大的问题。首先，依靠填埋的方式处理酒店业一次性消费品废弃物对环境造成了长久的危害，从而又形成了另一个污染源。其次，由于国内在制作服务业一次性消费品的工艺上并不十分先进，在生产过程中又会造成资源严重浪费，生产出来的一次性消费品往往质量不过关，这也给消费者带来了巨大的隐患。因此，我国某些省份，如北京、山东、湖南、广东等出台了一系列规定来严格控制服务业一次性消费品的使用，但我国西部地区并未颁布相关地方性法规。北京市、山东省、广东省和长沙市关于限制酒店业服务

业一次性消费品使用的规定及通知是我国建设资源节约型、环境友好型社会的重要体现，有利于提高大众的环境保护意识，为西部地区制定相关地方性法规提供了依据。

2. 塑料制品的相关情况

随着石油化工业技术日益成熟，20世纪50年代开始塑料制品大范围地普及开来，我国包括西部地区大部分的服务业一次性消费品都是塑料制品，所以在国家法层面对塑料制品的规定比较全面。

（1）关于塑料袋的法律规定。

塑料袋的使用在全球各国都是普遍的，因其特有的低成本、体积小、重量轻等特点给人们日常生活带来便利，但同时它带来的环境污染和破坏问题也是每个国家都存在的。人类也逐渐意识到塑料袋所带来的白色污染问题的严重性，所以世界各国都在寻求行之有效的解决方法。面对白色污染带来的问题，我国在2007年12月发文《关于限制生产销售使用塑料购物袋的通知》，该通知明确规定从2008年6月1日开始，所有大型超市及集贸市场等商品零售场所，不能无偿发放塑料袋。这项措施的出台无疑是我国建立环境友好型、资源节约型社会，推动社会节能减排，促进我国循环经济发展和生态文明建设的重大举措。

（2）关于一次性塑料餐盒的法律规定。

1986年起我国铁路线列车开始使用一次性发泡塑料餐具，但由于列车设备有限，这些一次性发泡塑料餐具最终沦为垃圾散落在铁路沿线各处，严重影响环境质量。人们马上意识到了这个问题，所以1991年铁道部开始研究铁路沿线白色污染的治理问题。之后，1995年5月，列车开始用易回收的、可降解的材料代替一次性发泡塑料餐具。此后，1999年1月，国家经贸委出台《关于淘汰落后生产能力、工艺和产品的目录（第一批）》，该目录中明确表示将在2000年年底前淘汰消费市场中所有的一次性发泡塑料餐具。但是让公众质疑的是，为什么将一次性发泡塑料餐具从《产业结构调整指导目录》中删除，又重返了消费市场。国家官方的解答是，随着近几年的研究，可以获知白色污染的大量出现并非单纯因为人们大量使用了一次性发泡塑料餐具，而是因为人们对它的随意丢弃和肆意浪费。可以看出，要彻底解决白色污染这一问题，需要从两处入手。一是加强回收管理，二是减少浪费，做到循环利用。与此同时，我们必须明白一次性发泡塑料餐具并非一无是处，其特质是性价比高，性能良好，从市场的角度看，这样的产品不可或缺。

从韩国、美国及德国对一次性发泡塑料餐具的回收利用实践中，总结了三类规制方式。第一个是生产、销售者负责回收的制度，该制度要求生产销售商承担起回收和再利用废弃餐具的职责，以减轻白色污染的危害源头。第二个是回收比率标准化制度，该制度要求政府对一次性塑料发泡餐具的回收进行立法，对不同行业不同类型的塑料制品设立不同的回收比率。第三个是设立赋税制度，以强制征税的手段限制相关企业生产和消费市场的利用。另外还规定这些生产者必须对其生产的一次性用品进行回收处理。

（二）西部地区服务业一次性消费品的立法现状

我国对服务业一次性消费品的相关立法没有专门的规定，仅有一些零散的法律文件，如针对塑料袋、一次性发泡塑料餐盒等法律法规。西部地区相关地方立法较少。《甘肃省循环经济促进条例》由甘肃省第十一届人民代表大会常务委员会第二十六次会议于 2012 年 3 月 28 日通过，于 2022 年 6 月 1 日修订。该条例是我国较早公布实施的专门落实《中华人民共和国循环经济促进法》的地方性法规，其 2022 年的修订案中也总结了甘肃省发展循环经济过程中的新经验，同时也规范了一些新的问题，如禁止销售厚度小于 0.025 毫米的超薄塑料购物袋、厚度小于 0.01 毫米的聚乙烯农用地膜以及一次性发泡塑料餐具、一次性塑料棉签。

1. 专门禁止或限制某一领域一次性消费品的规定

到目前为止，仅有针对一次性木筷、塑料袋、一次性发泡塑料餐盒的相关禁限立法规定，尚无规制一次性消费品的综合性法律。

（1）禁限一次性发泡塑料餐具的法律文件。

1999年1月，《淘汰落后生产能力、工艺和产品的目录》由国家经贸委发布，该目录要求在2000年底前淘汰一次性发泡塑料餐具的使用。其后又在2001年4月，经贸委又出台《关于立即停止生产一次性发泡塑料餐具的紧急通知》，该通知规定所有制造企业必须立即停止生产一次性发泡塑料餐具，并用替换品代替此类餐具。紧接着在2001年5月，国家经贸委下发《关于餐饮企业停止使用一次性发泡塑料餐具的通知》，该通知要求各餐饮企业务必贯彻国家相关规定和政策，全面禁止一次性发泡塑料餐具使用。12月，国家经贸委、环保总局、质量监督检验检疫总局、工商总局等部门联合下发《关于加强对淘汰一次性发泡塑料餐具执法监督工作的通知》，该通知规定对各地淘汰一次性发泡塑料餐盒执行情况进行监督把关。此外，加强引导、合作、联合行动，最终将一次性发泡塑料餐具清出消费市场。但在实际操作中，禁限一次性用品的效果并不十分理想，因此，国家发改委修订《产业结构调整指导目录》时，从淘汰类产品目录中删除了一次性发泡塑料餐具。

（2）禁限塑料袋的法律文件。

早在1998年9月，国家环保总局、铁道部等部门联合出台《关于加强重点交通干线、流域及旅游景区塑料包装废物管理的若干意见》，其目的是希望解决当时国内重点交通干线、流域及旅游景区中的白色污染问题，从而进一步改善这些地区的自然环境。此意见明确规定了一次性发泡塑料餐具以及其他无法降解的各种一次性用品的禁止使用的地域范围，包括列车或站点，以及各大水体的船只里，甚至包括了河流沿岸等其他地方。2007年12

月，国务院办公厅发布《关于限制生产销售使用塑料购物袋的通知》，这一通知作出了以下几项规定：一是关于超薄塑料购物袋的禁止使用。二是要求消费者有偿使用大型购物场所的塑料购物袋。三是提出了要提高废塑料的回收利用水平。2008 年 5 月，国家发展改革委、商务部、国家工商总局下发了《商品零售场所塑料购物袋有偿使用管理办法》，该办法要求商场要做到明码标价有偿出售塑料袋，由消费者购买使用；同时还鼓励商场使用某种代替品，以此替代塑料袋，且替代物应该符合相关质量标准和环保要求。2008 年 6 月，国家质监检验检疫总局发布《关于进一步加大对塑料购物袋生产企业监督检查和违法查处力度的通知》，该通知以建立塑料购物袋质量监督机制为目的，明确要求强化对塑料购物袋生产企业的监督检查。

2011 年 7 月，国家发改委、环保部等部门联合下发《关于集中开展限制生产销售使用塑料购物袋专项行动的通知》，这一通知明确要求各部门在已有的"限塑"成果上进一步强化工作，不仅要解决现存的一些问题、难点，更要在社会上营造"限塑"的良好氛围。2023 年，商务部、国家发展改革委印发《商务领域经营者使用、报告一次性塑料制品管理办法》，要求商务领域经营者中的商品零售场所开办单位、电子商务平台（含外卖平台）企业，外卖企业应当根据本办法向商务主管部门报告一次性塑料制品使用、回收情况。

（3）禁限一次性木筷的法律文件。《中华人民共和国消费税暂行条例》于 2008 年 11 月 5 日通过，该条例附件中指出，要对木制一次性筷子征收 5% 的消费税。国家质量监督检验检疫总局、环保部等部门在 2010 年 6 月 17 日下发《关于在餐饮与饭店业开展减少使用一次性筷子工作的通知》，在总结成绩的基础上提出引导一次性筷子生产企业加大对消费者的宣传教育，为减少一次性筷子的使用奠定群众基础。

2. 服务业一次性消费品在循环经济立法中的规定

《循环经济促进法》的出台，使得循环经济的进一步发展有了制度支撑，具有重大意义。它明确循环经济的定义，对一次性消费品的减少及禁止使用发挥了规范作用。这主要体现在：①《循环经济促进法》第一条明确规定，制定本法的目的是促进循环经济发展，提高资源利用效率，保护和改善环境，实现可持续发展。该条从法律层面明确了对待一次性产品的态度，其立法精神贯穿整部法律，该条款看似与"服务业一次性消费品"无关，但无可置疑的是，它促进了"服务业一次性消费品"走上循环经济的发展模式。《循环经济促进法》中表明服务业一次性消费品的生产者及使用者应当行动起来，做出努力，以可持续发展为目标，将服务业一次性消费品做到绿色、环保、可循环，以期实现对环境更好的保护。②随着生活水平的提高，一次性消费品越来越被大量使用。对此，《循环经济促进法》也表达了限制的态度。主要体现在限制对其的生产和销售。当然，这种限制应当符合相关卫生和安全标准。③《循环经济促进法》第十九条第一款规定，各制造业生产之时应以符合国家标准为原则，同时注重使用无毒无害或低毒低害的材料，以及易回收、易拆解、易降解的设计。该条规定对市场上那些过度包装的商品的生产厂家起到了引导、监督的作用。同时，该法第十九条第三款指出产品的包装要符合相关标准，避免引发环境污染问题。

从以上几个角度看，我国对于服务业一次性消费品的禁止或者限制的立法是分散的、不系统的，总体来说就是没有一部专门性的、全面性的法律文件。此外，现有的禁止或限制性的条款适用范围过于狭隘，不能从根源上改变服务业一次性消费品所带来的危害。还有值得注意的是，现有法律的位阶、立法层次都不算高，常见于国务院各部委下发的调整自己部门范围内的规范性文件，且西部地区也缺乏相关地方性立法。可以通过提高制定服务业一次性消费品的法律的位阶，制定西部地区相关地方性立法，以真正做到有法可依。

三、西部地区实施服务业一次性消费品减量化制度的障碍

（一）对一次性消费品缺少统一规划制度

在推动一次性消费的绿色转向的过程中，政府是规则制定者和保障者，在西部地区四十多年的环境保护立法和实践的经验中，规划先行已经成为西部地区环境保护中使用公权力的依据。环境规划制度不但指明了某一时间段或某一空间范围内对于特定环境事项基本情况的判定，而且表明了公众、国家及党对该特定事项的价值判断、调整目的及评价标准。对于一次性消费品，建立规划制度主要包括两个方面：其一是对于一次性消费品的减量化控制，即对一次性消费品的种类、数量、同类消费品中占比、回收和再利用情况进行西部地区性的整体规划；其二是对于绿色消费的增长规划，即绿色消费的种类、数量、占比、社会效益等方面的整体规划。但要特别说明的是，对绿色消费的整体规划应减少强制性，增加其弹性，以防止行政手段过度干预市场竞争。西部地区政府可以扶持和鼓励绿色产品参与市场经济，引导公民进行绿色消费，但行政手段不应取代企业的市场竞争行为。

在现行调整一次性消费品的法律法规中，并没有对其建立独立的规划制度，其主要原因包括以下几点。

1. 一次性消费品品种繁多

例如，一次性筷子和一次性塑料饭盒的种类繁多。各种一次性消费品的生产者、使用者、使用周期、回收利用率等存在巨大差异，因此建立一次性消费品的整体规划制度需要大量的基础性调研工作才能进行分类、寻找共性。

2. 一次性消费品的一次性具有不确定性

一次性消费品的一次性涉及使用周期和回收利用的问题，如上文所述，一次性塑料餐盒重返消费市场说明随着科技进步，产业或企业的回收利用能力提高，一些一次性消费品也有可能成为循环经济中的原材料。而一些被认为可以重复利用的产品由于保养成本的问题也有可能成为一次性产品，如手机和一些小家电由于维修成本的问题沦为一次性消费品。

3. 一次性消费品的减量或者淘汰涉及市场竞争

现行环境保护规划制度最典型的是污染物总体规划制度，但一次性消费品减量化和污染物总体控制的方式存在比较大的差别，污染物总体控制的主要方式是生产端的技术改良、进步及淘汰，但一次性消费品减量化则侧重于消费端的绿色消费习惯培养和一次性消费品的回收再利用，其面临更为深刻的市场竞争状况。因此对于限制一次性消费品而作出的规划需要正确处理该制度和社会主义市场经济体制的关系，既能通过有形的行政手段使得绿色消费品在竞争中获得优势，又能促进无形的市场调节功能去限制一次性消费品进入市场。

建立限制一次性消费品消费的规划制度是对西部地区过去 40 年环境立法和实践经验的尊重，可以科学客观体现特定时间特定范围内限制一次性消费品的目的，是西部地区政府宏观调控作用在限制一次性消费品消费领域的体现。

（二）现行法律法规中的激励性制度无法满足西部地区企业市场竞争需要

促进服务业一次性消费品向绿色消费转型主要是通过市场调节机制实现资源向绿色产品的优化配置，但现实中绿色产品的推广最主要的问题在于其成本远远高于一次性产品，这是由绿色产品的技术含量、工艺要求、回收利用体系所决定的。因此需要西部地区制定一系列鼓励性政策去满足绿色产品的市场竞争需要。虽然我国制定一系列法律法规从财政、税收、融资方面给予绿色产品生产者有力的鼓励政策，但是现行的绿色产品激励性政策中存在以下问题。

1. 激励性政策没有覆盖到消费端

我国对于绿色消费的激励性政策是西部地区实施《循环经济促进法的》依据之一，正经历着从生产者为主向产品流通全过程覆盖的改变，最主要的是对消费者绿色消费的鼓励性政策，如对新能源汽车采取特殊牌照、免除年审费用、专用停车位和不限号上路等直接针对产品使用的新政策，这是传统产品不可能具备的竞争优势。随着西部地区经济增长，人民群众对于产品使用感受的需求正逐渐超过价格因素，但是现行法律法规并没有规定针对替代服务业一次性消费品的绿色产品在消费端给予消费者的鼓励性政策。

2. 从制度上缺乏对西部地区企业新技术迅速投入生产环节的鼓励性政策

现行法律法规对企业新技术、新材料向生产环节转化只做了较为笼统的规定，而这些规定主要是在经济上和名誉上的鼓励，但通过在西部地区实地调研，发现西部地区企业受制于原有的管理体制，无法有效投入新技术和新材料。因此出台有关促进新技术转化为新产品的鼓励性政策已经成为当务之急，其中应包括加强知识产权保护，加强商业秘密保护，高校科研成果市场化，加强对研发环境保护新技术、新材料的企业的税收、财政、融资等方面的扶持的内容。

3. 激励性政策缺乏市场手段支持

虽然西部地区已经制定出从经济上扶持绿色产品和绿色产业的激励性措施，但仍存在一个问题，即无法从市场竞争力上提高西部地区绿色企业和产品的竞争力，虽然一系列财政和税收政策确实降低了西部地区绿色企业的成本，但是这种扶持只能使绿色产品在市场竞争中不会因为价格因素而被淘汰。而绿色产品的使用往往要求使用者拥有相对于传统产品更高的知识和操作水平，回收利用也要求消费者拥有分类回收等各方面的知识，因此绿色产品客观上往往处于市场竞争的劣势。要扭转这种劣势，必须转变西部地区大众的消费习惯，而现行法律法规正通过一些社会资源的配置手段去鼓励西部地区大众消费绿色产品，但并不包括西部地区服务业一次性消费品，因此应加强西部地区政府对绿色消费引导、倡导绿色消费，除了西部地区政府绿色采购制度，还可以在公共服务采购中将绿色产品的使用作为衡量标准，如在供水、供电、供气等公共服务事业中均采用绿色产品取代一次性消费品。

（三）西部地区缺乏普及全民的绿色消费环境教育体系

在现行法律法规中，有少量开展公众环境教育的规则，但在西部地区并没有全面展开环境教育，甚至没有实现在学校教育中进行环境教育。日本已将绿色生产、绿色消费的环境保护理念深入家庭教育之中，构成了日本特有的绿色生产和绿色消费理念。我国西部地区环境教育不足主要表现在以下方面：第一，环境教育主体单一，现行法律法规主要把环境教育主体具体规定在政府和学校，缺少家庭和社会教育。第二，生产者不注重对消费者的绿色宣传，西部地区企业要承担起对民众进行绿色消费教育的责任，这种教育并不是上课培训，而是通过消费者知情权逆向提供有效的绿色商品信息与知识。例如，香烟包装被要求注明吸烟有害健康，类似这种"忠告"宣传的效果更为突出。第三，没有充分发挥西部地区非政府组织的作用，如在一次性消费品减量化方面可以发挥消费者协会的作用，允许消费者协会向社会推荐绿色环保的商品和服务等，这些可以对消费者群体发挥巨大的推进作用。

四、加强西部地区实施服务业一次性消费品减量化制度的对策

（一）强化西部地区政府在服务业一次性消费品消费中的宏观调控作用

构建环境友好型、资源节约型的建设目标，要求西部地区各级政府把环境职责作为各部门的重要考评指标之一。政府在推动一次性消费的绿色转向时，应该首先作为，积极主动地采取一些措施，以此推动和发展"绿色消费"，使各项资源都得到充分的利用；要加大宣传力度，在法律实施过程中要引导绿色消费观，逐渐使人们自觉进行绿色消费。

1. 用绿色消费代替一次性消费

绿色消费是符合环境友好型社会建设要求的消费模式，需要西部地区政府发挥引导协调的作用，通过一系列的政策来鼓励绿色消费模式的实现。一方面，西部地区政府可以通过价格杠杆的作用配合相应的鼓励政策，对绿色产品实行价格优惠政策，从而促进消费者在选购商品时去选择廉价的绿色产品，以此来扩大绿色产品的销售市场；另一方面，西部地区政府应当采取措施禁止或限制服务业一次性消费品在市场上的流通或使用。政府在扶持绿色消费模式时，可以通过增加生态生产技术的资金、人才、设备的投入，提高生态建设的财政预算，出台鼓励针对绿色环保企业的一些政策，以此更高效有序地规范绿色产业。政府若想有效地对服务业一次性消费品的模式进行限制，可以通过提高服务业一次性消费品的征税数额、设立服务业一次性消费品污染排放税费、限制服务业一次性消费品生产企业的银行贷款额度等形式。

2009 年以前，我国还没有专门性的一次性塑料餐具的国家规范标准，在实践操作中也是由各企业制定标准，可喜的是在 2009

年 12 月 1 日，我国发布了《塑料一次性餐饮具通用技术要求》，这一文件的发布规范了一次性塑料产品的生产规范，以此来提高生产一次性用品的标准，为进一步规范西部地区一次性餐饮具的生产发挥了重要作用。2020 年国家市场监督管理总局（国家标准化管理委员会）批准《一次性可降解餐饮具通用技术要求》《塑料购物袋》两项国家标准，向社会公布。此外，西部地区政府可以建立绿色消费教育平台，制定绿色产品认证标准，以此为绿色产品的创新提供更好的参考依据，为转向绿色消费提供基础条件。

2. 健全相关的法律法规

通过在西部地区实地调研，我们发现，西部地区小作坊生产服务业一次性消费品的现象层出不穷，所以应当把打压、取缔小作坊的管理办法上升为法律责任，加大制裁力度。针对服务业一次性消费品的污染状况，西部地区应当有针对性地、及时地展开地方立法，使绿色消费法制化，以提高绿色消费市场的强制力。自 2008 年 6 月 1 日起，政府开始对塑料袋的使用作出规制，特别是在各大商场里禁止免费使用塑料袋，可代替塑料袋的其他产品也得到提倡，如改用环保购物袋。2008 年《循环经济促进法》出台，该法对服务业一次性消费品的生产和销售作出限制，当然，这种限制的前提是必须符合相关卫生和安全标准。再如推广 2022 年 6 月 1 日修订的《甘肃省循环经济促进条例》立法经验，禁止销售厚度小于 0.025 毫米的超薄塑料购物袋、厚度小于 0.01 毫米的聚乙烯农用地膜以及一次性发泡塑料餐具、一次性塑料棉签。这些法律制度的出台，能确保西部地区的绿色消费有序进行，对保护生态环境、推进节能减排工作和促进资源综合利用发挥了积极作用，为社会营造一个安全、舒适、健康、环保的消费环境。

（二）引导和扶持西部地区企业生产、经营转向绿色

在绿色消费中，最重要的角色莫过于企业生产者，从企业的

原料采购、方案设计、制造、运配等方面，都是绿色消费的重要环节。企业是服务业一次性消费品转型的关键，是绿色产品的生产者，可以为市场提供各种各样的绿色消费品。西部地区企业应当坚守诚实守信原则、科学生产，从源头上为绿色消费的形成打下基础。

很多国家在研制可以替代服务业一次性消费品的环保材料，目前生产出了稻草等天然植物纤维的服务业一次性消费品，但因为生产植物类的服务业一次性消费品成本很高，西部地区企业不但不能盈利，还会带来巨大的亏损，所以实施效果十分不理想。绿色技术是指在产品制造的各环节对资源环境无害而有益的科学技术，这项技术对人才、资金的要求都很高。若要发挥好绿色生产技术，西部地区政府应该给予这些绿色企业税收、财政等优惠鼓励措施，以此来加大绿色生产企业的规模和经济效益，从而完善绿色消费市场。

绿色生产技术中，原材料的选择是一切的基础，绿色的原材料在生产、设计、保存等过程中都可以最大程度地节约资源、保护环境，环保原材料在做成成品后也有利于回收处理工作的开展。目前各国都在研制绿色产品，如美国用具有塑料分子结构的植物制作成包装材料，这在日后的回收中有利于生物降解；日本在处理可能对环境造成破坏的垃圾时，采取提前防范，进行分子设计及制造技术的研究，以期降低耗能、减少废弃物排放量；韩国则研发出用土豆等作物为材料的一次性桌布及一次性洗漱用品等物品，同时还要求生产者承担回收处理和再利用的责任。

西部地方立法应当规定，塑料制品在丢弃后，应当再回收经过加热溶解，做成硬塑料制品，以减少一次性塑料制品造成的污染。其实生活中有很多服务业一次性消费品是可以循环利用的，只是西部地区大众的环保意识不强，导致资源浪费和处理困难。如果回收到位，服务业一次性消费品带给人们的污染会很大程度地减少。总的来说，西部地区企业生产的绿色产品经过销售、使用、废弃等环节，再回收利用是环境友好型社会的重要路径。

（三）提高西部地区群众的环保理念

群众的环保理念需要从婴幼儿时期抓起，并且伴随人们的终身，这样才能使人们培养起自觉的绿色消费意识形态。

第一，群众环保意识薄弱可以从服务业一次性消费品的消费和丢弃中看出来。随着经济的发展，人们在追求物质生活的同时忽略了环境社会的建设。人与自然和谐相处的前提，一定是建立在人们遵循自然规律、保护环境的基础之上的。强大的环保意识肯定能带给我们一个更加美好、绿色的生态环境。人类和环境是相辅相成的，环境塑造了人类，人类也塑造了环境。作为消费者，要秉承尊重生命、遵守规律、环境保护等理念，给生存环境少一份压力、多一份贡献。我们要在改造资源的同时不忘合理利用和配置资源，为人类创造更多的财富。当然，作为政府理应承担起环境保护的教育责任，这更加要求西部地区政府引导群众合理地行使自己对环境保护的权利和义务。只有合理地保护和利用环境，才能使地球充满了勃勃生机和活力。自然生态环境是地球上所有生物与非生物的组成体，自然界是人类生命的源泉，人类必须学会善待自然，与自然和谐相处，这是人类长久发展的必然要求。

第二，消费者在使用服务业一次性消费品时往往忽视了废弃后的消费品是生态环境的杀手，这既造成了自然资源的无节制消费和资源环境污染，也显露出群众环境保护意识的淡薄和环保教育的不健全。建设环境友好型社会要求每个公民要时刻牢记自己的环境保护的社会责任和义务，积极参与环保工作，坚决抵制一次性消费。消费者要树立绿色消费观念，这是一次性消费转向绿色消费的途径中另一个重要环节。消费理念影响着消费行为和绿色消费的进展进程，所以只有改变浪费懒散的消费观，加强绿色消费理念，改变绿色消费观，才能多方位地开展绿色消费活动。

只有西部地区大众减少对一次性消费品的使用，才能从源头上减少企业生产产品的动力，以此减少一次性产品的生产。同时还要积极树立绿色消费理念，只有西部地区大众一起努力树立绿色消费理念，增强环保意识，营造绿色消费市场氛围，才能在西部地区全面建成资源节约型、环境友好型社会。

第三，勤俭节约是中华民族的传统美德，是人类合理消费的表现形式。勤俭节约不是要人们不享受物质生活，而是在自己可以承受的消费程度范围内抵制浪费。地球上的资源总量虽然很大，但是如果人类过度开采，对生态资源的破坏会造成无法挽回的局面。随着科技的发展，生产力水平的提高，很多产品都可以被替代，所以我们可以用绿色、环保或可循环产品来代替服务业一次性消费品的消费。作为消费者的西部地区群众，必须抵制浪费、奢靡之风。这样一来，可以减少很多不必要的资源浪费，减少垃圾的制造，从而促进绿色消费模式的发展。西部地区政府应该承担起宣传义务，培养消费者绿色消费意识的形成，养成可持续消费方式的习惯。我们所说的绿色、环保、节约消费，并不是指禁止消费，而是在保证生活质量不下降还能不断提高的基础上，做好减少浪费、节约资源、低污染、高循环利用的消费模式。为了迎接美好的生态环境，西部地区群众必须树立正确的消费观念，传承节俭的美德，从身边的小事做起，将环保意识贯彻到生活中的点点滴滴。

第四，素质教育应从婴幼儿抓起，从西部地区幼儿园开始，积极通过各种教育方式帮助儿童正确认识消费行为、环保理念，对其今后的行为选择作出积极引导。作为成年人，更要改变不良的生活、消费的习惯，带头为全社会树立榜样，努力将一次性消费转为绿色消费。在平时的消费行为中，消费者应当秉承以绿色资源为荣，浪费资源为耻的态度，拒绝购买、使用毫无必要、过度奢华包装的服务业一次性消费品。合理的绿色消费可以促进消费者身心愉悦，减少浪费，同时也要做好废弃物的分类、回收工作，按垃圾桶的标识丢弃以便利于环卫工人的处理工作，从而更加规范垃圾的分类处理，促进经济和环境之间的健康、可持续发展。

限制西部地区服务业一次性消费品的生产与销售等措施，从生产到回收一条龙服务来提供对一次性消费绿色转向的支撑；强化西部地区政府在服务业一次性消费品消费中的宏观调控作用；引导和扶持西部地区企业生产、经营活动转向绿色消费途径，通过行政引导媒体对绿色消费的宣传，让人们转变消费观念；企业应当进行技术创新，在产品的创造上进行投入，提高可循环材料的使用比例，从而提高产品的可再生率，促进西部地区资源节约型、环境友好型社会的建立。

第十四章　西部地区《循环经济促进法》执法的障碍及对策研究

"法是一种行为规范，法律的生命在于它的实行。"① 严格执行法律规范制度，是保障法治社会建设的一个必要的条件，循环经济促进法也不能例外。因此，西部地区在面临严峻的环境问题和发展循环经济促进经济的转变时，不断完善和创新循环经济促进法执法机制对于运用法律手段保障循环经济的发展就显得颇有必要了。

《循环经济促进法》的实施采取因地制宜、公众参与、注重实效、政府推动的方针，由各级政府部门负责协调、组织、监督本级循环经济发展工作，要求西部地区政府部门必须承担起相应责任，依法履职、依法执法，这是《循环经济促进法》得以实施的必要保障，西部地区概莫能外。

一、政府执行《循环经济促进法》概述

《循环经济促进法》执法是促进循环经济发展的重要的法律手段，能够促进政府节能减排、实现保护环境、综合利用自然资源。目前，国家制定的关于循环经济的法律规范多是由国家行政机关贯彻实施的，《循环经济促进法》的执法作为一种行政权，在很大程度上决定着循环经济法律规范的实现程度。循环经济执法使环境资源等社会资源得到合理的配置，实现环境保护和资源节约，调整社会生活依法有序进行。随着社会经济的发展，《循环经济促进法》执法在本质上是一种法律行为，对实现环境保护、节能减排、资源回收再利用等具有不言而喻的保障作用。但

---

① 沈宗灵. 法理学［M］. 北京：北京大学出版社，2000.

是，《循环经济促进法》执法也不是仅仅强调采取行政手段直接管理经济活动和公共事务，而是综合采取经济、技术等手段影响经济活动，形成利益促进机制发展循环经济。

二、我国《循环经济促进法》的执法机制

自《循环经济促进法》颁布以后，循环经济的发展已经进入依法推进阶段。与之相适应的循环经济执法机制也已经建立。

(一) 中央政府执法机制

《中华人民共和国宪法》规定："中华人民共和国国务院，即中央人民政府，是最高国家权力机关的执行机关，是最高国家行政机关。"中央一级政府在执法过程中主要是针对全国性的重大案件进行查处，并且发挥的是总领作用，目前中央政府进行《循环经济促进法》执法的保障机制已经初步建立。

(二) 地方政府执法机制

与中央政府不同的是，地方各级人民政府是地方权力的执行机构，地方政府执行循环经济促进法也是我国目前循环经济执法机制的重要组成部分①，案件的性质决定并非所有的循环经济类案件都由中央政府执法，因此循环经济促进法中也规定了大量的内容，将一部分专属权力赋予地方政府。如《循环经济促进法》规定，县级以上地方人民政府循环经济发展综合管理部门，使用列入淘汰目录的技术、工艺、设备、材料的，情节严重的，由县级以上人民政府循环经济发展综合管理部门提出意见，报请本级人民政府按照国务院规定的权限责令停业或者关闭。从以上规定

---

① 巩固. 论循环经济法的实施动力及其加强 [J]. 公民与法（法学版），2009（7）.

中可以看出，在循环经济执法过程中，县级以上人民政府是执法主体。其中大部分因为违反循环经济促进法、环境影响评价法等相关法律规定而受到惩处的企业，也是由地方各级人民政府进行查处的。

（三）政府工作部门的执法保障机制

政府工作部门执法是具体贯彻执行《循环经济促进法》的主要工作部门，包括中央政府工作部门及地方各级政府的工作部门，对社会的影响很大。循环经济执法过程中涉及诸多部门，在《循环经济促进法》中循环经济执法的部门主要包括发展改革、工信、农业、国土、环保、林业、水利、财政、税收以及科技等多个部门，这些部门的主要权限是对违反《循环经济促进法》及相关法律法规中影响环境的行为进行吊销执照、责令限期改正、停止行为、罚款等。从《循环经济法促进法》的规定可以看出，中央政府和地方各级人民政府的发展改革委在循环经济执法中发挥着主要的作用，其他的十几个政府工作部门主要以行政强制机制为基础，进行循环经济执法。

三、西部地区政府有关《循环经济促进法》执法的职责内容

（一）法律责任

仅仅依靠《循环经济促进法》一部法律规范来实现经济发展的目标是不切实际的，还需要西部地区政府承担必要的法律责任，借鉴国家其他循环经济法律、法规中的责任划分，承担必要的法律责任。

1. 规范政府的抽象责任

《循环经济促进法》中关于政府抽象责任的论述比较简单，

仅从宏观层面上进行了界定，这使西部地区循环经济发展目标的实现缺少了必要的、有效的载体。西部地区政府可以借鉴美国、德国及欧盟等有关循环经济法律中严密、具体、规范的授权管理体系，明确循环经济促进法的授权的目标、授权的范围和重点、实施的具体流程以及时间期限等，从而将西部地区政府的抽象的法律责任具体化，提升政府管理的实效性。

2. 优化立法权配置

通过优化西部地区立法机关、行政机关之间的循环经济地方立法权的配置，以《循环经济促进法》为法律指导的蓝本，细化促进循环经济发展目标的实现，并根据西部地区立法、行政机关对循环经济发展的关注程度，健全、规范西部地区司法审查制度，构建完善的循环经济法律规范体系，以政府的介入来克服"私法"的不足之处，降低循环经济发展的成本、提高循环经济发展的质量及效率。

（二）管理责任

西部地区政府部门要成立专门的循环经济发展领导组织机构，负责制定本级别的循环经济发展战略规划，促进《循环经济促进法》的实施。可以说，西部地区政府承担着对循环经济发展的宏观协调、指挥与管理的责任，事关循环经济发展的成败。本部分所提及的政府管理责任，更倾向于政府的公共援助、宏观协调责任，离开了政府的公共援助，循环经济发展的收益就会降低，废物循环利用的目标也就会流于形式，成为一纸空谈。《循环经济促进法》关于政府管理的责任相对比较抽象化，并没有完全地落实到具体的实施过程中去，主要是通过制定一些"诱导性"的政策和制度来引导、鼓励、督促企业、个人及社会其他主体开展循环经济发展活动，使他们在生产、消费以及流通等全过程中做到资源消耗的减量化、再利用化，优化经济发展的投入产出比，提升经济发展的质量。西部地区政府部门宏观管理职能的发挥程度，会直接影响到废物循环的利用情况。政府通过出台一些财税优惠政策、信贷支持制度、价格管理制度等诱导性政策或制度，使西部地区企业等社会主体意识到资源的循环利用及废物的资源化利用是有利可图的，有助于促进西部地区企业追求经济利润最大化目标的实现，循环经济发展的私人收益就会高于私人成本，西部地区企业等社会主体发展循环经济的积极性就能提高，从而实现由被动管理向主动发展的转变，促进公共资源投资、收益平衡的实现。西部地区政府宏观管理责任的关键是必须将鼓励循环经济发展的诱导性制度和优惠政策具体化，将原本抽象的法律条文落到实处，出台相应的法规制度，激发社会各方主体废物资源化利用、发展循环经济的积极性、主动性。

(三) 监管责任

西部地区企业是否实施循环经济发展与政府的监管密切相关。企业存在的主要动机是追求经济利润的最大化，降低成本投入、提高经济收益是企业最为关注的。发展循环经济对降低社会的资源投入、企业的排污等具有积极的作用，但这也意味着企业必须进行前期的资本投入，通过改变、优化生产工艺，为废物的资源化利用创造条件，就需要西部地区政府的介入，督促企业按照减量化、资源化、无害化的发展方针作出企业发展的决策。西部地区政府及其相关部门是循环经济法律法规的制定者、实施者，必须建立完善的监管体系，明确各级政府的监管责任，确保各级政府、相关部门的行为符合循环经济促进法的行为、决策要求。一方面，西部地区政府部门要建立完善的内部监督管理体系，建立自上而下的监管体制，由上级机关对下级政府机关及具体的执行部门进行监督，督促其监督企业，引导企业按照循环经济发展的目标要求作出企业经营发展的决策；另一方面，建立外部监督管理机制，受到人力、物力等客观条件的限制，西部地区仅仅依靠政府单方的监管难以做到面面俱到，《循环经济促进法》

明确规定了公民有权举报浪费资源、破坏环境的行为，西部地区政府部门要为社会监督提供便捷的渠道，公开监督举报的方式、渠道，建立内部监管与外部监督相协调的管理体制，督促西部地区企业实施循环经济发展，推动西部地区循环经济发展战略目标的实现。

（四）指导责任

实施循环经济发展需要西部地区企业改进生产工艺、优化生产管理，需要企业进行更多的资本投入。发展循环经济是一种相对较新的"课题"，鲜有可以借鉴的成功经验，需要西部地区政府部门发挥宏观指导作用，履行必要的指导责任，将行政指导制度明晰化。一是健全、完善循环经济政府行政指导的实体制度。例如，确定行政指导的具体方法、范围等，规范政府及其相关部门的指导行为，防止无关指导、怠于指导的现象发生。二是完善、规范西部地区政府及其相关部门的行政指导程序制度。应重点完善循环经济的听证程序制度、一般程序制度及简易程序制度，对循环经济发展的每个步骤都要明晰化，以最大限度地规范实践操作的合理性、科学性。三是健全、完善循环经济行政指导救济制度。对于任何西部地区企业来说，发展循环经济都具有一定的不确定性，西部地区政府部门的行政指导不可避免地会对企业等主体的决策、发展造成影响，一旦行政指导出现偏差往往会给企业带来经济损失，通过建立完善的行政指导救济制度，由西部地区政府合理地承担部分经济损失，不仅能够减少企业的经济损失，还能够提升政府的公信力，从而为循环经济的发展创造良好的宏观环境。

由此可知，企业所追求的是经济效益，以利润最大化为主要目标，而政府所追求的是社会效益，以社会和谐发展为主要目标，这种价值观的差异必然带来发展循环经济过程中的矛盾冲突。西部地区政府要从宏观层面出发，承担必要的责任，为循环经济的发展营造良好的政治、政策环境，克服私法的消极性，依托公法，充分发挥政府的积极作用，明确政府的责任，这是建立、健全循环经济法律体系、促进循环经济发展的基础。

四、西部地区有关《循环经济促进法》执法的障碍

目前西部地区《循环经济促进法》执法主要是以行政强制机制为执法基础的，对循环经济违法行为人的惩处依据也主要是采用行政处罚的方法，那么在《循环经济促进法》执法过程中难免陷入行政强制机制固有的缺陷；同时在《循环经济促进法》执法过程中还存在着其他方面的规定或者制度的异化等。通过在西部地区实地调研后，我们发现西部地区《循环经济促进法》执法过程中，面临的主要障碍有以下几点。

（一）政府调控手段未能发挥应有作用

在传统的行政执行机制中，可能会因调控对象的特性产生政府调控手段失灵的情形。西部地区《循环经济促进法》执法过程中的政府调控手段失灵，最根本的原因在于过于依靠行政命令的管理模式解决循环经济发展中遇到的问题。而这种管理模式的核心在环境问题日益复杂化的情况下逐渐失去其应该发挥的本能。西部地区循环经济执法过程中的政府调控手段失灵包括政府应为而不为和过分而为两个方面。

西部地区政府调控手段失灵的原因主要表现为以下几个方面。

一是政府干预并非具有完全的公正性，在法治社会建设过程中，并非所有的政府机构的行为都是以公共利益为目的，以谋求内部利益而忽视公共利益的"内在效应"也已经不是新闻，所以才会在法治社会建设过程中出现的腐败问题，成为权力寻租的重要漏洞。

二是西部地区政府失灵的另一个表现就是政府干预的效率比较低下。政府调控手段失灵主要是针对市场失灵的，与市场机制的作为不同，政府失灵主要是对生产周期长、利润低下、市场投资不愿意进入的一些行业的公共产品，同时依靠政府财政部门作为资金支持，在缺乏利益支持的状态下提高效率是比较困难的，而且在一些重要的行业中进行政府干预容易引发行业垄断。

课题组在西部某省发改委采访时，听到该政府执法人员评论《循环经济促进法》缺乏处罚力度，应当修改为《循环经济法》，增加政府执法的"抓手"。否则，他们不敢开展执法工作，只能消极怠工。

（二）国家层面的《循环经济促进法》立法相对滞后，西部地区发展循环经济也缺乏相关地方立法

目前我国已颁布《循环经济促进法》等相关法律法规，但总体上立法技术水平的差距和立法的空白以及相关制度的异化、缺陷仍是《循环经济促进法》执法过程中客观存在的障碍，导致循环经济执法体系未能完全建立，西部地区也概莫能外。主要体现在以下几个方面。

第一，目前在循环经济发展的立法方面仍然存在着一系列的不足，如我国的《循环经济促进法》和《清洁生产促进法》中对强制回收产品和包装物品的目录有所提及，并对违反目录的行为作出惩罚性规定，但是在西部地区《循环经济促进法》实际执法工作中，上述所提及的目录并无明确法律规定，导致立法和执法的脱节，使循环经济执法中的一些法律依据过于原则性，形同虚设。西部地区发展循环经济也缺乏相关地方立法，如广西等西部多个省份没有颁布循环经济促进法实施办法等，而且在《循环经济促进法》执法过程中多是以实体法为主，对程序法的规定散见于其他实体法之间，这些都会造成《循环经济促进法》执法的困难。

第二，在循环经济发展进程中，硬法的保障机制不足，软法保障机制过于原则，导致《循环经济促进法》执法机制不能完全建立。在修订的《环境保护法》及《节约能源法》时，其修改的重点仍然是强化监督、调整范围扩大及相关责任等以"硬法"为主的行政强制，而没有结合市场发展规律及循环经济的现状作出相关的鼓励性、刺激性政策。目前软法在我国已经存在，包括《循环经济促进法》《清洁生产促进法》等法律规范，也包括硬法中的一些法律条款，但是前述也有所提及这些法律规定过于原则，执行性比较低，导致在《循环经济促进法》执法过程中难以发挥本应具有的作用。

（三）执法体制和执法队伍自身素质有限，导致《循环经济促进法》执法不力

目前西部地区尚未设立专门的循环经济执法机构，主要是地方政府综合经济管理部门，即便是有专门的循环经济执法机构也未能摆脱执法人员缺少编制、执法设备和财政保障等多方面的局限。造成这种现象的原因主要是：①在西部地区发展循环经济属于新生事物，执法人员对《循环经济促进法》正确理解的缺乏，导致其不敢执法、执法不当甚至是出现严重失误。②西部地区《循环经济促进法》执法中各政府工作部门之间的责任划分不明确。《循环经济促进法》执法中，存在着九龙治水的局面，对于同一个循环经济违法案件，出现多个政府工作部门同时存在监管现象，以至于"交叉执法"和"互相推诿"的现象出现。③西部地区对经济和环保的权衡观念失衡导致执法不力。目前，在西部地区一些地方政府仍然存在着只重视经济发展而忽视环境保护问题的现象，认为循环经济的发展周期长、效益低，严重影响经济的发展。一些领导甚至存在经济发展缓慢导致乌纱不保的错误观念。由于循环经济本身的性质和执法固有的体制缺陷，《循环经济促进法》的执法人员多遵从领导的意思，从而导致《循环经济

促进法》执法在西部地区不力。

(四) 公众基础薄弱

西部地区公众基础是《循环经济促进法》执法顺利实行的一项重要的功能性因素，公众包括群众和企业，尤其是企业的积极参与度严重影响着《循环经济促进法》执法的顺利执行。公众基础关系着循环经济执法部门主管能力的缺陷和客观能力的不足。究其原因，归纳为以下几个方面：一是与《循环经济促进法》执法机构相对而言，连同西部地区企业在内的社会公众获取信息不对称，包括获取循环经济相关信息的渠道和内容等，造成社会公众对《循环经济促进法》执法认识的局限性。二是西部地区后天发育不足，导致西部地区政府工作部门与社会公众之间很容易形成失联，导致社会公众对西部地区政府部门《循环经济促进法》执法监督的缺失，所以也就没有所谓的《循环经济促进法》执法的群众基础可言了。

五、克服西部地区《循环经济促进法》执法障碍的对策

(一) 完善西部地区《循环经济促进法》执法机制

完善西部地区《循环经济促进法》执法机制，最重要的是要对《循环经济促进法》执法机制进行创新，改变传统的行政强制。行政指导，要将行政强制机制和行政指导机制综合融入循环经济执法中，才能够充分实现《循环经济促进法》的立法目的。同时，西部地区《循环经济促进法》执法部门要根据行政指导机制，将多元化管理手段和执法资源相结合，但是无论采用哪一种手段或者方式进行《循环经济促进法》执法，都不得越过行政强制的底线，行政强制机制是《循环经济促进法》执法机制的底

线，是维持该法执法的公信力的重要保证。

（二）完善《循环经济促进法》立法，促进西部地区《循环经济促进法》执法机制完善

首先，要加快《循环经济促进法》配套立法的制定，尤其是西部地区循环经济地方立法，包括对强制回收产品和包装物品目录及管理制度的规章，节能、节水等促进资源综合利用的法规，以便填补西部地区地方政府在《循环经济促进法》执法工作中所产生的立法空白，从而逐渐减少直至消除西部地区在该法执法过程中产生的执法不当、不敢执法等问题。其次，在西部地区地方立法工作中，要贯穿经济刺激原则，注重市场规律以及循环经济发展规律，综合运用各种经济刺激手段引导或促进各个法律主体实施符合《循环经济促进法》要求的各项措施。最后，在西部地区地方立法或者对相关"软法"性质的法规修改工作中，也要注重硬法的强制作用，软法与硬法相结合，明确各行为主体的权利和义务，贯彻经济刺激等激励制度与责任强制制度的融合，增强奖励条款与惩罚条款的可执行性，完善循环经济立法，确保西部地区《循环经济促进法》执法机制的完善。

（三）确定西部地区《循环经济促进法》执法主体，明确责任划分

在西部地区各级政府部门之间应当厘清执法主体，明确各自的执法责任。深化行政管理体制和政府改革，加强对《循环经济促进法》执法的政绩考核。一是要明确西部地区循环经济执法的主体及责任，建立循环经济执法内外结合的联合执法保障机制和移送执法保障机制，既要摆脱九龙治水的混乱局面，也要避免互相推诿责任的现象出现。《循环经济促进法》执法不是一项简单地依靠哪一个执法部门即可完成的工程，而是需要西部地区各部门之间的通力合作，才能确保该法执法工作的顺利进行。二是西

部地区地方各级政府要端正对循环经济发展的认识，加强执行《循环经济促进法》的意识，提高执法素质，避免出现以领导意识为原则而非以公共利益为原则的错误思想。从以上两点考虑，对《循环经济促进法》的执法合力的形成大有益处。

（四）建立公众参与机制

公众参与机制是顺利实现西部地区《循环经济促进法》执法的重要保障机制，实现社会公众的参与制度，主要从以下几个方面进行考虑：一是建立循环经济执法听证制度，听证制度是西部地区实现《循环经济促进法》执法工作中贯彻公众事前参与的一项重要制度，可以确保西部地区社会公众在循环经济执法过程中的申辩权、陈述权等相应的权利。二是在《循环经济促进法》执法过程中，西部地区社会公众对执法的监督和协助是社会公众参与《循环经济促进法》执法的一项重要制度，《循环经济促进法》执法机构应当根据社会公众的要求，对涉及国家秘密、商业隐私以及个人秘密之外的事项进行公开，保障社会群众获取信息的对称性和知情权，促进《循环经济促进法》执法顺利进行。三是要完善西部地区的发展，保障西部地区社会公众与政府之间的联系不被中断。

加强西部地区《循环经济促进法》执法工作是一项长期的工程，并不是依靠某一部门在短期内即可实现的，握指成拳就是《循环经济促进法》执法完善的一个缩影，要将必要的立法、司法、技术、监督与行政指导相结合，将"软法"治理融入西部地区《循环经济促进法》执法工作中，结合市场规律与循环经济发展规律，突破传统执法固有的缺陷，完善《循环经济促进法》执法机制，为西部地区循环经济的发展和生态文明的建设保驾护航。

第十五章 西部地区环保法庭设立的障碍及对策研究

西部地区的生态环境在不断恶化的过程中已经进入新阶段，即生态退化和复合型环境污染。与此同时，环境纠纷案件逐步增加，越来越多的人关注环保法庭的设立。但现实中，环保法庭的"利齿"却存在咬合不力的现象，落实障碍重重。"环保纠纷案件呈现起诉难、举证难、审理难、判决难等诸多问题。"① 2010 年 7 月，最高人民法院发布《关于为加快经济发展方式转变提供司法保障和服务的若干意见》，该文件规定，在环保纠纷案件数量多的地方设置环境保护法庭，专司环境纠纷案件的审判。2012 年修订的《民事诉讼法》规定，法律规定的机关和有关组织有权向人民法院提起环境公益诉讼。环境公益诉讼制度成为环保强有力的"护盾"。伴随着西部地区涉及环境保护案件的增长，西部地区积极设立并建设环境资源审判庭等配套法律法规用以应对环境保护案件日益增长的现实问题。根据最高人民法院公布的《中国环境资源审判（2021）》，截至 2021 年年底，西部地区共有环境资源审判庭 200 多个。其中，陕西环境资源法庭增至 111 个，涉及秦岭 25 个，涉及黄河流域 91 个，涉及南水北调中线工程水源地 18 个，顺利实现全省三级法院环境资源审判机构全覆盖。在环境司法专门化方面，贵州法院又迎来了近十年的一次巨大发展。贵州省的环保审判专门化机构从最开始"1+4+5"格局，即"省法院+4 个中院+5 个基层法院环保庭"，渐渐增加为现今的"1+9+1+9"格局，即"省法院+9 个中院+19 个基层法院环保庭"，机构数量增加 19 个，总数有 29 个之多，对中级法院进行全面覆盖，各中院

① 袁春湘. 2002—2011 年全国法院审理环境案件的情况分析 [J]. 法制资讯，2012（12）.

辖区内由 1 到 3 个基层法院分片跨县级行政区域集中管辖。① 截至 2022 年，贵州法院已经有 34 个环境保护法庭。甘肃省逐步在全省形成了以省高院环境资源保护审判庭为"点"，甘肃林区中级法院及所属林区基层法院为"线"，甘肃矿区人民法院及各市（州）所在地基层人民法院专门合议庭为"面"的环境资源司法保护模式。甘肃法院结合重点生态区域及流域生态环境保护需要，在祁连山国家公园设立"环境资源保护巡回审判法庭"，在阿万仓黄河湿地、洮河国家级自然保护区等地设立环保法庭，在大熊猫国家公园陇南片区设立大熊猫国家公园陇南片区法庭……将环境司法保护的触角进一步延伸到重点生态保护区域。在四川省，省高院和 22 个中级法院均设立环境资源审判庭或专门合议庭。结合四川省旅游资源丰富的特点，相关基层法院在 5A 级景区或重点景区设立环保旅游法庭 67 个，如乐山峨眉山、巴中光雾山等。② 截至 2021 年年底，云南省各级法院设立的环资庭数量已经达到 13 个。2021 年 6 月以来，重庆市三中法院、涪陵区法院等在仙女山、广阳岛等地设立了环境资源巡回审判站。2022 年 10 月，经重庆市高级人民法院审判委员会研究决定，增设南岸区法院为环境资源案件集中管辖法院，进一步优化重庆法院长江流域环境资源审判力量配置；青海省设立环境资源审判庭 4 个、合议庭（团队）2 个、人民法庭（巡回法庭）1 个，其中在西宁市中级法院、海北藏族自治州中级法院、海西蒙古族藏族自治州中级法院、玉树藏族自治州中级法院设立了环境资源审判庭（专门合议庭）；西宁市城西区法院、海晏县法院、玉树市法院、格尔木市法院集中审理涉环境资源案件。内蒙古高级人民法院已设环境资源审判庭，内蒙古基层法院设立环境资源审判庭 3 个、中级

---

① 王恬. 贵州法院全面加强创新环境资源审判工作 [N]. 贵州日报, 2018-06-20.

② 李莎莎. 四川已设 50 个环境资源审判庭护航绿色发展 [EB/OL]. (2017-07-11) [2018-08-26]. https://www.sc.gov.cn/10462/12771/2017/7/11/10427776.shtml.

法院设立环境资源审判庭 7 个。截至 2022 年，广西共设立环境资源审判巡回法庭、环境资源审判团队或环境资源审判合议庭 262 个，环境资源审判力量不断壮大。新疆为深入推进跨行政区划集中审判机制改革，在乌鲁木齐铁路运输中级法院设立"环境资源法庭"，进一步推进新疆环境资源案件集中管辖"1+1+3"机制（自治区高级人民法院+乌鲁木齐铁路中级人民法院+3 个铁路基层级人民法院）。

一、专业化环保法庭的构建基础

（一）理论基础

制度的构建，其背后必须要有坚实的理论基础。在环境公益诉讼方面，公共信托理论、环境权理论、私人检察总长理论等理论受到学界广泛关注，但这些理论并不能完全解决当下存在的问题。徐祥民教授认为，一方面，这几种理论本身就存在一些缺陷，对相关问题的解释存在许多无法回避的争议；另一方面，也是最关键的一点，就是这些理论都仅仅从理论上去分析探讨，而未对接下来的制度建设做出应有的贡献。所以，环境责任理论应成为环境公益诉讼权的理论基础，因为人是社会的个体，个体若不与外界发生关系是无法生存的，作为个体的人一直处在一定的共同体之中，就像我们的学校和国家，因此，对人类的生存和发展每个人都负有责任。因为我们无法离开自然环境，当我们的环境受到损害时，共同体的成员都有权利和义务为维护这个共同体尽责。从这点可以看出，环境公益诉讼与其他诉讼制度是有很大差别，具体有两方面。一方面，此诉讼制度所保护的利益主要是公共利益。公共利益不同于其他利益，它有别于个人、集体和国家的利益，公共利益是由不特定的人群共享的，它甚至是跨国界的。另一方面，环境公益诉讼与自然资源的关系紧密，难以分割，但被人类所共同拥有。① 既然如此，面对环境公益诉讼，以前的诉讼制度平台肯定无法适应衔接。因此建立专业化的环保法庭势在必行。

（二）法律、政策基础

党的十九大报告指出："为了创造良好的生活环境，建设美好国家，我们要坚定不移地走文明发展道路。其手段是实行最严格的生态环境保护制度。"法院是社会公平正义的最后防线的执行机关，所以在司法审判这一重要环节建立专业的环保法庭势在必行。并且，从法律、政策角度看，我国的《民事诉讼法》及最高人民法院发布的《关于为加快经济发展方式转变提供司法保障和服务的若干意见》都对环境保护作了相应的表述，它们为环保法庭的建立和发展提供了政策支持和法律基础。

（三）现实基础

据最高人民法院2022年发布的《中国环境资源审判（2023）》，截至2021年年底，西部地区建立环境资源审判庭200多个、环境资源合议庭（审判团队）300多个。不仅各地环保法庭的数量逐渐增多，而且其收案数量亦十分庞大。例如，2018—2022年，甘肃全省法院共审理环境资源案件24 987件，其中环境资源类刑事案件1290件，民事案件19 883件，行政案件3207件，公益诉讼案件601件，生态损害赔偿诉讼案件6件。在实际中，从各地反馈的情况看来，因为有关环保的案件往往专业性强，诉讼双方矛盾突出，普通的审判庭很难高效、专业地进行审理，这时环保法庭的优点就显现出来了，环保法庭的出现，使这类案件的解决更加顺利、更加科学。一方面，这类环保案件的顺利解决，使得社

---

① 徐祥民，等. 环境公益诉讼研究——以制度建设为中心［M］. 北京：中国法制出版社，2009.

会矛盾得以化解，避免了更加恶性的事件发生；另一方面，这些案件的出现，使得环境保护问题越来越被人们关注，不仅能够提高人们的绿色观念，还能引起政府的重视，促使环境问题得到更好的解决。

二、西部地区环保法庭运行现实和发展的障碍及原因分析

（一）西部地区环保法庭运行现实

2021 年年底，西部地区共有环境资源审判庭 200 多个。在实践中，环保法庭的优势显露无遗，也在处理环境有关的案件发挥了重要作用。环保法庭的出现，使得环境司法审判更加科学高效，也使人们更加关注相关法律法规，普通百姓对环境保护也越来越重视，最终实现了司法审判的根本目的——维护社会的公平正义。更值得庆幸的是，环保法庭的设立，对环境公益诉讼的进一步发展产生了有利的影响，体现了司法的能动性。

我国西部地区设立环保法庭的情况各有不同，主要存在一定的共同性和差异性。具体而言，共同性具体表现在以下三个方面：①具有明显的西部地区地方特色。贵州环保法庭设立是为了"两湖一库"水污染事件，正如黄锡生教授所言："环境司法专门化作为司法制度局部失灵的一种技术补丁载于中国的司法实践中应运而生。"① ②根据西部地区各地的规范性文件确立环保法庭的具体受案范围。鉴于目前环保法庭处于初步运行阶段，尚无受案范围的统一标准，各地只能因地制宜，即根据规范性文件确立受案范围。③西部地区环境公益诉讼中诉讼主体资格在一定程度上突破了原有的限制。例如，贵阳环保法庭在 2007 年确立了"两

---

① 黄锡生. 我国环境司法专门化的实践困境与现实出路 [J]. 人民法治, 2018 (4).

湖一库"管理局的原告地位，这充分体现了各地环保法庭在推动环境公益诉讼发展中的重要作用。

此外，西部地区环保法院也存在较为明显的差异性，具体体现在以下三个方面：一是各地环保法院的设置级别不同。各地按照不同因素设立环保法庭，如按照传统的行政区域、环境资源区域划分等，造成各地环保法庭的设立尺度和标准差异明显。二是各地环保法庭的受案范围不同。实践中有"四审合一"的模式，即包括刑事、民事、行政案件及执行，如昆明市的环保法庭。此外，还有"三审合一"的模式，即包括刑事、民事、行政案件，同时明确受案范围包括涉及环保公益的案件，如广西柳州市的环保法庭即采取此模式。三是各地环保法庭的运行管理创新程度不同。例如，昆明市环保法庭运用"双管齐下"的模式，即同时运用环境执法的协调平台与联席会议两种保护环境的手段，实行司法手段与行政手段的合作，实现对环境强有力的保护。与昆明市不同，贵阳市的环保法庭则采取加强司法手段的方式。因环保纠纷中涉及大量的专业技术问题，为保证司法判决的科学性与公正性，该法庭设立专家咨询委员会，并聘任环保专业人士，担任环保审判中的人民陪审员。①

（二）西部地区环保法庭发展面临的障碍及原因分析

近年来，西部地区的环保法庭在司法实践中取得了较大的成就。在肯定其成绩的同时，也要看到目前环保法庭在实践中面临的发展困境。通过实地调研，发现西部地区环保法庭处境尴尬。甚至被某些学者评价为其形式意义远远大于实际意义。② 具体而言，西部地区环保法庭面临的发展障碍主要体现在两个方面：第一，纠纷量与立案量极大不对等。换句话说，许多实际存在的环

---

① 周语. 论中国环境法庭的完善 [D]. 广州：中山大学，2010.

② 丁岩林. 超前抑或滞后——环保法庭的现实困境及应对 [J]. 南京大学法律评论，2012（2）.

保纠纷并未诉诸法律，导致环保法庭立案数量较低。第二，缺乏统一的立案、审判标准。环保纠纷中涉及大量专业性问题，而环保审判队伍尚不能完全适应此类案件的专业性。环保法庭发展中的"先天性"缺陷是其不可忽视的本质困境。最初，环保法庭的设立均属于"回应性"的司法措施，也就是说，设立环保法庭的最初动机是解决各地的一些重大环境污染问题，因而学者生动地将其称为"应景而生"。但是，这也意味着环保法庭的设立缺乏系统的法理支撑，导致各地环保法庭受案范围的局限性和单一性。同时，环保案件对专业性的要求导致大量环保案件当事人选择投诉而不是起诉，寻求司法救济，自然导致了环保法庭的"案件荒"。此外，由于环保法庭的司法性审查仍处于起步阶段，其深度和广度都有待加强。并且大多环保法庭采用"四审合一"或"三审合一"的模式，这些模式对环保法庭的法官和诉讼参与人要求极高，换言之，他们不仅要有丰富的各类案件诉讼经验，同时还要对环境法及环境保护的相关知识烂熟于心。然而，在实践中发现西部地区人才缺乏、机制桎梏，这极大地削弱了环保法庭处理纠纷的效果，极大地影响了司法公信力。另外，环保案件往往举证难、费用也较高，也进一步加剧了环保法庭"无案可审"的尴尬。

三、西部地区环保法庭发展路径——司法专门化

（一）"顶层设计"替代"基层自治"，以"回应型"法律理论与能动司法主义为指导

西部地区基层法院在自发实践中设立并运行环保法庭，其自发实践可能存在许多"先天性"缺陷，却也在实际上为顶层设计

指明方向。① 然而，司法克制主义与司法能动主义之间的博弈，将"顶层设计"确认"基层自治"的步伐延缓。可以肯定地说立法作为"顶层设计"的主要部分必然要回应社会的需要，因此当社会面临环境压力时，立法就应该作出相应调整，即以社会公共利益为导向，进行自我修正，从而形成与社会的良好互动机制。② 应着眼于构建西部地区专业化的环保法庭，从而回应社会的需要，并且在此过程中正确认识自我缺陷，积极进行自我矫正，而不是过多将目光放在环保法庭设立及运行薄弱的现状上。课题组在贵州实地调研时，发现 2007 年初设立的贵州省清镇市人民法院生态保护法庭是中国第一个环保法庭，在环境保护法规还不够健全的情况下，这里每受理一件新案件，都可能陷入原有法律的模糊地带。清镇市人民法院生态保护法庭通过十年时间的审判，填补了空白，这一实践也为法律的完善奠定了基础。③ 清镇市人民法院生态保护法庭还创新了"政府购买第三方监督"的治理模式，即民间环保组织——"贵阳公众环境教育中心"，定期向清镇市人民法院生态保护法庭报告清镇市环保局的履职情况和当地企业的环境保护情况，并由被监管的政府提供基础费用。环保志愿组织既作为监督者审视政府、企业，同时也是被监督者，接受法庭监督。当课题组询问被访问的清镇市人民法院生态保护法庭的法官这些创新型判例和模式是否适用了现行的法律法规时，他们回答："正是没有可适用的现行法律法规，才能进行创新。"这些创新型判例和模式固然为法律完善提供实践参考，但是我国是成文法国家，并不是判例法国家，我国应当及时将各地法院的先进经验进行研究和总结，上升为正式的法律制度，做

---

① 李毅，胡宗义，周积琨，等. 环境司法强化、邻近效应与区域污染治理 [J]. 经济评论，2022（2）.

② 孟祥沛. 环保法庭的建设与现行法制之冲突 [J]. 上海政法学院学报（法治论丛），2011（5）.

③ 徐芃. 环保法庭探路十年 [N]. 中国青年报，2017-03-01.

好"顶层设计",以维护我国法治的基本原则。

(二) 司法专门化设计思路

1. 原告资格与受案范围——扩张化

世界各国为了在保护权力与滥用司法资源之中取得平衡,反复对环保法庭进行调整,从宽松到严格再到宽松,周而复始。西部法庭专业化正是以"没有原告和案件,就没有法官"为要点。环保案件一向是社会热点问题,其中关于环境公益诉讼主体资格更是引起专家、学者及社会民众的热议,《民事诉讼法》规定法律规定的机关和有关组织可作为环境公益诉讼主体,《环境保护法》规定环保联合会也具有主体资格。目前备受关注的是公民个人是否具有诉讼主体资格。现阶段法律规定的主体仅是机关和组织,想要环境公益诉讼摆脱"垄断"诉权嫌疑,公民就必须具有合法的原告资格,这样环保法庭才能提升其专业性,进一步向前发展。当然,这就不可避免地要考虑到"权利保护"与"权利滥诉"的平衡问题,即一旦公民具备诉讼主体资格,该如何防止"权利滥诉"的问题,这个问题可以通过诉讼成本调控机制进行解决。另外,关于受案范围,应将西部地区涉及环境资源纠纷纳入司法轨道,充分利用司法最终解决环境资源纠纷。本书赞成学者提出的"凡是违反了环境法律规范的行为都应该纳入环境审判体系中"的观点。[①] 由于经济的发展以及立法的滞后,导致许多环境侵权案件无法得到准确界定,从而无法进入司法程序。要想打破这种局面,就必须尽量让立法与司法保持同步或者略微领先。

2. 管辖权——集中系统化

在级别管辖方面,西部地区应当尽可能设立专门的环保法庭

---

① 杨帆,李建国. 对我国设立环保法庭的几点法律思考——实践、质疑、反思与展望 [J]. 法学杂志,2013 (11).

进行管辖，最好是各地区的环保法庭之间能紧密结合起来，这样就可以加快案件的处理，保证两审的畅通连续，便于及时解决环保问题，同时也可以最大程度地满足审判监督可能性。在地域管辖上，应当以集中管辖为主，结合西部地区内的经济状况和资源条件来设立环保法庭，提高效率，节省资源。

3. 审判组成人员——专业化和多元化

由于法律人员有限，为了避免资源的浪费且对案件可以快且准地审判，在对审判人员的挑选条件中，要求西部地区审判人员不仅应具备专业法律知识，还应熟知环境科学知识，此外，还可在日常工作中对这些人员进行专业培训使审判队伍更显专业，保证西部地区案件审理的专业性和科学性。[①]

4. 环保法庭审判模式及程序

西部各地区环保法庭在实践中的审判模式主要采用环保合议庭、环保巡回法庭和环保审判庭，其中使用最多的是环保审判庭，各地对环保审判庭的模式较为熟悉。但由于环保问题比较特殊，若沿用刑事、民事、行政等方式来处理，将难以对环保权利进行救济，因此，本书认为西部地区应当采用环保审判庭的模式，以实现司法救济。

对于西部地区环保法庭的审判程序的设置，应当保证其专业性和科学性。在程序上应当体现横向与纵向的结合。环保案件往往与公共利益紧密相关，在纵向方面，必须将公共利益的保护以及责任承担和保障问题放在首位。所以，在程序设置的纵向方面，应当将西部地区环保法庭的审判程序的设置划分为环境公益诉讼和公共赔偿诉讼。环境公益诉讼解决权利本身的纠纷，而公共赔偿诉讼解决责任承担及保障纠纷。在案件审理时，应当以环境责任理论为指导，举证责任以初步举证责任为原则，重点体现

---

① 饶健. 我国环保法庭建设的缘起、现状与展望 [J]. 黑龙江省政法管理干部学院学报，2018 (3).

公共赔偿的功能性。另外，在纵向方面设置，应当以"四审合一"为原则，即从事刑事、民事、行政、非诉（执行）等方面加以完善。具体而言：一是在刑事环保案件方面，以因果关系判定、危害结果计算和追诉时效三个问题为重点。二是民事环保案件方面，以举证期限、判决方式、简易程序适用和陪审员制度等四个问题为重点。三是将听证制度及专家顾问制度引入行政环保诉讼问题，实现公正与效率之平衡。四是确保环保法庭的独立性，避免受到其他政府部门干涉。

第十六章　西部地区《循环经济促进法》促进环境教育的障碍及对策研究——以广西为例

一、环境教育概述

（一）环境教育的发展

在 1972 年的斯德哥尔摩人类环境会议上，首次提出了环境教育的概念，其目标是通过多学科的相互联系与合作，在家庭、学校、社会多个环境中，进行多方面的各种类型的环境教育及其相关内容。

关于如何进行环境教育及环境教育包括的内容等问题在 1977 年发表的《第比利斯宣言》得到了解决，该宣言提出环境教育的重点是要在教育中表达出环境相关的知识和重点内容，有效地引导人们对环境的关注度，且教育的内容中应当包括并不限于五个方面——环境意识、环境的相关知识、技能、对环境的态度，以及环境活动的参与。

从全世界的可持续发展来看，教育是其中不可或缺的一环，1992 年的《21 世纪议程》中提到，教育对可持续发展是非常重要的，通过各种形式的教育转变人们对待环境的关切度，提高人们解决环境与发展问题的能力，同时也能对可持续发展做出自己的贡献。环境教育的要求和教育的高度也在不断增加。

《21 世纪议程》不仅确立了各国环境教育的要求与目标，使环境教育在 20 世纪末期得到了新的发展。联合国教科文组织"为了可持续性的教育"在 1997 年塞萨洛尼基会议上将教育联系环境与发展问题、人类和平问题，形成了可持续发展教育，引领了环境教育的工作方向。

（二）环境教育的定义和特点

遍观环境教育历史进程和相关知识研究，可以总结出环境教育的几大特征点。

（1）环境教育的对象应为全体公民，具有全民性。任何一个自然人都会与环境发生互动，相互影响，即每个人都有可能成为环境的保护者，也有可能成为环境的破坏者。因此，环境教育最重要的对象应为公民，通过对全社会的环境教育来提高环境治理能力，加强可持续发展战略的公众参与。

（2）环境教育的内容要包含重要的几点：环境意识的培养，环境知识的教授，环境技能的锻炼，对环境态度的改观和对环境相关活动的参与。教育的最终目标是使每个公民能通过教育，自发自主地参与到环境保护事业中去，为国家的可持续发展贡献每个人的力量，使公民掌握参与可持续发展事业所必需的知识和技能，培养公民参与可持续发展事业的态度并为可持续发展事业的公众参与提供支持和保障。

（3）环境教育包括正规和非正规教育，对个人来说环境教育是伴随终生的，主要是通过学校教育，对学生进行集中的环境教育培养，迅速地提高学生相关知识水平或技能水平便是正规教育的一般定义；而且由于青少年的可塑性较强，也有利于提高可持续发展的意识和态度。非正规教育主要指社会教育或校外教育，非正规教育主要是针对步入社会的成年人，主要方向应集中于宣传环境形势与相关法律法规及政策，引起公民对于周边环境问题的关注以及对如何以公众身份参与可持续发展事业的了解。

（4）环境教育的目标是实现全社会参与社会和生态的可持续发展。而《循环经济促进法》第一条明确提出："为了促进循环经济发展，提高资源利用效率，保护和改善环境，实现可持续发展，制定本法"。然后在第三条明确了发展循环经济的公众参与方针。这是环境法学及相关的环境社会学、环境经济学的理论和实践活动的题中之义，建立在多种环境学科基础上的环境教育当然应以实现和促进公众参与可持续发展作为教育活动的目标。而另外一个侧面也反映出发展环境教育是实施循环经济促进法的一个重要内容，因此应在《循环经济法》的框架下对发展环境教育提供支持和保障。

综上所述，可以给环境教育进行以下的定义：环境教育是通过正式或非正式的教育，帮助公众获得知识、技能及价值观，使他们能积极地以公民身份参与社会及生态的可持续发展事业中。

二、《循环经济促进法》对西部地区环境教育的促进作用

（一）广西等西部地区开展环境教育的必要性

广西近年来充分利用国家西部大开发战略大力发展工业产业，在经济发展的同时也给自然环境带来了破坏。广西为了实现可持续发展的目标，在自然环境和经济发展的压力之下，必须保证环境保护与经济之间的平衡发展。在资金、技术和人才等方面供给有限的情况下，尽可能地通过《循环经济促进法》所提出的推动公众参与的方式来发展环境教育，提高公众的知识技能水平，以达到该法要求的目的。

和广西经济和环境条件相似的西部地区，同样面临着自然资源和经济发展的双重压力，同样也存在着政府经济和行政能力无法全面实现循环经济所要求的目标等现实问题。因而通过强化社会公众的参与，通过《循环经济促进法》推动社会参与的原则进行制度构建来实现其可操作性，激发和支持公众对发展循环经济的参与意识提高公众在推动循环经济的事业中所需的技能和知识。

（二）《循环经济促进法》对西部地区发展环境教育的支持和促进

《循环经济促进法》第七条规定："国家鼓励和支持开展循环经济科学技术的研究、开发和推广，鼓励开展循环经济宣传、教育、科学知识普及和国际合作。"以立法确立对环境教育的激励与鼓舞。作为一种系统且有效的宣传环保知识技能的教育模式，欧美和东盟各国早已鼓励群众参与，因此也被国际所广泛认可，其恰恰迎合了我国《循环经济促进法》的倡导，并与其中经济宣传、技术推广和咨询服务等理念契合，给西部地区发展环境教育以启示。具体理由如下。

1. 主体统一

环境教育工作，无论是正规教育还是非正规教育，往往以协会为代表的社会组织开展。而由《循环经济促进法》规定县级以上人民政府可以委托有条件的行业协会等社会组织开展促进循环经济发展的公共服务，因此可以看出环境教育和《循环经济促进法》中提出的循环经济的公共服务的主体是基本吻合的。

2. 客体的统一

无论是环境教育还是《循环经济促进法》提出的循环经济的公共服务，其客体均是社会公众。

3. 内容的统一

环境教育的目标是为了提高公众对保护环境的知识、技能、态度和意识，其主要方式包括学校教学教育，社会宣传，技能教育等方式，基本涵盖《循环经济促进法》中提出的一些方式——宣传、技术推广和咨询服务等。

总之，可以认为《循环经济促进法》中提出的社会宣传教育类措施是与环境教育紧密相连的。一方面，环境教育可以更好地促进社会公众对循环经济的认识和参与的意识，使其具备发展循环经济所需的技能和知识；另一方面，《循环经济促进法》可以为长久以来缺乏法律与政策支持的环境教育事业提供良好的平台，可以使环境教育得以在发展循环经济这一法律和政策平台上构建相关的制度和发展模式。

(三) 西部地区发展环境教育的优势

1. 自然环境保存较好

西部地区各省市不但自然资源丰富，生态环境多样，而且开发程度较低，保护较为完好，有利于开展绿色学校等环境教育项目。

2. 国家政策支持

国家出台过许多针对西部经济发展的政策，以前有西部大开发战略，现在东盟自贸区的建立更是体现了国家对西部地区的政策支持，除此之外，《循环经济促进法》《关于推进环境保护公众参与的指导意见》等相关法律法规也进一步推动了循环经济的发展，对环境保护也起到了重要推动作用。

3. 西部地区的区位优势

西部地区省份大多与其他国家接壤，可以利用区域合作的方式与周边国家合作进行环境教育，如建立区域环境数据库，双方老师和学生可以就关于环境保护等主题进行交流学习和合作，从而弥补资金匮乏和人才不足。而在 20 世纪 90 年代，东盟各国就已经开始进行区域性国家间的环境教育合作，现已建立涵盖东盟地区的环境教育数据库，为国际上有关环境教育的合作提供了许多可供借鉴学习的优秀案例。如今，随着中国东盟经济合作区的深入发展，广西应充分利用得天独厚的区位优势和这一有利机会，在吸收东盟各国已有的经验知识基础上，探索出适合当地发展的道路，创新地发展本地的环境保护事业。

近年来，公民的环境意识不断增强，现阶段公众与环境保护

关系的主要矛盾已从经济发展与环境保护之间的矛盾转变为公民
日益提高的环境诉求和公民相对落后的环境技能和知识之间的矛
盾，即公民的环境技能和知识无法适应发展循环经济和可持续发
展的需求。

三、西部地区发展环境教育现状及障碍分析——以广西为例

（一）广西环境教育现状

1. 未能在正规教育中贯彻环境教育

我国在 20 世纪的《中国 21 世纪议程》中就提出，要加强对
受教育者的可持续发展思想的灌输和教育，要将环保教育纳为一
项常规的教育内容，使可持续发展的理念深入全体公民的内心。
虽然我国很早就有在正规教育中引入环境教育的理念，但从目前
来看，环境教育的执行力度完全不够，甚至在很多地方，环境教
育完全空缺。尤其体现为以下几点。

（1）教材设计不够合理。

在小学教育中，环境教育仅仅在六年级下册的科学课本里的
章节中提及，而且内容中论述的垃圾分类等问题不符合当前教学
水平，并不能达到教育效果。

（2）教师相关知识储备不足。

一方面，在广西的初等到高等教育中，绝大部分的招聘老师
都没有环境专业背景或接受过环境教育。教育部门也没有组织教
师进行环境教育的相关培训，如讲座、进修等。另一方面，环境
基础教育学科通常只存在于高等院校中的环境相关专业中，不是
面向全校的必修科目；而在思政课中，由于高校对思政课教师的
专业局限于哲学、历史等人文学科，其理学和工科水平明显不足
以支持环境教育需要。

（3）政策落实不到位。

《中国 21 世纪议程》中所提到的"发展与环境"课程仅在广西少数高校的个别老师作为选修课，并没有设置成全校的必修科目。

（4）教学资源投入缺少。

环境教育的教育资源较之于其他的教育资源投入过少，表现在环境教育课时安排过少，环境教育活动参加过少等方面。在广西多所示范性高中课程安排中，环境保护问题仅仅只有 1 到 2 个课时，可持续发展问题只有两个课时，除植树节会有相关课外教学活动之外，并没有其他环境课外活动的参与。而且，通过调查数据，显示大部分学校的环境知识教材、环境教育培训材料和其他参考材料都处于缺失状态。

（5）教育观念落后。

即使在初级教育的教材中有专门的章节进行环境教育，在中等和高等教育中也引入了一些环境教育的内容，但是这些教学活动仅针对让学生学习相关的环境知识，并不能达到培养意识，提高知识和技术，明确态度，重在参与的环境教育总体要求。

2. 环境教育在非专门化教育中成效甚微

在对广西区域内公众对环境意识的问卷调查中，调查结果显示出以下几点：①79% 的被调查者认为当地环境一般，2.27% 的被调查者认为当地环境比较差，还有 7% 左右的被调查者认为当地环境十分差劲；②有 53% 的被调查者不知道本地制定《循环经济促进法》相应的规定或文件的情况，40% 的被调查者认为政府没有制定；③有 25% 的受访者表示本地环境恶化；④有 50% 受访者认为应加强污染防治工作，有 14% 受访者认为"三废"处理仍需加强。这些数据表明公众已经开始意识到环境问题的严重，认为环境质量在恶化，这表明公众自发地在接受环境教育。但是另一方面表明，尽管政府有出台大量环境保护法规与政策，但其宣传和执行力度不够，导致公众对相关内容不了解，无法参与其中。在另一项实地调查中，对南宁市西乡塘区北湖南路一个有垃圾分类处理标识和功能的公共垃圾箱进行观察，在早上8点到下午5点的时间里，共有11人使用此垃圾箱，无一人按照可回收垃圾和不可回收垃圾进行分类，对其中3名附近的大学生进行访谈了解到他们不具备区分可回收垃圾和不可回收垃圾的知识和技能，且课题组发现，环卫人员在处理此垃圾箱内废弃物时既没有分类，也没有统一放置。综上所述，环境教育在非正规教育中，包括社会宣传、校外教育以及职业教育中收效甚微，甚至存在缺失和空白。

(二) 广西发展环境教育面临的障碍

1. 社会公众对环境教育的认识不足

广西等西部地区发展环境教育面临的最大障碍是社会公众对环境教育的认识不足，导致公众从内因上缺乏对学习环境保护、发展循环经济及参与可持续发展事业的知识与技能，缺少相关的意识和态度，从而无法达到可持续发展的公众参与要求。其主要表现在以下两点：①西部地区公众的关注度主要集中在经济发展上，以改善自身经济条件，发展地区经济作为首要任务，虽然对环境问题和循环经济的重视程度也呈上升趋势，但是对接受环境教育缺乏主动性；②长期的应试教育和巨大的竞争压力使得社会公众对于学校教育的期望高度集中于应试科目和自身发展中，对于环境教育的态度是不支持甚至是不认可的。

2. 政府对环境教育的支持不足

通过对广西各地级市的政府部门调查走访后发现，广西的政府基层职能部门在履行其发展循环经济职能时主要集中在对辖区内大中型企业的监控和指导，对于促进公众意识和公众参与方面缺乏关注。其主要原因为现阶段国家评价政府实施循环经济的成效主要表现在对排放物的控制上，并没有对实施环境教育等长效措施的评价机制，导致地方政府的决策者缺乏对类似环境教育此类长效措施的动力，也无暇主动为公众参与循环经济发展的监督和决策提供条件。

3. 由于各方面原因，学校并不能实现环境教育

对广西的几个初级与高级中学调查走访时，相关教育工作者就为何不能在本学校进行环境教育提出了若干宝贵的意见，在现阶段广西学校教育中无法实现环境教育主要有以下原因：①教育主管部门未能发挥行政指导职能；②社会与家长对于升学和就业的压力；③学校教育质量的评价方式与环境教育无关；④教师缺乏相应的知识与经历，专业水平不足，结构单一；⑤学生基于应试教育而产生的功利心理。

四、促进西部地区发展环境教育的对策

（一）在《循环经济促进法》的框架下完善对公民环境教育的支持

《环境保护法》规定了公民的环境教育制度。《循环经济促进法》规定：国家鼓励和支持中介机构、学会和其他社会组织开展循环经济宣传、技术推广和咨询服务，促进循环经济发展。2014年环境保护部颁布的《关于推进环境保护公众参与的指导意见》中，提出在"环境宣传教育"时，应引导公众和环保社会组织积极参与环境宣传教育和知识普及工作，发挥网络、手机、微博等新媒体的作用，为公众解疑释惑。这些规范性文件把学校、中介机构、学会、媒体及其他社会组织作为公民环境教育与宣传的不可或缺的部分，强调要提高社会大众的生态保护和绿色发展的意识，使社会大众投入到环保中来，实现全民参与性，最终建立起主体广泛的大众的环保教育。但是由于《环境保护法》是原则性的规定，《关于推进环境保护公众参与的指导意见》属于部门规

章，其效力能否得到教育行政部门及学校的肯定还不得而知。但《循环经济促进法》作为全国人大常委会颁布的法律，又具有特别法的地位，其效力不但能及于各个相关部门、事业单位及社会组织，又能秉承我国环境基本法的立法精神，因此本书认为现阶段发展环境教育更适宜在《循环经济促进法》的框架下进行构建和完善。

此外，《循环经济促进法》不但提出要鼓励和支持环境宣传教育，还在第四十八条规定了表彰和奖励制度。这些规定对政府及企事业单位进行授权，允许其对在循环经济发展中作出突出贡献的集体和个人给予表彰和鼓励，也有利于建立发展环境宣传教育的激励机制，通过给予物质和荣誉上奖励，激发集体或个人参与环境宣传教育的积极性。

最后，由于我国传统的立法模式为禁止性规范和任意性规范相结合，本书认为，与其重新通过立法来发展环境教育，不如以《循环经济促进法》为基础对环境教育进行制度上的构建，使《循环经济促进法》为促进环境教育的发展提供可靠的制度保障。具体建议如下。

1. 学校教育阶段

应当发展学校阶段的正规的环境教育，应做到以下几点：①进行广泛性的调查，确定当前广西等西部地区正规学校教育中环境教育的水平和状况；②以省级教育行政部门牵头彻底地将环境教育整合到基础教育（幼儿园、小学和中学教育）课程中去；③发挥高校和第三方教育机构的自主科研教学能力，通过敦促或给予专项资金支持的方式将环境教育与高校职业教育和第三方教育机构的课程整合；④以学校为载体举办研讨会，加深决策层对当地、地区和全球环境的理解，促进其参与环境教育；⑤组织多部门研讨会，规划、涉及和制订环境教育的整体计划及分层面的实施，如幼儿园的启蒙教育、中小学则注重环境意识和态度的培养，高等院校通过多学科课程结合提高学生的环境知识和技能；

⑥现阶段可在各层次学校进行环境教育课程的试点；⑦在教师培养过程中以可持续发展为目标对教师进行再教育和再评估；⑧开发并制定环境教育支撑材料，包括不同形式的环境教育教材，聘请环境项目专家、环境科学工作者参与修订已有课程的教材，环境教育教材应针对各层次受教育者分类反映本地、本区域、国家及全球的环境问题、经验、习惯及法规（如本土农业生产和渔业生产的习惯和法规）；⑨制订相应的人才引进计划及激励措施。

2. 社会教育阶段

应当发展面向社会的非正规的环境教育，应做到以下几点：①分析特殊的目标群体，确定各行业从业者的需求和局限，并有针对性地为各个群体制定恰当的环境教育策略、公共服务或培训计划，但不能脱离西部地区的经济、社会、文化和民俗等因素；②实现正规教育和非正规教育接轨，鼓励学校与社会组织一起开展环境教育活动，建立完善公众参与环境项目的途径，在政府主导的环境项目中大力寻求非政府组织的合作；③建立本地的环境教育中心与图书馆；④采取多种对受教育者友好的形式来准备环境教育材料，如画册、连环画和戏剧等方式；⑤向特定的目标群体广泛散发环境教育材料。

（二）加强与东盟国家的国际合作

除了依靠自身力量发展环境教育外，同邻国进行广泛且深度合作推动环境教育事业蓬勃发展，这对西部地区亦是一种高效便捷的方式，尤以广西为代表。广西与相邻东盟各国实现了环境教育方面的国际合作，地域性、普遍性特征显著，同时兼具大众性与高层次于一身，亦可借鉴并利用其他国家的教育经验，推动西部地区环境教育蓬勃发展。况且，中国与东盟签署的文件《中国—东盟环境合作战略及行动框架 2021—2025》，以较大的篇幅规定了中国和东盟在环境教育方面的合作内容、方式和措施等，为广西等西部地区与东盟合作发展环境教育，提供了很好的国际合作经验和支持。

西部地区加强与东盟国家的国际合作发展环境教育应做到以下几点：①建立地区性环境教育中心，目前可在已有的"中国—东盟环境保护合作中心"下设环境教育中心；②建立信息、教育、宣传及网络体系。2018年9月在广西南宁召开的中国东盟环境保护合作论坛的主题就是"大数据驱动生态环保创新"；③建立区域性环境教育网站，该环境教育网站也可以由已有的"中国–东盟环境保护合作中心"创建好维护；④为双边或多边参与成员提供环境教育技术援助，可采取互派留学人员的方式，加强对于中国及东盟各国环境教育人员的培训、指导和交流。更好的办法是聘请东盟优秀环境教育方面的专家到中国任教，指导我国的环境教育工作的开展；⑤制订区域性国际环境教育共同行动计划，积极贯彻执行中国与东盟签署的文件《中国—东盟环境合作战略及行动框架2021—2025》中的中国和东盟在环境教育方面的合作内容、方式和措施；⑥提供多种合作方式，如政府组织和非政府组织的合作，加强与联合国环境规划署、教科文组织的联系。

参考文献

一、著作类

[1] 哈耶克. 法律、立法与自由 [M]. 北京：中国大百科全书出版社，2000.

[2] 吴文伟. 城市生活垃圾资源化 [M]. 北京：科学出版社，2003.

[3] 王蓉. 中国环境法律制度的经济学分析 [M]. 北京：法律出版社，2003.

[4] 王伯琦. 近代法律思潮与中国固有文化 [M]. 北京：清华大学出版社，2005.

[5] 周宏春，刘燕华. 循环经济学 [M]. 北京：中国发展出版社，2005.

[6] 齐建国，尤完，杨涛. 现代循环经济理论与运行机制 [M]. 北京：新华出版社，2006.

[7] 徐祥民，陈书全. 中国环境资源法的产生与发展 [M]. 北京：科学出版社，2007.

[8] 付子堂. 法理学初阶 [M]. 北京：法律出版社，2007.

[9] 朱伯玉. 循环经济法制论 [M]. 北京：人民出版社，2007.

[10] 王军. 循环经济的理论与研究方法 [M]. 北京：经济日报出版社，2007.

[11] 王树义. 可持续发展与中国环境法治：生态安全及其立法问题专题研究 [M]. 北京：科学出版社，2007.

[12] 赵立祥，左铁镛，冯立浚，等. 日本的循环型经济与社会 [M]. 北京：科学出版社，2007.

[13] 黄海峰，刘京辉. 德国循环经济研究 [M]. 北京：科学出版社，2007.

[14] 弗里德里希，冯·哈耶克. 哈耶克文选 [M]. 冯克利，译. 南京：江苏人民出版社，2007.

[15] 孙佑海. 超越环境"风暴"[M]. 北京：中国法制出版社，2008.

[16] 孙佑海，张蕾. 中国循环经济法论[M]. 北京：科学出版社，2008.

[17] 全国人大环境与资源保护委员会法案室.《中华人民共和国循环经济促进法》立法资料概览[M]. 北京：中国民主法制出版社，2008.

[18] 杨雪锋. 循环经济运行机制研究[M]. 北京：商务印书馆，2008.

[19] 范连颖. 日本循环经济的发展与理论思考[M]. 北京：中国社会科学出版社，2008.

[20] 陈泉生. 环境法学系列专著：循环经济促进法研究[M]. 北京：中国环境科学出版社，2009.

[21] 何尧军，单胜道. 循环经济理论与实践[M]. 北京：科学出版社，2009.

[22] 沈守愚，孙佑海. 生态法学与生态德学[M]. 北京：中国林业出版社，2010.

[23] 谢海燕. 中国循环经济政策体系研究报告[M]. 北京：知识产权出版社，2010.

[24] 李玉基，俞金香. 循环经济基本法律制度研究——基于我国《循环经济促进法》的思考[M]. 北京：法律出版社，2012.

[25] 孙佑海，李丹，杨朝霞. 循环经济法律保障机制研究[M]. 北京：中国法制出版社，2013.

二、期刊论文类

[1] 张思峰，张颖. 对我国循环经济研究若干观点的述评[J]. 西安交通大学学报（社会科学版），2002（3）.

[2] 蔡守秋. 循环经济立法研究——模式选择与范围限制[J]. 中国人口·资源与环境，2004（6）.

[3] 初丽霞. 循环经济的理论与实践研究[J]. 山东经济战略研究，2004（9）.

[4] 周珂，迟冠群. 中国循环经济立法必要性刍议[J]. 南阳师范学报：2005（1）.

［5］徐祥民，孟庆垒. 可持续发展：从发展观到法律制度［J］. 经济纵横，2005（5）.

［6］李艳萍. 论延伸生产者责任制度［J］. 环境保护，2005（7）.

［7］张文平，张秋根，汤小强：工业生态化与循环经济［J］. 生态经济，2005（3）.

［8］任凤珍，焦跃辉. 环境权实施机制模式研究［J］. 河北法学，2005（6）.

［9］孙佑海. 循环经济立法问题研究［J］. 环境保护，2005（1）.

［10］熊哲文. 中外循环经济立法比较研究［J］. 特区实践与理论，2006（1）.

［11］孙佑海，程贞，李丹. 中国应当制定什么样的循环经济法［J］. 上海政法学院学报，2006（1）.

［12］李艳芳. 系统化构建中的循环经济立法［J］. 中国人民大学学报，2006（3）.

［13］冯之浚. 循环经济与立法研究［J］. 中国软件学，2006（10）.

［14］傅学良. 循环经济的法律实施机制研究［J］. 湛江海洋大学学报，2006（5）.

［15］黄锡生，张国鹏. 论生产者责任延伸制度——从循环经济的动力支持谈起［J］. 法学论坛，2006（3）.

［16］孙佑海. 循环经济法的基本框架和主要制度论纲［J］. 法商研究，2007（3）.

［17］王雪松，岳静. 生产者责任延伸制度内涵和要素探析［J］. 乡镇经济，2007（4）.

［18］吕忠梅. 循环经济立法之定位［J］. 法商研究，2007（1）.

［19］王灿发，李丹. 循环经济法的建构与实证分析［J］. 现代法学，2007（4）.

［20］魏俊辉. 经济法实施机制研究［J］. 河南商业高等专科学校学报，2007（1）.

［21］常纪文. 借鉴与超越：《循环经济促进法》意义深远［N］. 中国环境报，2008-09-05（003）.

［22］孙佑海. 循环经济立法及对我国经济社会的影响研究［J］. 甘肃

社会科学, 2008 (1).

[23] 董溯战, 赵绘宁. 质疑 "3R" "4R" 与循环经济促进法的关系 [J]. 生产力研究, 2009 (23).

[24] 卫淑霞.《循环经济促进法》的环境伦理审视 [J]. 中共山西省委党校学报, 2009 (1).

[25] 王华. 论循环经济法律关系主体的减量化义务 [J]. 广西社会科学, 2009 (7).

[26] 李明, 郝燕. 论循环经济促进法是科学发展观的实践创新 [J]. 理论月刊, 2009 (7).

[27] 宋功德. 浅析法的实施机制 [J]. 国家行政学院学报, 2009 (4).

[28] 刘变叶, 赵熙峰. 浅议我国循环经济立法及制度推行 [J]. 散装水泥, 2009 (6).

[29] 李丹. 推进循环经济法律制度实施的若干问题研究 [J]. 再生资源与循环经济, 2009 (7).

[30] 常中豪. 我国循环经济立法方向刍议 [J]. 西南农业大学学报(社会科学版), 2009 (5).

[31] 龚家林.《循环经济促进法》构成要素的法理分析 [J]. 南昌高专学报, 2010 (2).

[32] 缪宁.《循环经济促进法》主要制度解析及完善 [J]. 企业经济, 2010 (1).

[33] 孙佑海, 丁敏.《循环经济促进法》实施一年来的成就、问题和进路 [J]. 环境保护与循环经济, 2010 (2).

[34] 张凡. 从系统到量化：循环经济立法的完善——关于可操作性的思考 [J]. 石家庄学院学报, 2010 (1).

[35] 王磊. 试析《循环经济促进法》实施机制 [J]. 呼伦贝尔学院学报, 2010 (3).

[36] 于东升. 我国循环经济立法研究 [J]. 现代经济信息, 2010 (7).

[37] 李玉基, 申文. 循环经济法中关于政府的责任的研究 [J]. 中国商界 (下半月), 2010 (3).

[38] 李响. 中美循环经济法治化环境政策因素比较与借鉴 [J]. 学术交流, 2010 (2).

[39] 陈曦，杨洋. 实行循环经济促进科学发展——《循环经济促进法》的意义与特色 [J]. 中国科技纵横，2010（5）.

[40] 李廷浩，姜凌舟. 论循环经济法律制度及其完善 [J]. 法制与社会，2011（1）.

[41] 卢林峰. 自治区高院通报全区环境资源审判工作情况，维护群众环境资源权益，推进生态文明建设 [N]. 广西法治日报，2016-06-03（A01）.

[42] 胡鞍钢，鄢一龙. 我国发展的不平衡不充分体现在何处 [J]. 人民论坛，2017（S2）.

[43] 郑成. 西部高等教育发展对经济增长贡献的问题研究 [J]. 重庆高教研究，2017，5（4）.

[44] 俞金香.《循环经济促进法》的困惑与出路：八年实践的理性反思 [J]. 环境经济，2017（3）.

[45] 秦汉锋. 我国绿色信贷发展需构建五大机制 [J]. 中国银行业，2016（11）.

[46] 杨舒涵. 我区法院，完善审理机制，强化法律监督 [N]. 新疆日报（汉），2017-06-06（002）.

[47] 刘鹏. 法律实施的基本范畴论纲 [J]. 江汉论坛，2017（6）.

[48] 杨昀. 环境税制改革视角下固体废弃物治理法律配额交易机制之引入 [J]. 天津法学，2017（3）.

[49] 褚睿刚. 环境保护税立法目的的选择刍议——兼论《环境保护税法》[J]. 中国石油大学学报（社会科学版），2017（3）.

[50] 徐澜波. 我国宏观调控程序规范的法律属性 [J]. 法学，2017（11）.

[51] 吴真，李天相. 日本循环经济立法借鉴 [J]. 现代日本经济，201837（4）.

[52] 付健. 论我国发展循环经济信贷支持法律制度 [J]. 法学杂志，2018（7）.

[53] 祝睿. 环境共治模式下生活垃圾分类治理的规范路向 [J]. 中南大学学报（社会科学版），2018，24（4）.

[54] 樊永强. 绿色消费呼唤法律体系的完善 [J]. 人民论坛，2018

（24）.

[55] 韩子燕. 循环经济法中消费者责任之规制解构——现实定位与困境重释 [J]. 河北法学, 2018, 36 (11).

[56] 涂亦楠. 德国垃圾循环回收法律体系的经验及我国路径 [J]. 生态经济, 2018, 34 (12).

[57] 黄锡生. 我国环境司法专门化的实践困境与现实出路 [J]. 人民法治, 2018 (4).

[58] 饶健. 我国环保法庭建设的缘起、现状与展望 [J]. 黑龙江省政法管理干部学院学报, 2018 (3).

[59] 殷继国, 阳雨璇. 寻找经济法中的法理——"经济法中的法理"学术研讨会暨"法理研究行动计划"第七次例会述评 [J]. 法制与社会发展, 2019 (6).

[60] 周昱, 徐晓晶, 保嶽. 德国《循环经济促进法》的发展与经验借鉴 [J]. 环境与可持续发展, 2019 (3).

[61] 孙佑海, 王甜甜. 解决生活垃圾处理难题的根本之策是完善循环经济法制 [J]. 环境保护, 2019 (6).

[62] 吕忠梅, 吴一冉. 中国环境法治七十年：从历史走向未来 [J]. 中国法律评论, 2019 (5).

[63] 魏佳容. 减量化与资源化：农业废弃物法律调整路径研究 [J]. 华中农业大学学报（社会科学版）, 2019 (1).

[64] 俞金香.《循环经济促进法》制度设计的问题与出路 [J]. 上海大学学报（社会科学版）, 2019, 36 (4).

[65] 何跃军. 法规影响分析程序：提升立法质量的事前之道 [J]. 地方立法研究, 2019 (5).

[66] 李毅. 循环经济 ppp 模式的法律规制——以城市生活垃圾处理为中心之展开 [J]. 环渤海经济瞭望, 2019 (10).

[67] 尹启华. 产业投资基金介入 PPP 项目的治理功能及路径选择 [J]. 经济研究参考, 2020 (21).

[68] 王利明, 秦天宝, 张震, 熊勇先, 石冠彬. 垃圾分类管理的立法思路及公众权利保障研究（笔谈）[J]. 河南社会科学, 2020, 28 (1).

［69］薛建兰，王娟. 民营企业环保责任税收激励法律问题研究——以资源综合利用企业所得税优惠为例［J］. 经济问题，2020（2）.

［70］翟巍. 生物安全法治视野下动物次生品的界分与规制［J］. 中国政法大学学报，2020（3）.

［71］张琨. 法治化视角下的农业循环经济发展困境与对策［J］. 农业经济，2020（7）.

［72］周欢秀. 生态文明视域下的农村生态法规体系建设［J］. 农业经济，2020（8）.

［73］陈伟. 论消费者的环境法律义务及其规范体系［J］. 中国地质大学学报（社会科学版），2020（4）.

［74］王迪. 环境事务公众参与权探赜［J］. 北京行政学院学报，2020（5）.

［75］孙波. 论行政立法后评估制度的完善［J］. 江西社会科学，2020（11）.

［76］侯猛. 实证"包装"法学？——法律的实证研究在中国［J］. 中国法律评论，2020（4）.

［77］谭波. 论体系化背景下地方立法质量评价机制的完善［J］. 河南财经政法大学学报，2020（1）.

［78］李店标，冯向辉. 地方立法评估指标体系研究［J］. 求是学刊，2020（4）.

［79］何锦前. 生态文明视域下的环境税收法治省思——从平移路径到并行路径［J］. 法学杂志，2020（3）.

［80］肖伊. 资源税改革历程及立法意义［J］. 湖南税务高等专科学校学报，2020（5）.

［81］叶金育. 资源税的改革与立法——从主导目的到税制协调［J］. 法学，2020（3）.

［82］陈积敏，江林升. 企业环境信息公开法治路径建构［J］. 社会科学家，2020（10）.

［83］魏庆坡. 商业银行绿色信贷法律规制的困境及其破解［J］. 法商研究，2021（4）.

［84］沈百鑫. 生产者责任延伸机制的发展和演变趋势——中国、德国及

欧盟固废治理的法律比较 [J]. 中国政法大学学报，2021 (6).

[85] 秦鹏，徐海俊. 快递包装物回收利用的制度困境与规范进路 [J]. 南通大学学报 (社会科学版)，2021，37 (2).

[86] 冷传莉，全耕雨. 环境保护税绿色创新激励规则的改进——基于产品绿色创新的视角 [J]. 南京工业大学学报 (社会科学版)，2021，20 (4).

[87] 高桂林，陈炜贤. 碳达峰法制化的路径 [J]. 广西社会科学，2021 (9).

[88] 谭志雄，任颖，韩经纬，等. 中国固体废物管理政策变迁逻辑与完善路径 [J]. 中国人口·资源与环境，2021 (2).

[89] 李春友，鲁晓玮. 污染密集型产业集群如何实现升级——基于产业活动类型与生态系统耦合模式匹配视角 [J]. 科技进步与对策，2021 (19).

[90] 卢静，王信粉，辛璐，等. 环保产业园协同创新能力评价研究 [J]. 环境保护科学，2021 (5).

[91] 卢野，陈一. 法治社会建设视域下的法治意识评估——对象、内容和原则 [J]. 西华大学学报 (哲学社会科学版)，2021 (6).

[92] 曹宇. 循环利用机制纳入环境法典探索：理念、体系与制度构成 [J]. 政法论坛，2022，40 (2).

[93] 宁清同. 论《民法典》之节约资源义务 [J]. 中国政法大学学报，2022 (3).

[94] 孙佑海，王甜甜. 推进碳达峰碳中和的立法策略研究 [J]. 山东大学学报 (哲学社会科学版)，2022 (1).

[95] 张忠民，侯志强. 环境法典中绿色发展理念的融入与表达——以《循环经济促进法》修订为视角 [J]. 东南大学学报 (哲学社会科学版)，2022 (5).

[96] 侯巍巍，马波. "生态人"法律人格塑造，法律主体、权利能力与人格利益 [J]. 广东石油化工学院学报，2022 (5).

[97] 张安军. 环境税征收、社会责任承担与企业绿色创新 [J]. 经济理论与经济管理，2022 (1).

[98] 马刚. 循环经济背景下企业社会责任的法律思考 [J]. 中国商贸，

2022（13）.

[99] 袁文全，王志鑫. 环境共治模式下绿色消费法律制度的规范建构 [J]. 中国人口·资源与环境，2022（8）.

[100] 莫良元，张加林. 法律实施效果评估制度建构问题研究 [J]. 学海，2022（2）.

[101] 阮泪君，赵健旭. 法律实施中的"隐性监督者"——基于内生性视角的考察 [J]. 浙江学刊，2022（5）.

[102] 李奇伟，常纪文，李泓洁. 关于《循环经济促进法》的修改建议 [J]. 中国生态文明，2022（4）.

[103] 曹宇. 循环利用机制纳入环境法典探索：理念、体系与制度构成 [J]. 政法论坛，2022（2）.

[104] 李毅，胡宗义，周积琨，等. 环境司法强化、邻近效应与区域污染治理 [J]. 经济评论，2022（2）.

三、学位论文类

[1] 韦冉. 我国再生资源循环利用立法研究 [D]. 重庆：重庆大学，2005.

[2] 石珺. 论我国的循环经济立法 [D]. 长沙：湖南大学，2006.

[3] 贺书霞. 中国循环经济立法研究 [D]. 咸阳：西北农林科技大学，2007.

[4] 夏昌武. 江西发展循环经济地方立法问题研究 [D]. 南昌：江西师范大学，2008.

[5] 张丽琴. 循环经济法基本问题研究 [D]. 上海：华中师范大学，2008.

[6] 曹闻佳. 减量化优先法律原则确立的探讨 [D]. 上海：复旦大学，2009.

[7] 吕良. 论循环经济法律制度的构建 [D]. 贵阳：贵州大学，2009.

[8] 王旭. 我国循环经济立法研究 [D]. 太原：山西财经大学，2009.

[9] 魏娜. 我国循环经济主要法律制度完善 [D]. 咸阳：西北农林科技大学，2009.

[10] 张晓燕. 循环经济法及其调整方法 [D]. 青岛：中国海洋大

学，2009.

［11］周文泽. 德、日等国循环经济法制比较及对我国的启示［D］. 太原：山西财经大学，2008.

［12］吴佚.《循环经济促进法》实施问题研究——以长沙市两型社会建设为典型个例［D］. 长沙：湖南师范大学，2012.

［13］龚俭飞. 循环经济立法完善之研究［D］. 厦门：华侨大学，2012.

［14］乔轲. 我国家电企业社会责任问题研究以海尔公司为例［D］. 太原：山西财经大学，2015.

［15］朱小会. 中国财税政策的环境治理效应研究［D］. 重庆：重庆大学，2018.

［16］秦芳菊. 绿色金融的法律规制研究［D］. 长春：吉林大学，2020.

［17］郭芳芳. 绿色信贷法律责任研究［D］. 重庆：西南政法大学，2019.

附录一 调查方法、问卷设计及调研过程、访谈提纲的说明

一、调查方法、问卷设计及调研过程的说明

（一）调查地点和调查方法的说明

"十三五"以来，广西积极发展循环经济，取得显著成效。广西循环经济协同发展，形成了以南宁、柳州、梧州等市为重点的资源综合利用集聚区，以资源循环利用为核心的循环经济产业链初步形成，有力推进了广西经济绿色低碳循环发展。2021年，广西出台了《广西循环经济发展"十四五"规划》及《广西循环经济发展三年行动方案（2021—2023年）》，"十四五"时期，广西将着力推进新型工业化、信息化、城镇化、农业现代化，加快建设现代化经济体系，深入实施工业强桂战略，资源能源需求仍处于刚性较快增长阶段。但是，广西仍然面临着资源能源利用效率总体上仍然不高，工业结构重型化特征明显，节能降碳任务艰巨，绿色低碳循环产业基础较弱，大宗固体废弃物综合利用水平偏低，再生资源回收利用体系不健全等问题。据此，广西在上述规划中要求全区大力发展循环经济，加快经济社会发展绿色转型，为生态文明强区建设和经济社会高质量发展提供重要支撑。充分利用广西资源、产业、区位优势，大力发展循环经济，可以有效减少能源资源消耗和废弃物排放，大幅提高资源产出效率，缓解资源环境瓶颈约束，改变"先污染、后治理"的传统发展路径，推进经济结构调整，提高经济增长质量和效益，切实改善民生，提升区域发展整体竞争力。因此，课题组首先选择了南宁、桂林、柳州、百色、河池、梧州、贺州作为课题调研对象。

2012年，《国务院关于进一步促进贵州省经济社会又好又快

发展的若干意见》中明确提出，贵州省是全国重要的能源基地、资源深加工基地、特色轻工业基地、以航空航天为重点的装备制造基地和西南重要陆路交通枢纽。同时贵州省还是国家扶贫开发攻坚示范区，文化旅游发展创新区，长江、珠江上游重要生态安全屏障以及民族团结进步繁荣发展示范区。贵州省也提出了"既要金山银山，又要绿水青山"的绿色发展理念，对于西部民族地区而言，贵州省发展循环经济也具有一定的标杆作用。从 2018年至今，贵州省在环境保护基本法、环境保护专项法、资源利用法、特定区域生态环境保护法四个方向进行重点立法，共制定地方性法规超过 20 部。因此，课题组其次选择了贵州省贵阳、黔东南苗族侗族自治州、黔南布依族苗族自治州开展课题调研。

陕西省颁布了我国首部省级实施《循环经济促进法》的地方性法规——《陕西省循环经济促进条例》。该条例经 2011 年 7 月22 日陕西省十一届人大常委会第 24 次会议通过，2011 年 7 月 22日陕西省人民代表大会常务委员会公告〔十一届〕第 46 号公布。该《条例》分总则、管理制度、减量化、再利用和资源化、激励措施、法律责任、附则 7 章六十八条，自 2011 年 12 月 1 日起施行，2019 年 7 月 31 日由陕西省第十三届人民代表大会常务委员会第十二次会议进行修订。该条例是依据循环经济促进法等有关法律、法规，并结合陕西省的实际制定的，是陕西省发展循环经济、促进经济发展方式转变，实现经济健康、快速、可持续发展的基本法律之一。涵盖了社会生产和生活的方方面面，大到政府部门制定产业政策、调整产业结构，中到国家机关、企事业单位的贯彻落实，小到家庭、个人节约资源、合理消费。丰富并发展了《循环经济促进法》，其颁布实施为陕西循环经济发展提供了法律保障，也推动了西部各省区实施循环经济促进法工作的开展提供了很好的经验和教训。因此课题组也选择了陕西省西安、咸阳、榆林、延安、宝鸡开展课题调研。

甘肃省是一个典型的资源型省份，曾为我国的社会主义建设提供了大量的资源和原材料，作出了巨大贡献，在此过程中，也逐步形成了特征非常明显的"两高一资"（即高耗能、高污染、资源性）工业结构，经济发展对资源特别是不可再生资源的依赖性极强，资源和环境压力巨大。大力发展循环经济、不断提高资源产出率成为实现省内经济健康、快速、可持续发展的有效出路。《甘肃省循环经济促进条例》由甘肃省第十一届人民代表大会常务委员会第二十六次会议于 2012 年 3 月 28 日通过，甘肃省人民代表大会常务委员会公告（第 59 号）公布，自 2012 年 6 月 1 日起施行，2022 年 7 月 29 日修订。该条例是我国较早公布实施的专门落实循环经济促进法的地方性法规，其 2022 年的修订案中总结了甘肃省发展循环经济过程中的新经验，同时规范了一些新的问题，如禁止销售厚度小于 0.025 毫米的超薄塑料购物袋、厚度小于 0.01 毫米的聚乙烯农用地膜以及一次性发泡塑料餐具、一次性塑料棉签。

《甘肃省循环经济促进条例》共分七章共六十条，各章分别为：总则、规划与管理、减量化、再利用和资源化、激励措施、法律责任、附则。《甘肃省循环经济促进条例》结合甘肃省情，一方面，创新管理制度，明确主体责任，完善重点能耗监管、循环经济评价和考核体系、淘汰名录管理、产业结构调整等规定；细化了绿色交通、现代物流、禁止使用一次性用品、抑制过度包装、餐厨废弃物无害化处理等规定，体现了地方特色；另一方面，条例注重与上位法的衔接，细化和完善了循环经济促进法的主要制度，明确规定了支持循环经济发展的财税、价格、信贷等优惠政策，为西部地区实施循环经济促进法提供了较丰富的经验和教训。因此课题组最后选择了在甘肃省兰州、白银、金昌、庆阳、天水开展课题调研。

课题调研活动，采用了以下方法：一是高度重视，精心组织。在赴西部地区四省区各地市调研前，划分课题组成员各自相应的职责、根据安排相应的任务，通过政府门户网站、委托办理等途径认真查询各类文件资料，了解并学习中央和西部地区有关发展循环经济、实施《循环经济促进法》的文件及政策规定；组织课题组会议，确定将人大常委会、政协、对发改委、工信委、环保局、国土局、水利局、林业局、农业农村局、城建局、公安局、园区管委等政府部门和居民委员会、村民委员会的工作人员和法院、检察院的同志及企业员工、当地农民作为访谈对象。研究讨论了调查问卷的设计，制定调研的工作方案，形成调研计划书。同时到有关单位开具调研介绍信，并与西部地区各地市政府部门协商确定了调研安排等具体事宜，为开展调研工作做了充分的准备工作。

二是深入实地调研，掌握第一手资料。实地调研中，在西部地区各地市、县市的有效协助和帮助下，课题组深入当地循环经济建设示范园区、基地、企业进行实地考察，通过实地调查走访、深度访谈，详细了解了当地发展循环经济，实施《循环经济促进法》的情况，共同探讨、分析了面临的障碍，学习和汲取了国内外发展循环经济的先进经验，并与当地的政府部门、园区、基地、企业的相关人员探究研讨了发展循环经济，实施《循环经济促进法》法律法规规划的意见和建议，掌握了大量翔实的第一手资料。

三是深入农村、城镇，发放问卷，了解人民群众的心声。课题组在西部地区各地市的实地调研除采用实地访谈法之外，还采用问卷调查法，采用非概率抽样法的偶遇抽样进行了问卷调查。接受问卷调查的对象主要分为国家工作人员、企业员工、个体户、学生、农民工、自由职业者、无业者等，共发放调查问卷2500份。其中，在广西壮族自治区发放1000份、在贵州省发放500份、在陕西省发放500份、在甘肃省发放500份。课题组对问卷进行了有效回收，其回收率约87%。

四是认真分析研究，精心撰写相应的调研报告。课题组通过实地考察和对数据的综合剖析，对西部地区各地市实施循环经济促进法的现状进行了客观中肯的评价，对循环经济的发展和循环经济促进法实施取得的成绩、面临的障碍进行了归纳总结，在课题组充分沟通交流的基础上，认真研究与写作，形成了针对性的调研报告。

五是在集中实地调研后，课题组对西部地区各地市持续开展了跟踪调研工作。

（二）问卷调查表设计及说明

问卷调查表分为两部分，其中第一部分主要涉及调查时间及被调查地区的社会人口特征，内容包括被调查者的姓名，联系电话，家庭地址。

问卷调查表第二部分包括了 8 个问题。本问卷设计了 1 个对本地区总体评价的问题，2 个关于实施《循环经济促进法》的总体情况的问题，5 个实施《循环经济促进法》的详细问题。

国家社科基金重点项目《西部地区实施〈循环经济促进法〉的障碍及对策研究》问卷调查表

第一部分

性别：□男□女　年龄：　　　职业：　　　　　住所：

文化程度：□小学 □初中 □中专 □高中 □大专 □大学以上

第二部分

1. 您认为目前本地环境状况如何？
   □非常好　□好　□一般　□较差　□非常差

2. 2009 年 1 月 1 日《循环经济促进法》正式颁布后，本地环境状况有何变化？
   □改善　□没变化　□恶化

3. 您认为《循环经济促进法》在您所在地的实施效果如何？

□非常好　□好　□一般　□差　□非常差

4. 您认为《循环经济促进法》对监管罚则的规定是否适当？

□适当　□处罚偏轻　□处罚偏重　□不具有可操作性

5. 您认为您所在地有效实施《循环经济促进法》最大的困难是什么？

□缺乏经费　□缺乏协调机制　□缺乏激励机制

□宣传力度不够，缺乏群众基础

□过于原则化，没有具体操作制度

□执法监督部门打击力度不够

6. 本地区是否根据《循环经济促进法》制定了相应的规定或文件？

□是　□否　□不知道

7. 您认为本地最应该改进以下哪个方面？（可多选）

□废物处理　□污染防治　□资源的有效利用

8. 您认为《循环经济促进法》急需修改的内容是什么？（可多选）

□立法原则　□具体操作制度和实际标准　□监测标准

□循环经济治理的投入保障措施　□处罚措施

二、访谈提纲

（一）对政府部门的访谈提纲

我国十分重视循环经济的发展，因为传统经济的高消耗、高污染对环境的危害很大，资源的利用率很低。我们在开展循环经济与实施《循环经济促进法》的调研中，希望对政府的政策有个全面的了解，以及目前我市实施循环经济促进法的状况、发展循环经济的现状、生态工业园区的建设规划情况、政府希望发展的重点产业以及下一步对我们调研的建议和指导，设计了如下访谈内容。

1. 循环经济由哪个相关部门主管，有关循环经济的法律法规政策有哪些？是否制定了相应的实施《循环经济促进法》的细则？有没有发展循环经济的总体规划？目前（或未来几年）的规划目标是什么？希望在哪些产业领域上重点发展循环经济？

2. 目前我市发展循环经济的政策有哪些？促进手段（税收、融资）及法律手段有哪些？

3. 我市目前有哪些在建的生态工业园区？建设进度如何？对它的规划是什么？建成后的产业结构是什么？和传统的经济比较，有哪些优势？我们可以去参观这些园区吗？

4. 我市的重大企业有哪些？例如化肥厂、电厂、煤化工厂这些重点企业哪些是我们可以进行实地调研的？

5. 我市的招商引资情况较前几年有哪些变化？会更注重哪些产业的引资吗？对那些想重点引进的发展循环经济有优势的企业有哪些优惠政策？

6. 有关治理沙漠化的防护林带，草场、草地植被，森林覆盖率等方面的信息？

7. 当地政府希望怎样发展当地的循环经济，会以哪些重点产业为突破口？

8. 政府对城市和农村发展循环经济是否区别对待？采取了哪些措施积极利用《循环经济促进法》对发展循环经济进行规制，又是如何普及循环经济促进法的？

（二）对农民的访谈提纲

为了解我市农村循环经济的发展程度，以及农村是怎样实现资源的循环利用，目前有哪些方面还可以发展循环经济，即发展的潜力？目前发展循环经济的问题和难点在哪儿？对农业产业、种植模式、养殖模式等有一个充分的了解，在对农村的调研时想向农民了解以下的内容。

1. 怎么使用农药、杀虫剂、除草剂等？用的化肥有哪些？每亩的用量大概是多少？农产品每亩的产量如何？如何销售？农副产品（秸秆、米糠、玉米芯、稻壳）如何处理？

2. 种植农产品的种类和方式和以前比有什么样的变化？会用机器进行收割播种，还是自家劳动？

3. 养殖了哪些牲畜？怎么养殖的？饲料是什么？粪便如何处理？目前村里有大型的畜牧产业吗？

4. 平时的生活垃圾怎么处理？垃圾会集中处理或分类处理吗？目前沼气池的建设是什么情况？

5. 有哪些企业与本村合作？以什么样的方式合作？有哪些龙头的企业？有哪些农业科技园区？

6. 目前农村家庭的主要收入来自哪些方面的？有哪些主要的开支？

7. 农产品、畜牧产品是怎么销售的？

8. 希望政府在发展农业方面给予哪些帮助？

9. 农村普法工作是由哪个政府部门主管的？在普及《循环经济促进法》方面有哪些具体的措施？效果如何？

(三) 对企业内部调查访谈提纲

为了解企业对循环经济的理解程度，企业生产的基本情况，目前企业发展循环经济的模式，已形成的产业链，物质流和能量流情况，资源的利用率和工业"三废"的处理利用情况，想通过访谈的形式对企业目前在发展循环经济中的成效、遇到的问题难点、所面临的机遇挑战等方面有一个大致的了解。以此发现问题，借鉴国内外成功案例同时结合企业实际情况，寻找解决方案。以下为访谈内容。

1. 企业内部对员工有循环经济方面的培训吗？有哪些发展循环经济的条例？

2. 企业会产生哪些废气、废物、废水？企业又是怎样处理的？是直接排放还是会净化后再排放，哪些是循环利用的？政府对污水的排放和废气的排放有什么样的要求，又是怎样收费的？

3. 本企业的原材料是怎么获取的？有哪些资源是通过相关企业循环利用来的（比如热量、原材料、水等）？

4. 本企业发展模式中有哪些是循环利用、可持续发展的？目前成效如何？政府对本企业发展循环经济有哪些帮助？或者希望政府在发展循环经济方面给予哪些支持和帮助？（税收、排放量、政府优惠政策、惩罚政策、及融资、技术、法律规制等方面）

5. 企业在发展循环经济中遇到哪些问题？（如资金、人才、技术、管理、市场营销）

6. 本企业有和高校等科研机构合作吗？有哪些人才技术支持？目前有哪些在研的项目？

7. 企业内部在使用电、气水方面资源是有要求吗？会定期对原材料的使用量和生产量的关系进行分析，找出节能的方法吗？

8. 企业产品包装哪些是一次性的不可回收的？哪些是可回收材料？包装是怎样设计的？与产品的体积、质量、价格的相互关系是什么？

9. 企业在开展节能减排方面有什么样的成效，所使用的技术是什么？您认为本企业开展节能减排工作的难点主要是哪方面？如节能技术的开发和推广困难、节能意识不够高、政府宣传及政策落实不到位、能源价格方面或其他方面。

10.《循环经济促进法》是从法律视角规制循环经济发展的，企业是如何利用《循环经济促进法》维护企业的合法权益的？又是怎样充分利用该法中有利于企业发展循环经济的各项规定的？该法对企业发展循环经济的影响怎样？

附录二　广西壮族自治区实施《循环经济促进法》调研报告

一、调研背景

自改革开放以来，我国西部地区社会经济持续快速增长，但过去"高消耗""高污染"经济模式的急速膨胀，使我国造成了资源浪费并付出了极大的环境破坏的代价，经济发展与资源环境保护之间的矛盾日趋尖锐。如何改变西部地区传统的高消耗、高排放、低效率的粗放型经济增长方式，在减少资源消耗、降低废物排放和兼顾环境保护的前提下获取经济效益，实现全面协调可持续发展，成为西部地区建设中国特色社会主义的重要课题。

我国在 2008 年 8 月 29 日召开的十一届全国人大常委会第四次会议上通过的《循环经济促进法》对我国发展循环经济的目标、内容、方针以及原则，在循环经济发展规划、总量调控、评价考核、生产者的责任、重点企业的监督管理、统计、标准和产品资源消耗等方面以成文法的形式加以确认和规制，并建立起了相应的制度和措施①。

《循环经济促进法》的实施，大力地推动了西部地区循环经济的发展与建设。在广西壮族自治区全区范围，以及一些重要的地级市的循环经济发展中，实施《循环经济促进法》的障碍渐渐地凸显出来。广西作为西部开发的排头兵，《循环经济促进法》在广西的具体实施情况具有重大的研究价值，因此我们对广西壮族自治区内的省会、工矿业城市以及其他重要的城市进行了调查和研究。

---

① 孙佑海，丁敏. 循环经济促进法实施一年来的成就、问题和进路 [J]. 环境保护与循环经济，2010（2）.

二、调研方法

课题组采用了随机发放问卷调查法、实地访谈调研法、资料查询、网络和电话访谈等调研方法。

（一）问卷调研法

课题组分别对南宁、柳州、桂林、河池、梧州、百色等地的1000多名市民进行随机问卷调查，有效问卷877份。调查方式是无记名填写调查问卷，人工进行调查结果分析，从而得出调查结论。

（二）访谈调研法

通过走访南宁、柳州、梧州、桂林、河池、百色等广西各地市的司法局（法制办），进一步了解到循环经济促进法在相关各地市的普及情况和相关制度的建立情况，掌握了相关工作人员的执法情况；通过走访南宁、柳州、梧州、河池、桂林、百色市等诸多城市的发改委、工信委、环保局、自然资源局、农业农村局、林业局、国土部门、水利局等政府部门，得到了一些项目的资料；通过采访以燕京啤酒（桂林漓泉）股份有限公司、广西柳州钢铁（集团）公司和河池市南方有色冶炼有限责任公司为代表的三家当地知名企业，我们发现这些企业为发展循环经济做了许多工作并取得了一定成绩。

三、问卷调研结果及数据分析

附图2-1数据显示，3%的受访者认为环境"非常好"，说明所处的环境得到了有效的保护，选择环境"一般"的受访者占79%，这说明受访者对环境普遍存在不是很满意，通过这一问题我们应当清楚的认识到，广西壮族自治区环境保护工作的力度虽然得到了一定程度的认可，但是依然存在一些问题，没有达到让人民满意的程度。

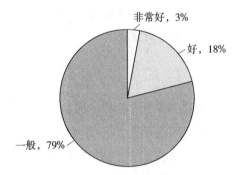

附图2-1　针对本地环境状况的调研

附图2-2数据显示，77%的受访者并不了解《循环经济促进法》，仅仅在新闻媒体上有所耳闻，甚至13%的受访者表示一无所知。而表示非常了解的受访者基本上都是与《循环经济促进法》相关的从业人员，如执法部门工作人员和相关企业职工。

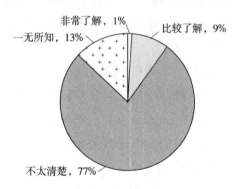

附图2-2　针对了解循环经济以及我国《循环经济促进法》的情况的调研

附图2-3数据显示，《循环经济促进法》实施后，受访者认为环境没有改变的占56%，25%的受访者则认为更加恶化，只有19%的受访者认为环境有改善。这在一定程度上说明政府并没有很好实施循环经济促进法及其相关法规，循环经济促进法带来的改变也没有被老百姓所熟知，因此当地政府应当采取更加切实有效的手段在普通民众中普及宣传《循环经济促进法》，引导民众了解循环经济。

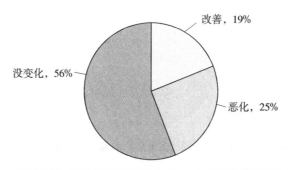

附图2-3　针对实施《循环经济促进法》后，本地环境状况变化情况的调研

附图2-4数据显示，16%的受访者认为《循环经济促进法》的实施效果好，48%的受访者认为《循环经济促进法》实施效果一般，26%的受访者认为实施效果差，10%的受访者认为非常差，说明政府没有很好地实施《循环经济促进法》，或者落实了相关政策和措施但并不被群众感知。

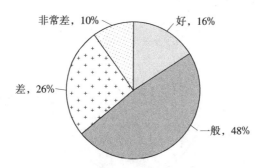

附图2-4　针对本地实施《循环经济促进法》的效果的调研

附图2-5数据显示，认为不具有操作性的46%的受访者认为《循环经济促进法》过于原则性，应当进行配套的立法强化操作性；认为处罚较重（25%）及认为处罚较轻（27%）的受访者数量相差不大，体现了不同角度对于《循环经济促进法》的不同看法。只有 2% 的受访者认为处罚恰当。

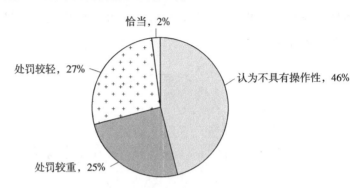

附图 2-5　针对《循环经济促进法》对监管罚则的规定的调研

附图 2-6 数据显示，47% 的受访者表示《循环经济促进法》的宣传力度欠缺，其中较多群众表示自己想为循环经济发展尽自己的力量，但对政策和相关技能缺乏了解，无法参与其中；近三分之一的受访者认为缺乏经费支持和激励措施，该部分受访者多数为相关从业人员，表示循环经济发展的支持力度不够；有 20% 的受访者表示缺乏协调机制，该部分受访者大多为执法人员，在实际执法中常常面临多头执法的问题。

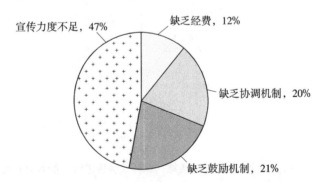

附图 2-6　针对本地实施《循环经济促进法》最大的困难的调研

附图 2-7 数据显示，53% 的受访者不知道广西是否根据《循环经济促进法》制定了相应的规定或文件，事实上广西虽然没有进行专门的立法，但是制定了一定数量的政策性文件，但是并没有被群众所知，这需要政府加强对《循环经济促进法》及相关法律知识的普及和宣传。

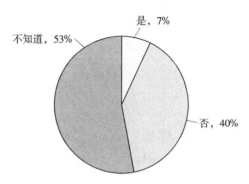

附图 2-7　针对本地制定《循环经济促进法》
相应的规定或文件的情况的调研

附图 2-8 数据显示，污染防治仍是现阶段地方实施循环经济促进法的首要目标，超过一半的受访者对此问题有较强的关注；另外 36% 的受访者认为当地存在资源浪费现象，认为这方面需要进行改进；另外 14% 的受访者认为当地实施《循环经济促进法》应改进废物处理方面工作。

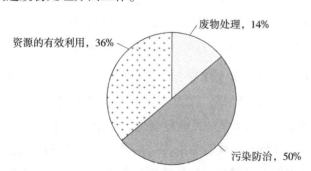

附图 2-8　针对本地实施《循环经济促进法》最应改进的方面的调研

附图 2-9 数据显示，受访者认为《循环经济促进法》仍需要多个方面进行改进，特别是保障措施、具体操作制度和实际标准方面亟须细化和修正，该问题应当随着《循环经济促进法》实施过程中不断总结经验和解决实际问题而得到改进。

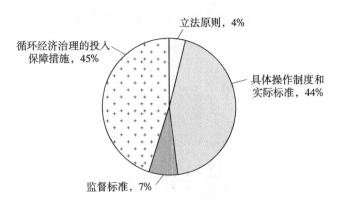

附图 2-9　针对《循环经济促进法》急需修改的内容的调研

四、走访政府部门的报告及分析

除了进行问卷调查外，我们还专门走访了制定相关政策的政府部门，包括广西壮族自治区及各地市的发改委、工信委、环保局、自然资源局、农业农村局、林业局、国土部门、水利局等政府部门。我们对相关工作人员进行采访，并通过对方提供的有关资料和有关部门公示的材料进行了相关的分析和整理。

1. 节能减排工作在广西已经取得了一定的效果

2022 年，广西最高全年社会用电量达 2236.23 亿千瓦时，是 2015 年的 1.68 倍。但是，广西非化石能源发电量平均占比超50%，远超全国平均水平，且逐年提升，水电、风电、光伏等清洁能源连续 3 年增长；从能源消费结构看，电能替代比重逐年增长。南方电网广西电网公司聚焦燃煤自备电厂、电炉、轨道交通等领域，大力开展"以电代煤、以电代油"，"十三五"期间累计完成电能替代电量 103.6 亿千瓦时，完成目标的 107.9%。①

减排方面：一是广西按年度分解下达减排计划。二是注重控

---

① 《广西壮族自治区"十四五"节能减排综合实施方案》。

制减少排放二氧化硫，位于区内的 12 家火电企业是主要控制对象。到 2025 年，65 蒸吨/小时以上的燃煤锅炉（含电力）全面实现超低排放，非化石能源消费比重达到 30% 以上。三是促进城镇污水处理减排。

2. 创新性地推行合同能源管理制度

主要做法如下：一是进行政策创新，出台与政策相关的配套文件。广西壮族自治区发改委公布了自治区合同能源管理财政奖励资金管理具体实施办法，明确提出了对申报条件、申报范围、申报要求及奖励标准等方面的要求。二是建立业务培训机制，对广西壮族自治区各市发改委、财政部门的具体负责人进行集中培训，以提高业务能力。三是完善项目组织机制，组织已经通过国家登记备案的具有资质的节能服务公司与区内企事业单位进行信息沟通，组织合同能源管理项目开展。四是创新宣传手段，除了利用主流媒体加强宣传外，还通过广西网络媒体对合同能源管理的基础知识、政策法规、操作程序等进行宣传和讲解。

3. 建设有关的基础设施

"十三五"期间，广西规划建设城镇污水处理设施 586 座，新增污水处理能力 132.6 万吨/日；生活垃圾处理设施及分类设施 28 项，新增垃圾处理能力 1.53 吨/日。2020 年底，全区完成 450 个镇级污水处理设施建设，基本实现全区镇级污水处理设施全覆盖，自治区小康示范镇、特色名镇以及其他重点镇建成垃圾收运设施，生活垃圾无害化处理率达到 80% 以上。①

根据 2022 年广西壮族自治区人民政府发布的广西城镇生活污水和垃圾处理设施建设工作实施方案（2022—2025 年），到 2025 年，要确保广西城市、县城污水处理能力达到 650 万吨/日，力争达到 750 万吨/日，高质量满足生活污水处理需求；力争全区城市生活污水集中收集率高于 65%，县城生活污水处理率高于

---

① 数据来源课题组于广西壮族自治区住房和城乡建设厅调研所得。

95%；镇级污水处理厂收集管网进一步完善，污染物削减效能进一步提高；城市污泥无害化处置率高于90%。保全区城镇生活垃圾处理能力达到3.5万吨/日，力争达到4万吨/日，生活垃圾无害化处理率保持在99%以上，其中设区市生活垃圾焚烧处理能力占比力争高于85%，高质量满足生活垃圾处理需求；有序推进厨余垃圾处理设施建设，其中设区市厨余垃圾处理能力高于4000吨/日，试点县（市、区）具备厨余垃圾处理能力；基本建成生活垃圾分类处理系统，全区城市生活垃圾回收利用率高于35%，城市生活垃圾资源化利用率达到60%左右。

4. 由政府牵头组织推荐重点节能技术

由广西壮族自治区发改委发布的广西壮族自治区发展和改革委员会关于组织推荐重点节能技术的通知详细地规定了推荐重点节能技术相关要求，包括推荐技术范围、推荐技术要求等具体内容。

5. 对节能技术改造进行财政奖励

针对重点支持燃煤锅炉（窑炉）改造、余热余压利用、电机系统节能、能量系统优化等节能技术改造项目是广西壮族自治区发改委根据《节能技术改造财政奖励资金管理办法》所规定的。完善的能源计算、统计和管理体系是相关企业所要具备的，为国家政策所支持，落实后能够对5000吨标准煤（含）以上节能量的节能减排技术改进项目进行财政奖励，支持和鼓励节能技术的改进和发展。

6. 颁布了相关的政策法规

广西为加强固定资产投资项目节能管理，促进能源的节约利用，从源头实现科学合理的利用，根据《节约能源法》《国务院关于加强节能工作的决定》及《固定资产投资项目节能评估和审查暂行办法》等法律法规和政策，结合广西实际，综合考量经济发展和可持续发展需要，广西壮族自治区发改委颁布了《广西壮族自治区固定资产投资项目节能评估和审查暂行办法》，适用范围为广西各级人民政府发展改革部门所管理的、在自治区行政区域内建设的固定资产投资项目，还包括广西壮族自治区发展改革部门组织报国家有关部门申请中央预算内投资及各专项投资的项目。

7. 各地市采取了相关节能减排的措施

柳州作为广西主要制造业城市，其发展理念是"工业立柳"，着力处理经济发展与节能降耗、环境保护与可持续发展道路并轨，以循环经济发展方式促进经济社会生态的可持续发展。2022年，柳州市规模以上企业工业增加值比 2021 年下降了 3.6%；2022 年全社会能源消费总量 1588.92 万吨标准煤（等价值），比上年下降 10.3%。

河池市作为广西重要的矿业企业聚集区，在节能减排的工作中主要着眼于对于废弃物的减排工作，在此基础上制定了"十四"的规划数据。

梧州市作为广西工矿制造业较为薄弱的地区，面临着经济发展和节能减排的双重压力。梧州市的主要措施是积极引入资源循环利用型企业，通过引入配套的资源循环利用企业进行统一的废弃物资源化与再利用。梧州市政府以此为指导思想引入了广西可再生资源集团的可再生铜和可再生铝项目，年产均在 30 万吨以上，在未来几年将有计划地继续修建其他种类的资源循环利用企业，形成规模较大的可再生资源工业区，和西江经济带及粤桂合作开发区一起形成梧州市的资源循环利用链。同时，梧州市还利用国家的地质灾害整治政策，集中力量对周边县市的小型矿业企业进行集中整理，关停了一批无证采矿的黑企业，并责令一大批企业进行整改。

百色市作为广西传统矿业城市，其铝工业在全国具有十分重要的地位，铝工业也成为百色市的第一支柱产业和拉动整体经济发展的主导产业，其带动了百色市碳素、石灰、氟化盐、电力、煤炭、物流等产业的发展。百色市将发展循环经济的首要目标定位在推动百色铝业循环经济改造上，另外造纸、制糖、电力、煤炭、建材、化工企业的循环经济改造也是百色市发展循环经济的重点领域。

百色市发展循环经济的思路为"水—煤—铝—电"的联营发展模式，通过重点产业间对工业用水的重复利用，尾矿、赤泥、工业固体废弃物的综合利用，实现产业间的循环经济。近几年，百色市政府通过发展钢化铝等产业进一步促进铝产业的自身循环，建成以铝土矿开采、氧化铝、电解铝、铝资源回收再利用产业为循环链的高效、低耗、少排的铝工业循环经济示范区。这些措施初步取得了成效，并得到了部分受访者的认同。但是在对百色市的走访调研中发现，较多的受访者对百色市在铝工业循环经济发展中采取的措施还不是很满意。

根据问卷调查，受访者对于百色市循环经济发展不满意的主要原因有以下两个方面。

一是，地方政府缺乏配套立法保障。造成这一现象的主要原因在于广西并没有出台广西壮族自治区循环经济促进法的配套地方立法，而且百色市在2016年9月前还没有立法权。这一情况随着广西出台循环经济配套地方立法以及地方政府立法权的完善而得到改善。

二是，矿区生态修复存在的问题较为突出。课题组在调研中专门就百色市矿区生态修复进行了专题性的调研，而受访者对此问题表现出较强的关注，反映了一些矿区生态修复中存在的问题，并提出了一些宝贵的意见。调研反映出的问题主要为以下三点：矿区环境污染与生态破坏多元化，形势十分严峻；生态修复资金不足，资金来源单一；在规范责任主体、企业社会责任、政府职责方面缺乏法律依据；生态修复进展较为迟缓。

五、走访相关企业的报告及分析

课题组除了走访相关政府部门外，还对广西的各类型企业进行了实地考察，选择企业主要按照企业的种类进行筛选，包括重工业企业、矿业企业、轻工业企业等新型资源循环利用型企业。

（一）重工业企业

钢铁工业是典型的重工业企业，是制造业中处于产业链最上游的企业，钢铁企业在生产中的碳指标直接影响到下游各制造业产品中的碳指标，因此对钢铁企业来说，承担"节能减排"的重任更是责无旁贷。为此，课题组选择了区内最大的钢铁生产企业——广西柳州钢铁（集团）公司作为重工业企业的调研对象。

案例1：广西柳州钢铁（集团）公司（以下简称柳钢）

柳钢坚持科学发展观，提倡环保策略，加大监管力度，投入大量资金用于治理，采用先进技术手段，以强有力的节能减排力度，努力实现增加产量、减少污染的目标。

1. 放弃落后的技术设备，优化调整产业结构

"十五"期间，柳钢不断调整产业结构，优化投入产出比重，注重先进技术设备的研发与推广，提高产品的质量水平，淘汰一批落后的机器设备。生产工艺显著提升，实现了生产设备的节能、降耗、环保、高技术方向的转化，有力地促进了柳钢的产业结构转型升级。

2. 通过科技创新，达到技术改进项目减排

近十多年来，柳钢累计投资超百亿元，建成节能减排设施数百台（套），建成数十项技术先进的节能环保项目，年环保运行费用近20亿元。采用了大量先进的低废无废技术：采用无烟装

煤的新型焦炉技术，增设大型除尘设施；采用压脉冲布袋除尘器等新技术改进烧结工序；采用 OG 法转炉进行煤气回收等新型环保节能技术。柳钢在治理过程中，采用先进的工艺设备，提高技术的应用，实现了节能降耗，改善了环境质量，减排效果也十分明显。以下项目成效突出。

（1）建设焦炉煤气脱硫综合利用工程。自 2000 年开始，焦炉煤气脱硫脱硝综合利用工程在柳钢建设完工，2005 年将该系统投入使用，已实现所有焦炉的煤气脱硫净化。2023 年，柳钢本部生产基地的焦炉烟气全部实现脱硫脱硝；在冶炼各程序均配套技术先进的除尘工艺设备，粉尘治理实现全覆盖，污染物排放浓度均达到超低排放要求，污染物排放总量大幅降低。

（2）成功研发烧结烟气机头烟气脱硫及硫铵制备技术。据分析，柳钢绝大部分的二氧化硫气体源于烧结机头烟气。在企业研发开始时，由于没有先例可循，柳钢自主研发制造了烧结机头烟气氨法脱硫系统。该系统于 2006 年投入建设，2007 年 6 月投入，耗资 6000 万元左右，脱硫率超过 95%。该系统是国内技术首创。自 2022 年，柳钢本部生产基地在全国率先实现烧结、球团烟气全脱硫。

（3）无燃重油加热炉和无燃煤锅炉的目标已经达成。动力由重油转变为煤气，柳钢在 20 世纪 90 年代实现了这一目标。轧钢炉淘汰了重油燃料，使用煤气减少了污染物的排放，是动力系统的重大革新。

（4）完成工业废水集中处理。2001 年柳钢开展节约水资源系统建设，热轧水处理工程、工业原水预处理工程、棒线水处理系统等节水项目都是系统中的一环，不仅如此，柳钢厂区循环水处理系统的改造也是一项重大工程。2022 年，柳钢的工业水循环利用率超过 98%。

3. 对资源充分利用，促进循环经济进程

"十一五"期间，柳钢已完成了对资源及废弃物的综合利用、企业的生产规模、能源的利用等全方位的改进。其要义是发展循环型钢铁企业，创造绿色、协调、可持续额的发展空间。到"十四五"期间，柳钢认真贯彻国家"碳达峰、碳中和"及能耗"双控"政策，成立了碳达峰、碳中和工作领导小组，大力推进工艺节能低碳技术的研发和推广应用，积极开展节能技术改造和技术攻关，能源绩效显著进步。

（1）充分回收利用煤气。柳钢为解决余能余热资源及副产品不断增加等问题，陆续完成焦炭干熄发电、烧结环冷机余热回收发电、高炉炉顶 TRT 发电、转炉煤气回收及富余热气发电等余热回收技改项目建设。柳州本部生产基地 2022 年自发电率达73.95%，防城港钢铁基地 2022 年自发电率达 84.38%。

（2）实现工业废渣资源综合利用。柳钢为实现工业废渣的循环利用及资源内部循环经济，先后投资建设了高炉除尘灰生产线及钢渣综合利用生产线，与台湾水泥集团合资建设矿渣超细粉生产线。柳钢建设的年产 50 万吨的"凝石"技术是国内外的最新成果，该技术采用工业废渣作为建筑材料，不再利用水泥建材，该技术摒弃了传统水泥烧制的工艺，降耗、减排、环保、污染程度低，它的广泛使用可实现了经济与环境共赢。至 2022 年，柳州本部基地的矿渣立磨生产线每年可将 300 万吨矿渣等量转化为矿渣微粉，广泛应用于高性能混凝土生产。防城港钢铁基地建成后，又新建 1 条 240 万吨/年矿渣微粉生产线和 1 条 120 万吨/年钢渣热闷生产线。

（3）干熄焦技术应用。柳钢在 2007 年竣工投产的 3 号干熄焦工程，该工程总投资 13 000 万元，是柳钢 600 万吨框架主要配套工程之一。该项目旨在利用柳钢主要生产线产生的废气——氮气为原料转化为蒸汽进行循环利用，该工程产生的蒸汽并入厂内蒸汽管网或送去发电，实现氮气的再利用，不再对外排放。该工程每年可节约煤近 10 万吨，进而降低二氧化碳排出量达 25 万吨/年，降低二氧化硫排出量达 2000 吨/年（按动力煤含硫 1%计），工业用水减少使用45万吨/年。因此可以减小来自湿熄焦的大气污染，提高柳钢周边的生态环境质量。

4. 促进减排降耗、实现可持续发展

柳钢已把清洁生产、节能减耗、资源综合利用与循环利用等环境保护目标与经济效益等融为一体，安排了一系列减排降耗的任务，并将其落实到具体的执行中，努力实现总的减排任务。①淘汰并更新落后生产工艺设备；②优化氨法脱硫工艺技术；③发展节能技术和环保技术；④探索水资源进一步循环利用；⑤开发固体废弃物利用新途径。

(二) 矿业企业

课题组对矿业企业的调研选择了河池市南方有色冶炼有限责任公司。

案例2：河池市南方有色冶炼有限责任公司

河池市南方有色冶炼有限责任公司始建于1996年1月，该集团下设河池市南方有色金属集团有限公司、南丹县南方有色金属有限责任公司、广西南国铜业有限责任公司（企业地址位于广西崇左市扶绥县）、南丹南国矿业有限责任公司、云南南方矿业有限公司、新疆阿克陶县桂新矿业开发有限责任公司等分公司，企业资产总额为50亿元，年销售收入68亿元，是河池市骨干企业、广西强优工业企业，该集团已成为广西最大的有色金属综合冶炼企业之一，全国第二批循环经济试点单位，并自主承建了广西有色金属新材料研发中心。而且该企业是一家民营企业，对如何利用民营资本发展循环经济有很大的研究价值，该集团配置员工近4000人，年产有色金属（主要为铅、锌、锑）近40万吨，具有相当规模。该集团现已年产锌锭30万吨、铅锭（高纯铅）8万吨、锑锭1万吨、硫酸50万吨，还具有多种金属副产品的综合回收能力。该企业产品主要有铅锭、锌锭、锑锭、硫酸、白银、次氧化锌、铟锭、镉；所用原料矿石多半是混合矿，也有国外进口的矿石。白银是在矿石的回收利用过程中产出的，次氧化锌可以作为原料回收利用也可以作为产品出卖，铟锭、镉也属于综合回收的副产品。更出彩的是，该企业与科研单位合作开发了冶炼产业相关的具有独立知识产权的技术（自动化银浮选工序、余热综合利用系统、尾砂资源化利用选矿系统等）。

政府主要通过发放相关的补助对该企业循环产业项目、节能减排工作方面进行支持。该企业有关负责人表示，该企业"工业三废"排放是严格执行国家、自治区标准排放的，并尽可能地进行了回收利用。

1. 废水

废水回收利用处理的对象和方式见附表2-1。

附表2-1　废水循环回收利用

冷却水（主要废水）	循环回收利用
地面水、雨水（含有重金属）	污水处理→末端处理→回用
制酸污水	污水处理→末端处理→回用
生活污水	污水处理→末端处理→回用

2. 废气、粉尘

废气排放国家标准是400mg/L，该企业达到了100mg/L，远低于国家标准。金属冶炼烟气中含有大量的二氧化硫可以用来制酸，也能够回收烟气中的二氧化硫，这样可以不用排放有害气体二氧化硫。硫制酸主要采用的是石灰脱硫法，脱硫后的废渣可以作为金属冶炼的溶剂，整个过程形成循环利用。

粉尘处理主要是采用二次收尘法，通过重力收尘器→布袋收尘器二次收尘，还有一种电力收尘器视产品不同而使用，这些回收的烟尘都可以作为原料循环使用。

3. 固体废弃物

固体废弃物主要是通过鼓风炉技术处理后转送水泥厂作为原料或者燃料制造水泥。全厂实现了在线监测、环保联网，最大可能的循环利用从而达标排放。

(三) 轻工业企业

在轻工业企业中，课题组选择了食品企业作为调研对象，因为传统食品企业无论在生产环节还是产品中都存在大量的污染源，在推行循环经济的同时还存在着保证食品安全卫生的任务，是轻工业部门中任务较为繁重的行业之一，因此课题组选择了桂林的燕京漓泉股份有限公司为调研的对象。

案例3：燕京啤酒（桂林漓泉）股份有限公司

1. 减量化

桂林市许多企业以转变发展方式，创新企业生产模式、工艺流程，推动节能减排高效运转，尤其在"减量化"方面，实施效果极为显著，能达到国际先进之水平。例如，燕京啤酒（桂林漓泉）股份有限公司、桂林永福顺兴制糖有限公司、广西桂林东塘五洲糖业有限公司等。

自成立之始，燕京啤酒（桂林漓泉）股份有限公司已经历经改扩建达9次之多，目前该公司总产能已经突破180万吨/年。到2022年，燕京啤酒（桂林漓泉）股份有限公司产量已经十分巨大，年啤酒销量近100万吨，实现产值到达32.8亿元，营业收入39亿元。[①]

该公司通过实施《循环经济促进法》，以及对循环经济工作的积极探寻，历经数年之努力，已建成更为先进、更为科学的循环经济管理体系，已取得骄人之成绩。此前，公司按照"减量

---

① 数据为课题组实地调研所得。

化、再利用、资源化"，亦即 3R 原则，已经建成以固、液、气为代表的 22 个循环大圈。2021 年通过循环经济所产生的价值占公司总利润 5.79 亿元的 13.8%，直接创造的利润超过 8000 万元。

《循环经济促进法》实施后，该公司进行技术改进，节能降耗效果显著，累计投入 1.1 亿元对生产设备进行节能环保改造。《循环经济促进法》实施后综合能耗下降了 19.2%，降幅已达国际水平。例如，二氧化硫排放量仅 228.4 吨；二氧化碳排放量仅 89.7 吨，各类污染物排放远低于总量控制指标之要求。到 2020 年，对比 2011 年该公司的化学需氧量减少排放约 8.93 吨，二氧化硫减排约 205.7 吨。

2. 再利用

2010 年 9 月 27 日，广西壮族自治区循环经济工作评估考核组评估考核循环经济时，查明该公司工业用水的重复利用率仅仅达到 75.8%，无法满足规定的一级标准。不久，该公司便以考核组以考核报告为依据，接受考核报告中的建议，积极组织实施体系化工业用水重复利用项目，2020 年，该公司日处理水量高达 14000 立方米，可满足年产 100 万吨啤酒的处理能力，实际排放远优于国家排放上限值要求。除此之外，公司还将发酵过程中产生的糖化麦糟、废酵母等残渣处理制成可使用的饲料外卖，还将锅炉煤渣制砖再一次外卖。在包装产品过程中，往往产生许多固体废弃物，通常以废瓶盖、废纸箱、废标纸为代表，它们也均被回收利用。公司的固体废弃物已经实现 100% 的循环再利用，如附表 2-2 所示。

附表 2-2　燕京啤酒（桂林漓泉）股份有限公司物质资源"再利用"情况

名称	来源	去处
糖化麦糟烘干	糖化	饲料外卖
发酵废酵母烘干	发酵	饲料外卖
锅炉煤渣	锅炉	外卖制砖

名称	来源	去处
厌氧污泥	污水站	外卖
碎玻璃	包装	外卖玻璃厂
废瓶盖	包装	外卖
废标纸	包装	外卖
废纸箱	包装	外卖
其他办公等废弃物	各办公室	外卖

3. 资源化

在"资源化"方面，该公司的企业发展模式效果显著，资源利用水平明显提升，是广西首家通过验收的工业循环经济示范企业。例如，以污水作为原料产生沼气，用来烘焙麦糟的循环利用模式在国内属首创，并获得中央专项财政拨款 300 万元奖励。此外，为了进一步进行资源化，公司设计了注塑车间，用于破损的周转箱的回收再利用，重塑量可达每年百万。

六、广西实施《循环经济促进法》存在的主要问题

（一）宣传力度不够，政府宣传普法工作不到位

通过实地调查可知，广西的群众基本上不了解《循环经济促进法》的一些制度规定，对该法的制定与实施也不予关注，但是对参与循环经济发展和环境保护事业表现出较强的热情和意愿，部分群众更是能具体表达对于相关政策和技能的学习需求。从调研情况可以看出，循环经济促进法的普法宣传教育工作未能充分有效落实，不能满足人民群众的需求。广西壮族自治区各地的普法宣传工作集中在民事维权方面，循环经济的普法宣传多采用对特定企业和人群

的宣讲，缺乏普遍性，偏远地区基本没有相关宣传。

(二) 配套《循环经济促进法》的地方性法规和规章不完善

广西壮族自治区的循环经济法律制度并不完善，在发展循环经济的过程中却面临许多障碍，诸如制度缺陷、法律缺失等，这意味着仍需在循环经济立法方面加大力度。

首先，在《循环经济促进法》颁布以来，全国各省（区、市）先后出台相关的法律法规，以辅助《循环经济促进法》更好地实施，但是在广西壮族自治区虽然已经有了与循环经济相关的一系列政策制度，但自治区专门的地方性法规仍未出台。其次，通过走访广西壮族自治区各地市得知，由于自治区级循环经济实施法规并未制定，多地市同样未能制定实施《循环经济促进法》相关的具体规定，未能形成地方性的法律保障体系。

(三) 缺乏支持循环经济发展的激励措施

从经济发展水平来看，虽然近年广西壮族自治区经济取得了较快的发展速度，但是与东中部发达省份相比，经济总量较低。这导致了广西壮族自治区在发展循环经济过程中极度依赖国家的经费和项目支持，地方财政的投入难以形成对发展循环经济的全面支持，造成广西壮族自治区对循环经济发展的实际资金投入量与所需资金量投入仍存在一定差距。此外，由于没有专门的循环经济地方立法，对于税收、融资、价格等方面仅根据《循环经济促进法》的原则性规定难以有效实施，现阶段缺乏对激励措施的资金来源、激励手段、激励范围的具体规定，缺乏对广西壮族自治区循环经济发展具体实施现状的专门性激励方式。

(四) 循环经济监管体制存在法律空白

《循环经济促进法》虽然对循环经济的监管权力进行了统一的分配，但是对于监管部门权力和责任的划分不是十分清晰，没有相应明确的表述。在广西基层调研时，课题组发现广西壮族自治区存在一个较为普遍的问题，地方政府会通过政府决议等内部的分工文件对监管权力进行进一步的分配，如地级市一级的监管权责下放到县（区）一级的监管部门，这就造成了在监管工作中基层监管部门能力不足，而且有部分地市把这种内部分工运用到循环经济发展的对外工作实践当中，造成企业和群众对于政府工作的不理解、不支持的情况。因此广西壮族自治区在实施循环经济的有效监管工作中应当注意勤修内功，依照法律法规完善职责划分，实现监管权力的归位。

附录三 贵州省实施《循环经济促进法》调研报告

一、调研背景

面对高污染、高消耗、高能耗的粗放型的经济增长方式，贵州省大力发展循环经济无疑是符合贵州省的实际情况和经济、社会发展的现实要求的，也符合国家对贵州省的定位和要求，同时对于西部民族地区而言，贵州省发展循环经济也具有一定的标杆作用。

贵州省各族人民在贵州省委、省政府团结带领下，以党中央决策部署为中心，坚定不移地贯彻经济发展与生态保护相协调的基本原则，根据国内外的经济形势，针对性地实施工业强省和城镇化带动主战略。连续五年，贵州省的主要经济指标增长速度都领先于全国西部地区，在全国也排在前列。直到 2020 年，贵州省经济运行总体平稳，并呈现出积极态势，经济的平稳发展为全面建成小康社会奠定了坚实基础。贵州省也始终坚持"既要金山银山，又要绿水青山"的理念，离建设成集现代气息与历史文化底蕴于一体的多彩贵州更前进了一步。

在此背景下，贵州省人民创造出了贵州速度：在保证农业生产平稳安全的同时，进一步发展特色农业；"十四五"时期，贵州省的农业发展稳中有涨，相对于粮食产量和畜牧业的稳步发展来看，农业产业园区的发展风生水起，全省秉承循环经济的发展理念，坚持经济发展与生态保护的两条底线，坚持把农业园区建设作为推进农业现代化的主要抓手，逐步扩张农业园区规模，推动农业园区向有重点、有层次，更多元、更完善的方向发展；工业经济较快发展，结构调整初见成效。站在自然资源的角度来看，贵州省的矿产资源、生物资源丰富多样，不仅为工业发展提供了便利的条件，同时也使旅游业的发展成为贵州省经济、社会、文化发展的重要支柱。以水资源为例，"贵州省全省河流主要属于长江流域和珠江流域。其中有长江流域中的中沅江水系、赤水河綦江水系、牛栏江横江水系和乌江水系，珠江流域中的红水河水系、柳江水系、南盘江水系和北盘江水系。全省河长大于10km、流域面积大于 20km² 的河流有 984 条，河网密度为0.71km/km²，东密西稀"。虽然贵州省内水流众多，但是淡水资源尚未完全发挥出优势，近年来贵州省多次出现地下水污染、水土流失等生态破坏事件，生态环境还是较为脆弱。但值得欣慰的是，贵州省政府也意识到这一点，在提出诸如"加强植树造林，限制用林量"等一系列措施后，截至 2021 年，贵州省森林覆盖率已达 62.12%，其中赤水市以 82.51% 的森林覆盖率占据全省第一位。①

　　从以上情况可知，贵州省发展循环经济的基础条件和基本设施较为良好，其优越的生态环境也亟须循环经济的发展为其带来更加高效、科学的保护。但是反过来看，如果贵州省的工业发展不能秉承循环经济的理念，不能一改往日传统的线性经济发展思路，那么长久之下其生态环境必然会遭到破坏，荒漠化、水土流失、泥石流等自然灾害也会随之而来。基于贵州省生态环境和经济、社会发展的现状来看，课题组发现，自《循环经济促进法》颁布实施以来，贵州省发展循环经济取得了较为优异的成绩，对《循环经济促进法》的贯彻实施也比较到位。因此，为了学习贵州省的先进经验，找到循环经济发展现存的不足，课题组选取了贵州省作为调研对象，于 2015 年 11 月正式开展调研工作。为获取第一手数据和资料，课题组接近一线工作人员，找出循环经济发展现存的问题，并对问题进行深入的分析从而提出有益性的建

---

① 人民网. 贵州：持续厚植绿色优势　森林覆盖率连续增幅全国第一［EB/OL］.（2022-06-14）［2022-09-19］. http://lyj.guizhou.gov.cn/xwzx/mtgz/202206/t20220614_74878544.html.

议，以期实现"绿色发展"，更好地实施《循环经济促进法》。

本次调研，课题组采用了各种调研方法，主要有随机发放问卷调查法、文献查询和实地访谈调研法、网络和电话访谈等调研方法。课题组在贵州省贵阳市、凯里市、锦屏县、榕江县、敦寨镇、新化乡等市、县乡镇，发放了 500 份的"循环经济促进法实施情况问卷调查表"，接受问卷调查的对象主要是国家工作人员、企业员工、个体户、学生、农民工、自由职业者、无业者等，课题组对问卷进行了有效回收，其回收率高达 92%。调研结束后，课题组成员整合问卷填写人员的各类信息，并对调研问卷反馈的数据进行整理归类，基本上掌握了社会大众对实施《循环经济促进法》的看法，以及了解了关于循环经济促进法在贵州省实施以来所取得的成绩以及存在的不足。

同时课题组根据《循环经济促进法》在贵州省实施的情况，查阅了关于《循环经济促进法》的各类教材、学术专著、论文，在超星、Google 学术、国外的文献数据库及贵州省各市县的图书馆、民族资料馆等进行查阅，以达到对收集数据准确归纳和分析的目的。

二、贵州省实施《循环经济促进法》的现状及数据分析

（一）贵州省实施《循环经济促进法》取得的成绩

1. 经济水平持续发展，稳中求进

截至 2020 年，贵州省地区生产总值比上年度增长 4.7%，位居当年全国各省市地区生产总值正负排名第二位，这无疑体现出了贵州速度。

2015 年以来，贵州省的橡胶、焦炭、铁合金及铁、钢的产值都有下降趋势，但是交通运输、住宿、烟酒等产值较高，同时在

财政支出方面，贵州省政府对科技、教育及环保节能方面的财政开支都有大幅度的提高。课题组认为，这些数字虽然尚不能够全面覆盖整个贵州省的经济情况，但是也着实反映出贵州省实施循环经济以来的成绩，可以看出贵州省重视环境污染，限制重工业污染排放（主要体现在重工业产能减少，偏向发展轻工业等），并从保障资金充裕和建设基础设施的角度进行生态环境保护。

贵州省政府领导贵州省各族人民对生态和经济协调发展理念的坚持取得了一系列的重要成就，重点发展生态工业园区，至今贵州省共创建绿色工厂 209 家、绿色园区 38 个，其中，国家级绿色工厂 60 家、省级绿色工厂 149 家，国家级绿色园区 12 个、省级绿色园区 26 个；[①] 政府的优惠政策也能够惠及底层，如在调研中课题组得知贵州省会给予适当资金，对园区内符合按期建成、及时投产、投资到位、容积达标等要求的企业进行支持。自贵州省实施贯彻循环经济促进法以来，循环经济不仅运用到工业生产中，在农村种植业、养殖畜牧业等方面也有所运用，农业产业园区也逐渐增加。"十三五"至今，贵州省开发力度空前强大，经济发展势头格外强势，在工业、文教、生态等方面都取得了显著成就。

案例 1：凯里市打造国家 4A 级旅游景区凯里云谷农业观景公园

课题组在贵州省锦屏县敦寨镇调研时发现，该镇农村的村民大多采用林下经济来实行循环经济，借助贵州省林业的天然优势散养牲畜，畜禽在林间产生的废弃物可直接还林，也可以回收，制作沼气。从资源到牲畜废弃物回收再到再生资源的循环利用模式，为当地农村的生活能源需求问题提供了解决之策，也能够保护林木、降低烧柴污染。

通过上述数据分析，同时结合课题组在贵州省各地调研资

---

① 数据来自贵州省工业和信息化厅门户网。

料，发现自《循环经济促进法》颁布实施以来，贵州省在经济绿色增长，环境与资源协同发展的方面取得了很大的成就，贯彻《循环经济促进法》中减量化、再利用、资源化的基本原则，兼顾经济发展与环境保护。数据也充分证明，贵州省的经济发展没有因环境保护的要求出现颓势反而持续性增长，节能减排、绿色低碳工作也取得良好的成绩，究其根本是在循环经济发展的工作中，与政府的重视、企业的配合、公众的支持密不可分。

2. 积极稳妥推进循环经济法治建设

（1）在循环经济促进法的立法方面。

针对地方特色和循环经济促进法的规定，贵州省各级权力机关和政府单位都积极制定了相应的地方性法律文件，对循环经济在本省的发展十分重视。课题组通过统计发现：1990—2022 年的循环经济立法发现贵州省各级人大常委会制定了五十多项循环经济地方性立法，各级政府制定了七十多项规章、决定等。这些法规规章的出台，为贵州省的循环经济提供了充分的法律保障。

①与循环经济有关的立法。截至 2022 年 9 月，贵州省根据地方特色制定了一系列法规规章。例如，《贵州省生态文明促进条例》（2018 年修正）和《贵州省节约用水条例》（2020 年）等。这些地方性法规都是结合贵州省生态、经济发展的实际情况而制定出的，是促进循环经济发展的最基本的保障，也为西部地区循环经济的法治建设奠定了重要的基础。贵州省关于循环经济立法工作，已经为本省的循环经济发展工作提供了多方位、多角度的立法保障。

②与环境保护有关的立法。减排污染物是循环经济的重要要求之一，因此，循环经济的发展极大地促进了环境保护。在国际上，循环经济中的许多理念已经被应用于环境保护中，如废物资源化等。所以，发展循环经济与环境保护是密切相关的，有着相互促进的作用。发展循环经济贵州省着实走在了西部地区的前列。早在 1992 年开始，贵州省就制定了保护环境的基本条

例——《贵州省环境保护条例》，对省内有关生态环境的防治、保护、监管等工作做出了规定，社会主体不遵守《贵州省环境保护条例》相关规定的也要承担相应的法律责任，为贵州省循环经济执法提供了基本的法律保障。随后，贵州省又相继出台了一系列的环境、资源的保护条例。

③贵州省政府制定的与发展循环经济有关的规章。法律制定得越完善，对循环经济发展的保障作用就越大。贵州省在遵循上位法的原则下，对上位法存在的立法空白及不足之处，制定出一系列关于循环经济发展的政府规章。这些规章结合贵州省地方特色，为贵州省顺利开展循环经济保驾护航，主要包括《贵州省人民政府关于贯彻国务院加强节能工作决定的意见（黔府发〔2006〕32号）》《贵州省人民政府关于促进循环经济发展的若干意见（黔府发〔2007〕24号）》《贵州省人民政府关于印发节能减排综合性工作方案的通知（黔府发〔2007〕25号）》《贵州省人民政府关于进一步做好2008年节能工作的意见（黔府发〔2008〕1号）》《贵州省人民政府办公厅转发省环保局等部门关于加强农村环境保护工作的实施意见的通知（黔府办〔2008〕27号）》《贵州省人民政府关于做好2009年节能工作的意见（黔府发〔2009〕4号）》《贵州省人民政府办公厅关于印发贵州省畜禽养殖废弃物资源化利用工作方案的通知（黔府办发〔2017〕64号）》《贵州省人民政府关于印发贵州省"十三五"节能减排综合工作方案的通知（黔府发〔2017〕26号）》《贵州省公共机构节能管理办法》（第207号）《贵州省人民政府关于支持黔南自治州加快推进绿色发展建设生态之州的意见（黔府发〔2019〕3号）》等。

在贵州省政府进行调研时，贵州省法制办原主任刘开运告诉课题组，贵州省对循环经济发展立法工作十分重视，从初步形成到现在不断完善的法律制度，为本省循环经济顺利发展提供了坚实的保障。立法先行，使贵州省循环经济的实施走在了西部地区的前列，这也是贵州省实施循环经济促进法以来，经济得以迅速增长的一大重要原因。

（2）严格执行循环经济法律制度。

徒法不足以自行，自《循环经济促进法》颁布实施以来，贵州省政府充分发挥主观能动性，不断创新手段，严格执行循环经济法律制度。从"十三五"规划开始，贵州省就将循环经济规划作为贵州省及各市国民经济和社会发展五年规划的重要内容，并随着形势的变化针对这些规划进行相应变动，见附表3-1和附表3-2。

附表3-1　贵州省"十三五"战略性新兴产业发展规划表

产业领域	发展重点
大数据产业	新一代信息基础设施、大数据生产流通、大数据创新应用、数据终端产品制造产业
新材料产业	新型功能材料、先进结构材料、高性能复合材料
生物产业	生物医药产业、生物医学工程产业、生物农业产业、生物制造产业、生物能源产业等
高端装备制造产业	航空装备产业、卫星应用产业、智能制造装备产业
节能环保产业	高效节能产业、先进环保产业、资源循环利用产业
新能源产业	风能、太阳能、生物质能、地热能、核能、压缩空气储能和分布式能源、页岩气、煤层气
新能源汽车产业	新能源客车、新能源工程车、新能源汽车核心零部件、新能源专用车以及配套设施
数字创意产业	特色民族文化、民族服饰、工艺品、生态旅游、大健康养生

资料来源：贵州省"十三五"战略性新兴产业发展规划。

附表3-2　贵州省"十四五"战略性新兴产业发展规划

支柱型产业集群	发展重点
大数据产业集群	电子信息制造业、信息技术服务产业、数据中心及数据服务产业

续表

支柱型产业集群	发展重点
酱香白酒产业集群	微生物资源保护和优势原材料供给，酒旅融合发展
特色新材料产业集群	锰系新材料；锂及锂电池材料；铝、钢铁、钛深加工；氟、钡和玄武岩新材料；铅锌等其他金属材料
现代中药民族药产业集群	高质量的道地中药材供给体系、中药民族药制造业中医药养生保健服务
精细磷煤化工产业集群	精细磷化工产业、现代煤化工产业
培育型产业集群	特色农产品精深加工产业、航空装备制造产业、新能源产业、新能源汽车产业、节能环保产业数字与文化创意产业

资料来源：贵州省"十四五"战略性新兴产业集群发展规划。

《贵阳市国民经济和社会发展第十二个五年规划纲要》对循环经济的发展作了总部署，要求循环经济覆盖全社会的生产、流通、消费等各个环节，提高资源的利用率、提升资源产出率。在生产领域，要以建材、有色金属、食品轻工、煤磷化工、装备制造等优势产业为重点，建成工业循环经济产业体系。在流通和消费等领域，以循环社会实践为开展基点，构建再生资源回收利用体系，倡导可持续消费，建成节约型政府。

《贵州省国民经济和社会发展第十三个五年规划纲要》提出要大力发展循环经济，要求以提高资源产出率为目标，按照"减量化、再利用、资源化，减量化优先"的原则，着力推进生产、流通、消费各环节循环化发展和园区生态化循环化改造。

案例2：贵阳市成立两湖一库管理局

贵阳市不断创新手段发展循环经济，成立两河一库管理局，重点管理红枫湖、百花湖和阿哈水库。对两河一库的管理主要实行分区管理，划分为禁建区域、限制发展区域和鼓励发展区域，这样做有两个好处，一是对环境保护做到了完整全面不留死角，二是整合了相关资源提高了效率。同时也成立两河一库管理基金，在这之后，社会各界尤其是企业积极捐款，可见循环经济的发展对经济的发展也着实起着积极的促进作用。

另外，贵州省各级人民政府抓住重点，对发展循环经济的工作制定了应对措施：第一，对污染物排放进行总量控制，严格实行排污许可证制度，全省主要污染物排放总量不能超出国家指标；第二，加强企业清洁生产审核工作，推进企业清洁生产；第三，加强防治固体废物污染，提高无害化处置水平，逐步实现对危险废物和医疗废物的安全处置；第四，针对重点流域、重点区域、重要生态系统和重点行业重点开展工作。

（3）加强对循环经济的监督力度。

近年来，贵州省司法机关对发展循环经济的监督力度有所加强，目的是确保循环经济的发展，为此还专门成立了环境保护司法机构，例如，贵阳市检察院建立针对破坏循环经济发展犯罪的专门管辖机制，做到专案专人专管，快捕快诉；清镇市环境法庭是中国第一个环境诉讼法庭，2015 年，各类环保案件一共受理139 件，其中审结了 121 件，有未结 18 件，这一年的结案率较高，达到了 87.05%；刑事案件 90 件，审结了 86 件，104 名罪犯被判决；民事案件 27 件，审结了 15 件，有未结 12 件；环保行政诉讼案件，仅审理完结 1 件；执行案 10 件，其中执结 9 件；行政非诉执行案件，共 11 件。截至 2020 年 7 月，环保法庭已受理各类环境保护类别案件 2629 件，已审结 2586 件，结案率达98.4%。[①] 同时各司法机关也积极对循环经济发展项目联合办案，为循环经济的发展提供了一些司法上的建议，至今贵州省法院系统依法审理了全国首例环境信息公开案、全国首例环境行政公益诉讼案、全国首例生态环境损害赔偿协议司法确认案、全国首例传统村落保护行政公益诉讼案等一大批"首案"。[②]

---

① 数据来源于实地调研。

② 数据来源于贵州省高级人民法院门户网站 http://www.guizhoucourt.gov.cn/。

（二）贵州省实施《循环经济促进法》的现状的问卷及数据分析

本次调研问卷设计的题目主要是了解在《循环经济促进法》实行前后，贵州省内民众对环境变化存在的感受，并且了解民众认为该法实施的难点以及不足之处。总而言之，此次在调研对象的选取中，选取的政府公职人员占24%，城市居民（包括企业员工、个体户、学生、农民工、自由职业、无业等）是主要的对象，占76%左右。调研比例符合大众化的要求。问卷调查中"文化水平"一项的统计数据如下：小学占3%、初中占16%、高中占33%、中专占14%、大专占15%、大学以上占19%。总计初、高中文化水平占63%，具备文字和理解能力，能够回答问卷中所涉问题。以下是对贵州省实施《循环经济促进法》情况调研问卷的数据分析。

1. 针对贵州省当地的生态环境状况的调研（如附图3-1所示）

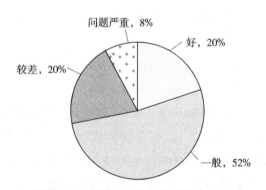

附图3-1 您认为目前本地环境状况如何？

附图3-1数据显示，受访者认为本地环境状况严重和较差的情况占据了28%，这种情况应当是出现在重工业区及其附近，课题组在贵州省凯里市凯里学院进行调研时，由于附近正在进行工程建设，环境不好，森林植被覆盖率比较低，汽车行驶过去偶尔也会见到尘土飞扬。认为生态环境一般的占据了大多数，达52%，贵州省的森林覆盖率在全国可以名列前茅，但是森林区域一般都在山区，而工业区的建设考虑到地理位置、交通条件以及周边的附属设施，一般不会选在山区，这样看来，工业污染区与植被覆盖还是存在着一定的空间距离，环境污染的现象还是比较严重的，因此调查问卷的满意度不高也就很正常了。

下面是课题组在贵州省黔东南自治州人民政府调研时的一段访谈记录。

课题组人员：今天能够有幸请到各个部门的一线工作负责人参加我们的调研，深感荣幸，在这里一并表示感谢。我们想向各位了解一下《循环经济促进法》在咱们州实施的一些情况。

州财政局人员：我先说吧。自从《循环经济促进法》颁布实施以来，咱们州根据相关政策性文件设立循环经济专项基金，如对锦屏县的工业园区、农业园区等多个循环经济实验点拨发款项。对新农村实施循环经济这一方面也是提供了一定的财政资金，现在咱们市的规定是在农村不能使用煤炭、柴火，尽量使用沼气，于是在沼气池建设方面咱们也是按照循环经济专项经费予以拨款。

州环保局人员：在环境保护这一方面，实施得还是比较好的。2014 年，全市城市污水处理率 89%，工业废水排放达标率75.6%，废水治理设施处理能力 4.7 万吨/日，废气治理设施处理能力 6696 万标立方米/日；工业固体废物综合利用率 33.43%，生活垃圾无害化处理率 100%。全市城市污水处理率 89%，工业废水排放达标率 75.6%，废水治理设施处理能力 4.7 万吨/日，废气治理设施处理能力 6696 万标立方米/日；工业固体废物综合利用率 33.43%，生活垃圾无害化处理率 100%。从这些数据来看，循环经济法的实施还是卓有成效的。

州发改委人员：凯里（黔东南自治州）早就取消了烧煤烧柴，刚刚财政局的工作人员也有提到在这个农村建设里取消煤柴使用，改用沼气，发改委也给予了政策上的支持。但是现在面临着这样的一个问题，利用厨余垃圾、农业垃圾等制造这个沼气会出现剩余，过多的沼气应该怎么处理还没有得到很好的解决。

州农林局人员：我这里也是一组数据（截至 2015 年年初），全市林业产值 5.55 万元，同比增长 25%。投入林业建设资金6763.2 万元。全市森林覆盖率 55.5%，比 2013 年增加 1 个百分点。2014 年全市生态建设完成 5.38 万亩。主要完成的生态项目有天保工程、省级植被恢复费封山育林建设、森林抚育试点项目、石漠化治理工程人工造林等。巩固退耕还林成果项目（林业部分）恢复经营 1875 亩、后续产业经济林种植 880 亩。2014 年第二批县级植被恢复费建设项目 2650 亩；蓝莓标准化示范基地建设项目（续建项目）250 亩。正康药业金银花基地建设项目2800 亩。义务植树 150 万株。投入森林防火经费 35 万元。投入资金 620 万元，完成松材线虫病疫木除治 4627 亩。重建备选项目 162个，申报项目 22 个。投资 6763.2 万元（其中上级资金 2874.6 万元），落实天保工程、退耕还林等项目 22 个。除此之外，咱们农林在实施循环经济还在于用林量，严格限制过度采伐。到 2014 年底咱们省的森林覆盖率已经超过福建省，位居全国第一。

2. 针对《循环经济促进法》颁布实施以来当地的环境变化状况的调研（如附图 3-2 所示）

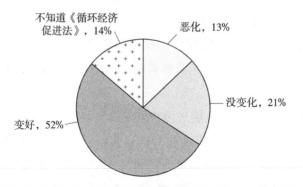

附图 3-2　2009 年 1 月 1 日《循环经济促进法》正式颁布后，
本地环境状况有何变化

附图 3-2 数据显示，首先，在选项中有一项"不知道《循环经济促进法》"，设计此选项的目的主要是证明调研数据的真实性和考察《循环经济促进法》在贵州省的宣传力度。贵州省在《循环经济促进法》颁布之前，就采取了许多节能减排措施，其循环经济的发展脚步也领先于其他一些省份，但是该图显示，仍还有 14% 的受访者不知道有《循环经济促进法》的存在，这在一定程度上表明贵州省各级政府在实施《循环经济促进法》时，对社会公众的普法宣传还有待加强。52% 的受访者认为是《循环经济促进法》实施以来环境有了很大的改善，21% 的受访者认为对环境的影响没有什么变化，但是仍还有 13% 的受访者表示环境状况在变化，这表明贵州省《循环经济促进法》的实施并非十分得当，存在部分监管不严，导致循环经济并没有呈现出本有的功效。

案例 3：贵州省社会经济和环境生态同步发展

2014 年贵州省全省经济生产总值达 9251.01 亿元，经济增长速度位列全国第二，且已连续四年位居全国前列，2014 年全省森林覆盖率将近百分之五十，远超全国平均水平，且近些年贵州省的 PM2.5 平均值都在 50 以下。到 2021 年，贵州省全省经济生产达总值 1.96 万亿元，经济增长速度位列全国第二，且已连续十年位居全国前列。2021 年全省森林覆盖率超过百分之六十，远超全国平均水平，且近些年贵州省的 PM2.5 平均值都在 50 以下。

案例 4：贵州省环境法治初见成效

2011 年 10 月，贵州省出台的《贵州省赤水河流域保护条例》具有重要意义，赤水河治理有了明文法律依据。2013 年，贵阳市级环境司法体系建立：市检察院、市公安局成立了生态保护分局。2014 年，贵州省率先在全国建立省级生态环境保护司法体系：贵州省高级人民法院成立了生态环境保护审判庭，贵州省人民检察院和省公安厅建立了生态环境安保总队。2022 年 3 月，贵州省出台《贵州省公共机构节能管理办法》，推动公共机构节能有了明文法律依据，同年贵州省生态环境司法保护全面升级，形成了"1 个省高院+9 个中院+34 个环境保护法庭"的环境资源审判格局。2021 年 6 月至 2022 年 5 月，全省各级法院共受理涉环境资源刑事、民事和行政（行政赔偿）案件 8182 件，审结 7427 件。

3. 针对实施《循环经济促进法》的效果的调研（如附图 3-3 所示）

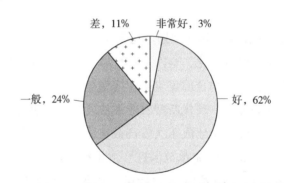

附图 3-3　您认为《循环经济促进法》在您所在地的实施效果如何

课题组在贵州省人民政府调研时对贵阳市主要城区《循环经济促进法》的实施情况和循环经济项目申报情况进行调查。

附图 3-3 数据显示，认为效果"好"的比例达 62%，说明该法在当地的实施效果较为良好，但是仍还有 24% 的受访者认为实施的效果仅仅是"一般"，而且还有 11% 的受访者认为该法的实施效果比较差。综合以上数据和案例可以得知贵州省着实加大了《循环经济促进法》的实施力度，从前面"十二五"期间的经济增长数值，以及贵州省各级政府单位的立法来看，确实有一定的成果，但是在实施过程中，仍旧存在着一些不足，如教育宣传没有到位，从而导致广大人民群众对《循环经济促进法》认识缺失；对一些工业企业污染物的排放监管不严，执法不严、有法不依成为《循环经济促进法》在实施过程中的一项重大难题。

案例 5：贵阳市云岩区合力治污还碧水

云岩区建设再生水厂。六广门再生水厂项目自 2017 年底启动以来，便按照工信部"绿色工厂"标准进行设计，创新引入资源化、能源化、生态化理念，坚持高标准规划、高质量建设，采用多种节能设备和循环经济理念，着力打造贵阳再生水厂领域的首批绿色工程项目。

案例 6：贵阳市花溪区规划产业促升级

花溪区坚持结构优化，全产业加快转型升级。深入推进供给侧结构性改革，对区内全部煤炭企业实施关停减排、结构减排措施，制订现代服务业、现代新型农业加快发展的意见和大数据产业发展三年行动计划，建成了久安高效茶园、青黔农旅一体、燕马蔬菜保供三大省级农业示范园区。力推循环经济和清洁生产，培育了花溪云顶风能发电场、泰邦生物等一批高新技术环保企业。

案例 7：贵阳市乌当区巧用平台造产业

乌当区打造生态健康产业，已建成 1 个国家级农业科技园区和 6 个省级现代高效农业示范园区。积极引进、利用先进技术，改造提升电子信息、特色食品、航空航天、装备制造等传统优势产业。重点推进洛湾云锦工业园配套建设，利用生态大数据实现园区内资源环境动态监测和单位能耗监测，完善园区污染集中治理设施和废物集中处置平台，促进工业废弃物综合利用高效化、循环化。2022 年，乌当规模以上健康医药工业产值达 58.8 亿元，分别占贵阳市及全省健康医药产业的 37.8%

和 19.6%。

4. 针对《循环经济促进法》中监管罚则的规定的调研（如附图 3-4 所示）

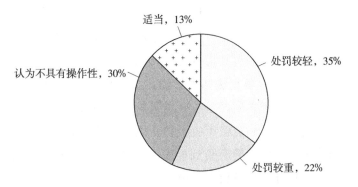

附图 3-4　您认为《循环经济促进法》对监管罚则的规定如何

附图 3-4 数据显示，贵州省实施《循环经济促进法》面临的一个主要障碍就是该法对监管罚则的规定创造性不够强。这道题具有较强的主观性，因为每个人所处的社会环境以及教育背景的不同，对法律规定的理解层次也不同。35% 的受访者认为处罚力度偏轻了，课题组通过数据分析发现，这部分受访者大都是普通的公众，因为他们认为重工业企业等污染了环境，就应当付出沉痛的代价，代价高于污染的成本，企业也就会考虑改进；而 30%的受访者认为这不具有可操作性，这一部分受访者主要是政府工作人员，大都是一线的执法者，这进一步说明了执法难、执法不严等问题是贵州省实施《循环经济促进法》的一个重大障碍；有22% 的受访者认为是处罚偏重了，这一部分受访者是工业企业的工作人员，之所以出现处罚偏重的认识，是因为确实产生了污染，先污染后治理是环境污染的传统，如果及早引用循环经济的理念，转变经济发展方式，协调经济发展与生态环境的保护，那么我国的生态环境就会得到进一步的改善。

行政执法力度欠佳，循环经济发展推动力不足。经济的转型虽然面临困难和风险，但这是必然的趋势，许多地方政府目光不够长远，局限于眼前短利，对于一些以危及环境为代价换取经济效益的企业持放任态度，监管工作不到位，不能及时跟踪企业环保信息情况的变更；执法工作不严，连基础环保设施都不达标的企业都未予惩处甚至取缔；以权谋私严重，为个人利益联合企业损害公共利益，无视法律法纪，导致国家法律法规形同虚设。经营者的本质在于逐利，若对其市场开发行为予以放任，经营者为了创造个人利益，不惜触犯法律屡屡做出损毁生态环境的行为。地方政府不能只着眼于发展经济，在引进外资、购买原料和技术设备升级时，政府要严格资格审查，防止因小利严重破坏了生态环境，进而使民众的生命健康受到损害。政府应当确实落实循环经济发展工作，把环境保护放在首位。

5. 针对实施《循环经济促进法》最大的困难的调研（如附图 3-5 所示）

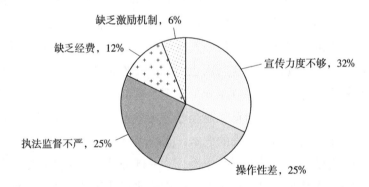

附图 3-5　您认为您所在地有效实施《循环经济促进法》最大的困难是什么？

附图 3-5 数据显示，"执法监督不严""操作性差""宣传力度不够"的所占比例较为均衡，说明这些障碍都是现实存在。循环经济的发展是一个周期较长的行为，需要强有力的财政支持和有效的激励政策，贵州省地处我国西南民族地区，经济发展相对缓慢，为了发展经济，在循环经济的投入上还是存在着一定的不足；法律过于原则化的规定，也会阻碍《循环经济促进法》的实施。

6. 针对贵州省有关与《经济循环促进法》配套立法情况的调研（如附图 3-6 所示）

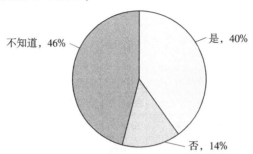

不知道，46%　　是，40%　　否，14%

附图 3-6　本地区是否根据《循环经济促进法》制定了相应的规定或文件

课题组通过对贵州省人大常委会网站门户的访问，结合在贵州省政府进行座谈获得的资料进行整理，对贵州省关于环境、资源保护的相关立法总结，见附表 3-3。

附表 3-3　贵州省关于环境、资源保护的相关立法

类别	名称	时间	概要
环境保护基本法	贵州省生态环境保护条例	2019 年	贵州省生态环境最权威、最全面的法规。内容涉及贵州省生态环境保护的各个方面，如规定监督管理、保护和治理生态环境、防治环境污染以及对所造成的损害承担民事责任、行政责任、刑事责任等规定
环境保护专项法	贵州省环境噪声污染防治条例	2017 年	这些专项法是针对特定污染治领域和特定生态环境问题而制定的。其制定实施在一定程度上对大气、噪声、水、固体废弃物等起到了规范作用
	贵州省大气污染防治条例	2018 年	
	贵州省水污染防治条例	2018 年	
	贵州省固体废物污染环境防治条例	2021 年	
	贵州省城市市容和环境卫生管理条例	2021 年	

类别	名称	时间	概要
与资源相关条例	贵州省矿产资源条例	2000 年	一定程度上缓解贵州省在资源、能源开发利用中的冲突和矛盾，为贵州省进一步可持续开发、利用资源、能源保驾护航
	贵州省气候资源开发利用和保护条例	2018 年	
	贵州省土地管理条例	2018 年	
	贵州省森林条例	2018 年	
	贵州省节约能源条例	2018 年	
	贵州省节约用水条例	2020 年	
	贵州省水资源保护条例	2021 年	
保护特定区域生态环境的条例	贵州省夜郎湖水资源环境保护条例	2018 年	这几部条例的制定和实施极大地促进了夜郎湖、红枫湖、百花湖以及赤水河的水质保护工作。上述水域在整个贵州省生态环境系统起着举足轻重的作用，对它们的保护规定，是直接关系到贵州省人民的切身利益
	贵州省红枫湖百花湖水资源环境保护条例	2021 年	
	贵州省赤水河流域保护条例	2021 年	

附图 3-6 显示，贵州省在实施《循环经济促进法》过程中，社会公众的参与性比较差，这与政府的宣传教育和普及工作是分不开的。该法颁布实施以后，贵州省积极实施贯彻，为了更好地为循环经济发展保驾护航，也制定了一系列的配套法规，附表 3-3 显示，贵州省在循环经济法治建设方面取得了相当不错的成绩；但从以上数据得知仍有近三成的受访者认为循环经济的发展仍存在着缺陷。贵州省实施循环经济虽然比较早，但是至今没有出台本地的循环经济促进法律，而诸如西部地区甘肃省早已颁布实施《循环经济促进法》的立法办法。

7. 针对本地最应该得到改进的工作的调研（如附图 3-7 所示）

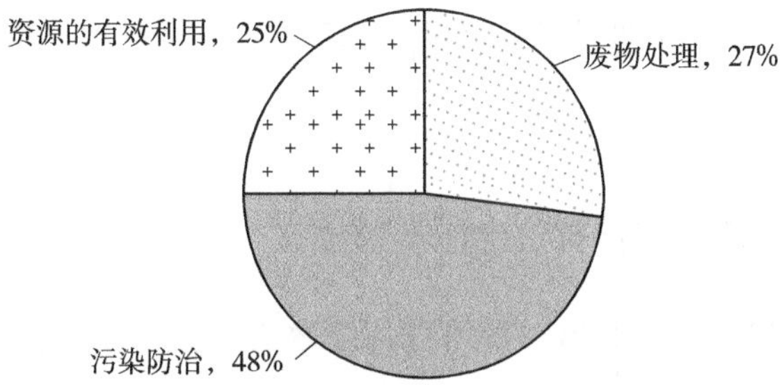

资源的有效利用，25%

废物处理，27%

污染防治，48%

附图 3-7 您认为本地最应该改进以下哪个方面？（可多选）

附图 3-7 数据显示，超过 48% 的选项选择最应当加强"污染防治"，这也反映出《循环经济促进法》实施过程中由于执法不严等因素导致一些工业企业污染现象严重。贵州省煤炭资源尤为丰富，被称为"西南煤海"，煤炭资源储量近 500 亿吨，在全国位居第五，为发展循环经济提供得天独厚的基础，但是从矿产资源在人们日常生活中的重要性以及其形成的周期两个方面进行考虑，发展循环经济，改善资源的有效利用，延长资源利用的生产链尤为重要，其中包括对固体废弃物的利用。无论是工业还是农业上的固体废弃物，从资源学的角度上是被称为资源的，需要通过一定的技术处理便可以得到等价的能源，如沼气。在综合了调研的数据以及与政府工作人员的座谈之后，对《循环经济促进法》亟须修改的地方总结如附图 3-7 所示。《循环经济促进法》颁布实施以来，确实取得了一些成绩，但同时也面临了一些障碍，循环经济促进法作为发展循环经济的基本法，应当具有相对完善的制度和详细的规定，然而课题组发现在现行的《循环经济促进法》中还是存在着激励机制较少，保障措施缺位等情况。所以，必须要有与《循环经济促进法》配套的法律法规出台，健全法律体系，以此保障循环经济的发展。

三、贵州省实施《循环经济促进法》存在的主要问题

（一）政府宣传普法工作不到位

从调研中可以看出，贵州省各级政府单位开展了循环经济促进法普及宣传工作，在循环经济发展过程中起着不可替代的重要作用，但循环经济的发展并不是依靠政府这一个环节就可以实现的，还需要公众和企业的相互配合。在调研中，课题组随机对公众进行访谈，群众认为本地政府单位很少对《循环经济促进法》进行普及宣传，群众对循环经济的内涵完全不理解，也不知晓循环经济促进法是一部怎样的法律。贵州省经济与环境的协调发展、循环经济的发展，以及《循环经济促进法》的实施都离不开广大人民群众的支持与理解，如果宣传普法工作不能够及时到位，群众的理念缺少了这一意识，执法得不到监督，则保障不了循环经济的发展。

（二）循环经济相关法律体系有待完善

为进一步促进贵州省社会经济的发展，必须不断完善循环经济法律制度。回归现实，贵州省的循环经济法律制度并不完善。就目前而言，贵州省急需发展循环经济，但实际上，在发展循环经济的过程中却面临到许多障碍，如制度缺陷、法律缺失等，这意味着仍需在循环经济立法方面加大力度。

首先，在《循环经济促进法》颁布以来，各省份先后出台相关的法律法规，以辅助循环经济促进法更好地实施，但是在贵州省，虽然已经有了与循环经济相关的一系列法律规章，却仍未出台贵州省实施《循环经济促进法》的办法，且在相关法律法规中并未明确相应的原则、概念等，高能耗、忽视环境盲目开发依旧

存在。

其次，政府的规章对于地方循环经济发展具有指导全局的作用，贵州省各级政府虽然颁布了一系列的政府规章，但并未根据各地实际情况予以修正，如贵州省政府制定的《贵州省人民政府关于促进循环经济发展的若干意见》对本省循环经济的发展起着重要的引导作用，但需要及时进行增删，以适应社会经济和环境的变化，对循环经济发展进行长期指引。

最后，在贵州省还存在着跨行业、跨部门的法律空缺。随着经济的发展，像旧电器、电子设备、轮胎等废弃物产生得越来越多，但是还没有出台一部关于处理这些废弃物的条例对废弃物的回收再利用进行规范，这种情况造成资源的浪费，不符合《循环经济促进法》中规定的 3R 原则。

(三) 废弃物资源化方式较为简单

《循环经济促进法》第二条第四款对资源化作出了简单定义："'资源化'指对废物作为原料直接利用或者对废物进行再生利用。"

课题组实地调查发现，2020 年，贵州省畜禽养殖粪污产生量 7342 万吨，畜禽粪污资源化综合利用率 86.43%。可见，西部地区特别是贵州省已经开展了将畜禽养殖废弃物转变成资源的工作，但是存在利用率低，技术处理简单，还有大部分被浪费的问题。畜禽养殖废弃物是一种特殊资源，含有多种污染环境的重金属、微生物细菌等。简单地资源化，不仅不能充分利用畜禽养殖废弃物，而且也不能将其本身所含有的重金属元素分离，不恰当的资源化处理方式容易导致二次污染，甚至影响到环境安全，威胁身体健康。《循环经济促进法》第四条对废物再利用和资源化等问题作出了细致规定，企业应当遵循法律的规定，提高自身的技术水平和设施安全，《畜禽规模养殖污染防治条例》也从多个方面规定了畜禽养殖废弃物资源化的安全原则，简单的资源化方式，不仅不能有效利用资源的同时，还违背了安全原则。

（四）缺乏有效的激励机制

循环经济要发展，需要积极的财政政策、高精尖技术及相应人才、切实可行的激励机制，为循环经济发展保驾护航。但就目前而言，贵州省在激励机制方面仍存在着一定的缺陷。例如，在《贵州省生态文明建设促进条例》中只有第四十六条中提到"贴息"和"补助"等字眼，但更多的是处罚措施。奖惩失衡，没有一定的财政投入，不能引进先进技术，势必阻碍循环经济的发展。

（五）执法不严，缺乏监督

通过对调研数据的采集和分析，感受到贵州省在实施《循环经济促进法》过程中存在着一个极为严重的问题——执法不严。究其原因有三：一是贵州省的循环经济法治建设存在着不足，一些法律法规不能够及时出台，导致无法可依；二是上至《循环经济促进法》，下至贵州省各级政府出台的法规、规章等都存在着一个普遍的问题——原则化过强，可操作性较差；三是缺乏公众监督，这也是课题组在调研过程中能够切实感受到的贵州省乃至西部地区实施《循环经济促进法》的障碍之一。政府普法宣传工作不到位，群众监督跟不上，很容易使执法机关在执法过程中为权力寻租，滋生权力腐败，从而产生环境与金钱的交易。因此，建立健全循环经济的实施和监管制度，做到发展循环经济有法可依、有法必依，进而维护循环经济法律、法规的权威性，是贵州省乃至西部地区发展循环经济需要克服的重要障碍。

附录四　陕西省实施《循环经济促进法》调研报告

一、调研背景

陕西省是西部大开发的重点省份。近年来，陕西省稳步开展西部大开发战略工作和实现产业转型的同时，坚定不移地走可持续发展道路，提出了"国际化、人文化、市场化、生态化"的新型发展理念。在资源方面，陕西省地处黄土高原，矿产、林地等资源丰富，为发展工业、旅游业等产业提供了坚实的基础。同时，历史人文资源深厚，具有极高的文化价值，用以打造特色旅游业。但陕西省特殊的地理环境，也导致了一些发展上的困难：如陕西省的淡水资源较为稀缺；矿产资源虽然丰富，但是寻矿和采矿的成本很高；最主要的是陕西省常年受到自然灾害的影响，生态环境较为脆弱。陕西省政府在这些问题上积极采取了措施，努力提高森林覆盖率。其中西安市在森林保护工作中取得了良好的成果，目前覆盖率高达 48%，已超出全国平均水平。

陕西省拥有良好的发展循环经济的基础条件，其自身脆弱的生态环境也正在通过循环经济的发展加以改善。课题组通过实地调查发现，陕西省经济发展水平良好，发展所面临的困难都是能够通过实施《循环经济促进法》予以克服的。自《循环经济促进》法颁布实施以来，陕西省积极开展循环经济的发展工作并取得了一定成效，实施该法的社会效果良好。为总结出具体的发展成果和其中面临的障碍，课题组选取陕西省作为调研对象，通过实地调研发现实际面临的障碍，提出解决问题的对策，从而推动《循环经济促进法》在陕西省的实施，实现社会经济和生态环境协同发展。

课题组主要采用了问卷调查表、文献查询和实地访谈调研方法、网络和电话访谈等调研方法。课题组在西安、榆林、韩城等地共发放500份《循环经济促进法》实施情况问卷调查表，主要发放对象包括当地国家工作人员、企业员工、个体户、学生、农民工、自由职业者、无业者等。课题组整合了相关问卷信息，归纳整理原始问卷中受访者的看法并形成数据，基本掌握了受访者对《循环经济促进法》的认知程度，找出了该法在陕西省实施过程中取得的成绩与面临的障碍。同时课题组在调研过程中也获取了受访者对《循环经济促进法》实施的若干意见与建议，对陕西省深入贯彻落实《循环经济促进法》有很大的借鉴意义。本研究成果是通过调研对所取得的数据深入分析的结果。

课题组在西安、延安等市的发改委了解到"十三五"节能减排规划，在收集数据过程中还了解到，部分地市环保部门制定"十三五"期间关于污染物排放控制的计划和发展循环经济与资源节约的规划方案，对节能减排过程进行了分析，总结出成绩与问题；收集整理了大量数据，通过陕西省人大常委会，得到了关于发展循环经济的地方性法律文件的资料。这些资料和数据，能够充分地反映陕西省实施《循环经济促进法》面临的障碍，主要包括政府监管力度小，宣传工作不到位，企业排放不达标，群众参与程度低等。为了了解陕西省企业实施《循环经济促进法》的成效，课题组采取了实地采访的方式，对陕西省龙钢集团和陕西煤化集团进行了深入的调查访问。

案例1：陕西省龙钢集团

陕西省龙钢集团公司注册地在西安市，由韩城同兴冶金有限责任公司和陕西龙门钢铁集团有限公司共同出资成立。2002年，该公司改制完成后，本身技术过硬、资金实力雄厚，是陕西省具有代表性的大型钢铁生产公司，也是陕西省政府重点支持对象。近年来国家出台了许多关于发展钢铁产业的方针政策，最具代表性的是《钢铁产业发展政策》。陕西省为响应国家政策，随后提出"重整冶金、打造支柱"的钢铁产业发展思想。自《循环经济促进法》颁布实施以来，龙钢集团得到了该法规定的许多政策优惠，并利用这些政策上和资金上的支持引进先进技术，提高资源利用率和产品产出率，最终形成了一套立体化的高效生产模式，实现了在生产过程中钢铁资源的循环利用。

案例2：陕西煤化集团

陕西煤化集团是陕西省重点扶持的省属特大型煤炭化工公司，有着独特的生产技术。该公司在发展煤炭与化工过程中不仅把这两种不同产业的发展循环链结合到一起，而且充分利用了单一产业的自身循环化以提高技术。调研了解到，这些技术都是国内极具独创性的煤化工技术，主要包括煤炭分质清洁高效转化技术和甲醇制低碳烯烃（DMTO）技术两种。这些技术都是发展循环经济所需要的，但其研发的难度与成本都很高。据该公司负责人介绍，陕西煤化集团之所以发展循环经济，首要的目的就是为了提高经济效益，其次是因为《循环经济促进法》的颁布实施所带来的政策等方面的优惠。课题组在该公司调研中发现，陕西煤化集团的宗旨与循环经济发展的内在原则有许多相似之处，即二者都主张自然资源的合理开发利用，都主张尊重经济和自然的规律，高效地开发和利用资源，追求社会在和谐中可持续发展。

二、陕西省实施《循环经济促进法》现状及数据分析

（一）陕西省实施《循环经济促进法》取得的成绩

1. 经济方面，各项经济指标持续稳步增长

2022年，陕西省生产总值高达32772.68亿元，代表了陕西省"十三五"及"十四五"期间所取得的巨大成就，经济成绩突

出。陕西省实施《循环经济促进法》后经济增幅甚大，增速甚快。此外，高新技术产业发展速度不够迅速，但其占 GDP 的比重亦增加，反映出经济结构更加健康、合理。生态环境也有所改善、节能减排取得一定成效，如减少了二氧化硫等空气污染物排放量、每万元国内生产总值的煤标能耗下降、城市内外的植被面积均有所增加。由于条件的限制，数据统计的样本不够全面、数量不够多，但其仍然具有一定的证明力，足以说明陕西省节能降耗之现状。

以陕西省实施《循环经济促进法》之成果看，将循环经济上升为法律，可以平衡经济与自然之间的矛盾与冲突，使二者和谐发展、相互促进；要取得显著成果，离不开多方协作：政府部门的主导、企业积极配合、人民群众理解与支持。

2. 循环经济发展的制度体系初步形成

《循环经济促进法》为发展循环经济的诸多事项指引了方向。陕西省积极制定了配套的地方立法，即《陕西省循环经济促进条例》。除此之外，陕西省还规划诸多方案来推动循环经济。西安市便是探讨循环经济规划以及实施陕西省条例之范本。

案例3：循环经济的小范围尝试

以西安市主导产业为起点，以工业园、开发区为依托，进行循环经济的小范围尝试。积累一定经验之后，再拓展至更多产业。为此，该市制定许多规范性文件，为发展循环经济提供充分、有力的制度保障。西安市"十四五"节能专项规划、西安市"十四五"生态环境保护规划涉及方面最广。此外，规划中还包括验收与考核办法，监控主导产业以及相关工业园。为了实施《陕西省循环经济促进条例》，该市采取了一系列措施，制定相应规划——高新区的创建生态工业示范园区的规划；以发改委、规划局为主的政府部门积极协助与指导工业园规划的编制。为了限制一次性消费品过度使用、监控环境不友好型企业，该市还设立了专项资金制度，该制度规定：一是为了循环经济专项基金制度的实施，由专门机构审计资金流向，并确保资金专项专用，资金来源稳定，不仅要求执行在《循环经济促进法》中规定的一次性产品之归类名录，还要积极实施《陕西省循环经济促进条例》，推行陕西省鼓励的技术，淘汰非环保设备、材料。二是严厉规制高污染、高能耗的企业，必要时可予以关闭。利用信息技术实施监控，防患于未然。

通过对榆林、延安等地实地调研，课题组获知，由省会做试点积累经验，再由其他市县学习借鉴，对《循环经济促进法》及循环经济促进条例的实施大有裨益。如今，陕西省各地市实施《循环经济促进法》也已取得阶段性成果，用以配合循环经济发展的制度已经在陕西省初步形成。

3. 夯实基础性工作以促进循环经济发展

通过对《循环经济促进法》的研读与实施，陕西省政府开始理顺管理体制，完善制度，健全运行机制。各部门从能源的回收、节约与利用方面着手，制定评价标准，并激励社会各界支持循环经济。该省不满足于仅执行国家标准，还结合陕西省特色，建立统计核算制度及有实际意义的循环经济评价标准。为了激励循环经济企业，他们执行相关经济政策并建立完整全面的绿色保障体系，以经济、政策利益调动相关企业积极性。发挥政府的主导作用，整改环境不友好型行业，提高技术、降低传统产业能耗，简而言之，将政策体系化、结构化、法律化，以促进循环经济。

陕西省委及省政府为创建环保模范城市，对下级政府做出极其严格的要求，创造宜居的生活环境，响应国家号召，让陕西省走在环保前列，重点解决对经济影响重大、与群众联系密切的环境问题。

（二）陕西省实施《循环经济促进法》的现状的问卷及数据分析

课题组以问卷的形式对相关人群展开了调查，问卷题目主要对比的是《循环经济促进法》实施后各群体对环境的变化是否有较深印象，并提出其认为应当重点改进的不足之处。调研对象中政府工作人员约占11%，居住在城区的普通市民占其余的89%左右。调研的对象较为广泛，具有一定的普遍性和证明力。问卷调查中"文化水平"一项的统计数据大致如下：小学占6.0%、初中占33.3%、高中学历占25.0%、中专学历占18.0%、大专毕业约占7.0%、大学及以上学历约占12.0%。从数据可以看出初、高中文化水平约占整体数量的58.3%，调查问卷的题目不具有较高的专业性，是以被调查对象的文化程度可以清楚领会的题目。以下是问卷调查的统计情况。

1. 针对陕西省当地的生态环境状况的调研，如附图4-1所示

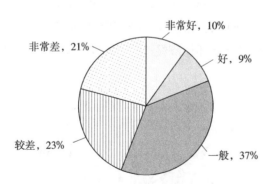

附图4-1　您认为目前本地环境状况如何？

附图4-1数据显示，所有的选项均有受访者选择，说明每个人对环境的感受是不同的，37%的受访者认为环境"一般"，这说明受访者对环境的不满意是较为普遍的，通过这一道题我们应当清楚地认识到，当前的陕西省环境保护工作的力度仍没有达到

让当地人民满意的程度，政府虽然大力提倡节能减排，保护环境，但是环境问题并没有得到根本的改善。

2. 针对《循环经济促进法》实施后，陕西省环境状况变化情况的调研，如附图 4-2 所示

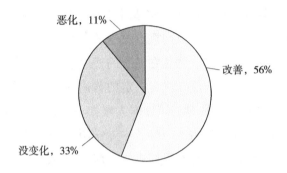

附图 4-2　《循环经济促进法》正式颁布实施后，本地环境状况有何变化？

附图 4-2 数据显示受访者的反馈意见是：《循环经济促进法》实施后，认为环境改善了的占一半多，其余的则认为没有变化或更加恶化，这在一定程度上说明《循环经济促进法》实施后环境发生了改善，这对该法的实施是一种积极的肯定。

3. 针对实施《循环经济促进法》的效果的调研，如附图 4-3 所示

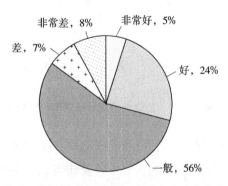

附图 4-3　您认为《循环经济促进法》在您所在地的实施效果如何？

附图4-3数据显示，该问卷中认为实施好及非常好的受访者大多居住在环境较好，污染较少的郊区；而身处工业区和闹市区的受访者大多认为实施效果一般。实施效果是一个全方位的考量数据，应当结合具体的措施，以及受访者自身的素质来综合分析，政府虽然在《循环经济促进法》的实施中扮演着引导者的角色，但也需要各机关单位，以及普通民众的大力支持，对于环境较差的区域，更应加大实施力度，有效处理好经济发展与环境保护的关系，同时，需要开通专线的反馈意见的平台，民众可以通过电话或者通过网络留言的方式提出自己想法和宝贵的意见，做到全民参与，《循环经济促进法》才能得以更好地实施。

4. 针对《循环经济促进法》中监管罚则的规定的调研，如附图4-4所示

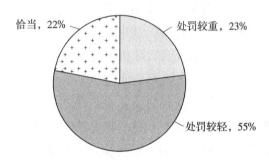

附图4-4　您认为《循环经济促进法》对监管罚则的规定如何？

附图4-4数据显示，认为处罚较重的受访者大多是企业人员，因为企业的经济效益与企业职工的个人利益息息相关，对企业处罚较重，不利于自身的发展；而认为处罚较轻的受访者则是其他职业的普通市民，他们认为企业必须为环境污染买单。监管罚则并不是以惩罚为目的，而是希望《循环经济促进法》的各项制度能得到社会各界普遍认同和广泛支持和配合。监管工作是任何一项制度推行的重要保障，仍需执法者认真履行职责。

5. 针对实施《循环经济促进法》最大的困难的调研，如附图 4-5 所示

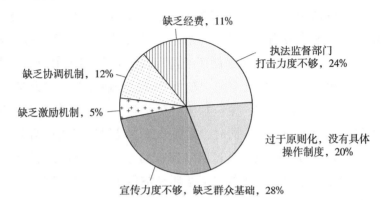

附图 4-5　您认为您所在地有效实施《循环经济促进法》最大的困难是什么?

附图 4-5 数据显示，受访者对此问题看法各不相同，没有哪一项占据特别高的比例，其中认为执法部门打击力度不足的约占四分之一，这也说明实际执法过程中确实存在相应的问题，《循环经济促进法》在陕西省实施以后，陕西省的环境确实发生了一定的改善，陕西省的企业也纷纷进行内部改革，形成具有一定规模的循环经济产业链，但是全省企业与企业之间，行业与行业之间大规模的循环经济模式却没有完全建立起来，发展循环经济，实施循环经济促进法离不开地方企业和当地居民的支持，只有改变人们的认识，大力普及宣传和宣传《循环经济促进法》，彻底改变固有的生产模式，才能从根本上推动该法的实施。

6. 针对陕西省有关与《循环经济促进法》相应的法规或文件的情况的调研，如附图 4-6 所示

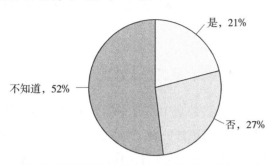

是，21%

不知道，52%

否，27%

附图 4-6　本地区是否根据《循环经济促进法》制定了相应的规定或文件？

附图 4-6 数据显示，大部分的受访者并不知道陕西省为推行《循环经济促进法》制定了相应的法规或者文件，事实上，陕西省颁布实施了《陕西省循环经济促进条例》，可能部分群众平时对法律知识不够了解，但这更需要政府加强对《循环经济促进法》及相关法律知识的普及和宣传。因此，政府既要通过主流媒体的方式，也要结合当地流行的自媒体的方式对《循环经济促进法》《陕西省循环经济促进条例》和地方性的循环经济发展规划进行持续深入的宣传，采取通过举办辩论赛、演讲比赛的方式，在学校和公众场合广泛开展宣传教育活动；可以开展相关的评比工作，对循环经济推行较好的地区进行表扬；对大力支持和为促进《循环经济促进法》实施作出贡献的单位和个人提出相应的表彰，充分调动各团体的主观能动性。

7. 针对本地最应该得到改进的工作的调研

受访者普遍认为当前污染防治仍然是重点需要突破的难题，其次是在废弃物处理方面。当前本地区垃圾废弃物分类做得并不到位，超过四分之一的受访者认为需要加以改善。当然突破这些重点难题，需要各级政府投入人财物，要调动全社会共同的力量，做好相关的工作，履行应尽的法定职责，助力更好地实施《循环经济促进法》。

三、陕西省实施《循环经济促进法》存在的主要问题

（一）宣传力度不够，缺乏群众基础

通过调查可知，社会公众中只有少部分了解《循环经济促进法》的一些制度规定，对该法的制定与实施不予关注。由此得出，《循环经济促进法》的普法宣传教育工作未能充分有效落实。普法宣传工作还是多流于形式，对偏远地区更是普法宣传力度有限。

（二）配套《循环经济促进法》的地方性法规和规章不够完善

只出台《陕西省循环经济促进条例》，陕西省各地（市、区）大都还未制定实施《循环经济促进法》相关的具体规定。西安市作为省会城市也不例外，县级以上地方各级人大常委会在这样的背景下应当科学稳定推进地方立法工作，完善循环经济发展的配套地方性法规，健全循环经济法律体系。

（三）循环经济监管体制有待完善

在实施《循环经济促进法》时，管理体制的含义是指循环经济监管机构的设立及机构间在关于循环经济监管方面上有关职权的划分。实施该法涉及诸多的政府部门，离开任何一个部门都无法运转。管理体制的良好建设与发展，一方面能够将诸多部门的优势发挥出来，使其能够各司其职、做好本职工作；另一方面，又能够使得循环经济方针、原则、制度得到统一贯彻。因而，《循环经济促进法》已把统一、分散的监督管理体制确立下来。也就是说，一方面将经济综合行政部门作为责任主体、负责循环经济工作的具体实施；另一方面将国务院环境保护、科学技术、财政、农业、机关事

务管理、税收等部门作为协助配合主体。不过从《循环经济促进法》规定可以看出，监管部门权力和责任的划分不是十分清晰，没有相应明确的表述，造成管理部门职责和权力不平衡的状态。《循环经济促进法》虽然对各部门的职责作了相应规定，但如何具体落实到监管措施上却无法可依。应当从宏观层面来考虑解决诸如此类的问题，理顺涉及法律实施过程中的方方面面。

（四）缺乏支持循环经济发展的激励措施

从经济发展水平来看，虽然近年陕西省经济取得了较快的发展，但是与东部发达省份相比，经济总量较低。这导致《陕西省循环经济促进条例》中有关发展资金的规定只成为一种柔性的手段，并没有规定硬性的资金投入规模，造成陕西省对循环经济发展的实际资金投入量与陕西省经济发展水平所需要的资金投入仍存在一定差距。此外，该条例对税收、融资、价格等方面仅根据《循环经济促进法》进行授权性的规定，仅指定相关职能部门，并未对这些部门实施激励措施的手段、力度和方式进行规范，造成职能部门无法可依，激励措施难以落到实处的尴尬局面。

（五）《陕西省循环经济促进条例》中关于循环经济评价指标体系的规定仍需完善

首先，该条例对于一些循环经济评价指标体系采取的是传统环境法的立法技术，造成普通民众难以理解。其次，陕西省从未制定具有针对性，适合陕西省自身情况的循环经济评价指标体系和方法，直接套用国家相关指标和标准，这导致政府相关部门和决策者难以有效地评估发现陕西省在实施循环经济促进法中面临的特殊性的障碍。最后，在评价循环经济发展的过程中，陕西省一直沿用传统经济发展模式下的绩效考评制度，并未制定具有循环经济特色的相关评价制度，这种绩效考评制度难以激发国家工作人员投身实施《循环经济促进法》工作的热情和动力。

附录五　甘肃省实施《循环经济促进法》调研报告

一、调研的背景

甘肃省实施《循环经济促进法》以来，在中央重视支持和甘肃省委、省政府正确的领导下，积极建设国家级循环经济示范区，把推进循环经济示范区建设作为转变经济发展方式的重要途径和实现经济社会跨越发展的战略平台。该省着力强化工作措施，扎实推进农业、工业、社会循环体系建设，循环经济发展取得了明显成效，主要阶段性计划已基本完成。同时，由于受到思想认识、政策措施、评价考核体系、科技创新和经济社会发展水平等因素的制约，甘肃省依然面临着循环经济发展障碍。

课题组通过随机发放调查问卷、访谈、查询资料和电话采访等方式，了解了甘肃省发展循环经济，实施甘肃省循环经济总体规划与循环经济促进法的基本情况，将甘肃省作为调研对象，能在一定程度上反映西部欠发达省份的共性。

二、甘肃省实施《循环经济促进法》现状及数据分析

（一）甘肃省实施《循环经济促进法》的主要措施及经验

1. 甘肃省实施《循环经济促进法》主要措施

（1）修订完善发展规划，明确发展目标。

甘肃省依据《循环经济促进法》于 2012 年颁布实施《甘肃省循环经济促进条例》，并围绕 2015 年建成全国循环经济示范区的目标，认真贯彻落实《甘肃省循环经济总体规划》《甘肃省循

环经济总体规划实施方案》，并通过总结十年的发展经验，于2022 年修订了《甘肃省循环经济促进条例》。不仅如此，甘肃省各地市都分别制定了循环经济发展规划，具体落实《循环经济促进法》规定的各项具体制度，积极实施该法，发展循环经济。

案例 1：金昌市以有色金属新材料循环经济基地建设为核心，按照构建循环型工业、循环型农业、循环型服务业三大体系，[①] 编制了《金昌市循环经济发展规划（2008—2020）》，并以此为基础，重新修编完善了《金昌市循环经济基地发展规划（2012—2014）》。进一步明确了《循环经济促进法》规定的循环经济发展指导思想、基本原则、空间布局、功能定位及目标任务，明确了"循环发展，生机无限、资源有限，循环无限"的发展理念，构建循环型工业、农业、服务业三大体系进而推进社会层面循环经济发展，重点实施百万吨有色金属深加工、百万吨城市矿产资源开发为代表的五大工程，着力打造有色金属及深加工、冶金、硫化等产业，同时落实再生资源利用十大产业链的发展战略。通过制定和具体落实甘肃省循环经济总体规划实施方案及年度工作方案，推动循环经济示范区建设加速发展，贯彻实施循环经济促进法。2023 年，该市已经构建了"横向耦合、纵向闭合、产业共生、吃干榨尽"的循环经济新模式，形成氯碱化工、硫磷化工、煤化工、氯化工、精细化工 5 个细分化工产业链。

（2）完善政策支撑体系，健全长效机制。

《循环经济促进法》以激励机制为主要的手段，以政策作为重要支撑来发展循环经济。甘肃省各级政府在省委、省政府统一领导下通过细致研究该法，制定配套的实施细则，不断完善政策支撑体系，保障和激励甘肃省各地区循环经济长效高速地发展。

---

① 徐守盛. 努力建设国家循环经济示范区 [J]. 发展，2010 (3).

案例 2：金昌市研究制定了金昌市循环经济评价考核办法，并结合国家和甘肃省支持循环经济发展的各项政策措施，在土地、收费、环保、价格、投资融资、人才培养、招商引资 7 个方面先后研究出台《关于促进循环经济发展工作制度》《关于金融业支持循环经济发展办法》《关于循环经济发展人才保障办法》《关于财税支持循环经济发展办法》《关于科技支撑循环经济发展办法》《关于金昌市循环经济统计管理办法》等一系列推进循环经济发展的政策措施。在现有循环经济示范区领导小组的基础上，设立了副县级建制的循环经济办公室。

甘肃省其他城市均纷纷效仿，如张掖市制定了《张掖市循环经济发展规划实施考核办法》《张掖市循环经济统计管理办法》《张掖市循环经济统计实施方案》等政策性、法规性文件。这些地方都取得了突破性的进展，为《循环经济促进法》的实施提供了良好的政策支撑体系，是该法得以贯彻落实的有力保障。

（3）加强组织领导，保障《循环经济促进法》贯彻实施，促进循环经济稳步发展。

组织健全是贯彻落实该法的有力保障，甘肃省各级党委、政府为了实施《循环经济促进法》，十分重视组织建设：从省一级到市县区各级政府和相关部门针对发展循环经济的工作需要，分别成立了主要领导负责的专门领导小组。为了解决实施该法工作中面临的障碍，由主要领导组织定期召开协调推送会，推进工作的开展；强化循环经济管理机构日常管理建设，在政府及相关部门内部设置职能科室，专司协调统计等工作，并且按月度、季度、年度定期汇报工作及重大事项及时汇报的灵活管理制度，兼具优秀的领导组织和科学的管理机制，充分落实该法规定的各项制度，推动甘肃省循环经济的稳步发展。

（4）加大普法宣传力度，强化循环经济发展理念。

我国的循环经济发展尚处在政府推动、企业主导的发展阶段。建立循环型社会，不仅要通过政府推动，企业主导而充分实施《循环经济促进法》，还必须增强公众参与度，形成公众循环经济法治意识，促进《循环经济促进法》的实施，从而监督企业的投入产出模式，推动循型经济发展模式，最终确立循环型社会。具体来说，甘肃省各级党委、政府部门积极开设知识专栏、专题讲座、知识竞赛等活动，充分利用各类"普法日""地球日"等时机开展普法宣传学习活动。当然，普法宣传活动不仅局限于国家工作人员，企业职员、社区和农村的群众、学校学生等也都要学习掌握《循环经济促进法》的法律知识，树立起正确的"绿色"理念，在工作、生产、日常生活中秉持可持续发展的理念，自觉自愿践行绿色行动。

2. 甘肃省实施《循环经济促进法》的经验

（1）领导重视、措施有力。

前面已提到加强组织领导的重要性。例如，甘肃省天水、庆阳市委、市政府高度重视该法实施工作，成立了以市政府主要领导任组长，分管领导任副组长，市发改委、工信委等单位负责人为成员的领导小组。市委、市政府主要领导逢会必讲循环经济相关工作，分管领导亲自安排部署，经常听取工作汇报，研究解决重大问题。市级与县区、重点企业签订年度目标责任书，有力推动该法的实施与循环经济的发展。

（2）制定规划、科学论证。

嘉峪关市制定了《嘉峪关市循环经济工作实施方案》《嘉峪关市冶金新材料循环经济基地建设规划》《嘉峪关市"十二五"资源节约和综合利用实施意见》等地方性法规和配套文件，天水市编制了《天水市循环经济发展规划》《天水市装备制造业循环经济基地建设发展规划》《天水市农业循环经济发展规划》等相关规范性文件，庆阳市制定出台了 14 个促进全市循环经济发展的政策意见、17个循环经济发展规划和产业链设计方案，并组织省内外知名专家对规划方案逐一进行论证审查。这些文件的施行具体化了《循环经济促进法》规定的各项基本制度，为市域循环经济发展奠定了良好的基础。

（3）合作开放、科技创新。

《循环经济促进法》的实施效果好坏与循环经济发展的优劣有密切的联系，西部地区实施该法目前面临的两个最大障碍，即技术落后和资金不足。甘肃省通过自身努力，在技术开发领域领先其他西部地区省份。无论是天水高新农业园区的航天育种技术，星火机床有限公司吸收的国外技术，还是庆阳镇原特色农产品加工园区内各企业特色鲜明的核心技术，抑或是金昌市形成的"金昌模式"，都是在引进、消化、吸收的基础上，通过自主创新掌握了本行业发展循环经济的关键技术，在提升产品竞争力的同时，实现了资源的高效利用、废旧产品的再利用和废弃物的资源化利用。

（4）多方筹措、加大投入。

资金不足是实施《循环经济促进法》面临的又一重大障碍。甘肃省在解决资金不足的问题上开辟了多元化的路径，取得了重大的突破。

案例3：酒泉市2010—2012年共有81个项目获得省市区财政支持，占全市循环经济建设项目的12.8%；市财政每年有1000万元用于专项支持循环化改造；每年投入1.1亿元设立节能减排专项资金等，多方采取措施，支持循环经济发展。2023年，酒泉市还陆续颁布了绿色化、信息化、智能化改造推进传统产业转型升级实施意见、酒泉市绿色畜牧业三年发展规划（2023—2025年）等政策性文件，涵盖了各类各项循环经济和绿色生产的投入政策。

案例4：从庆阳市相关网站获悉，庆阳市从2008年开始，市区县就设立了节能及循环经济专项资金；2009年，建立了工业集中区建设专项资金3000万元；2008年以来，市县各级财政累计下达工业集中区建设扶持资金3亿多元，累计完成路网、供电、供排水、通信及土地平整等基础设施建设投资43.5亿元，园区循环化改造步伐明显加快。至2021年，全市能源消费总量2020年为383.11万吨标准煤，比2015年增加了57.33万吨标准煤，年均增加11.47万吨标准煤，年均增长3.3%，比全市生产总值年均增速低1.0个百分点，以年均3.3%的能源消费速度支撑了年均4.3%的GDP速度。

到2020年，庆阳市共建设完成三大循环经济示范基地，投资重点建设项目77个，总投资589.53亿元。到2023年，庆阳市新增并网风光电125万千瓦，开工建设120万千瓦，"绿色—绿氢—绿氨"产业链布局基本完成，实现风光电就地消纳。

（5）机制创新、政策激励。

兰州、天水、庆阳等市从土地、税收、规费、办事程序等方面根据国家资源综合利用的税收优惠政策确定的原则和方向，制定并认真落实更加具体的优惠政策，吸引和鼓励企业大力发展循环经济工作，形成有利于循环经济发展的工作机制，极大地调动了企业实施《循环经济促进法》的积极性。

（6）项目带动、产业延伸。

庆阳、天水、兰州、白银等市充分利用大型企业集团的资金、技术、人才、管理优势，围绕核心产业、核心资源、核心企业，实行大区域布局、大项目支撑、大集团引领、大园区承载，以大型企业集团、大项目建设引领市域循环经济发展，推进产品链、产业链之间的延伸和耦合。① 项目带动、产业延伸的方式，

① 董会忠，张峰. 生态脆弱能源富集区循环经济发展对策——以甘肃省宁县为例［J］. 干旱区地理，2015（11）.

不仅使企业不断向循环经济法律法规靠拢，同时也充分利用企业集团项目作为载体，向社会大众普及宣传《循环经济促进法》，增进公众对循环经济法律法规的了解，从而取得一定的法律实施效果。

（二）问卷及数据分析

为了收集到足够的数据，课题组采用了问卷调查的形式，以对比当地民众对《循环经济促进法》颁布实施前后对生态环境有无变化的直观感受为切入点，了解该法在实施过程中所面临的障碍及其对策。在调研对象的选取中，选取的政府工作人员占12%，城市居民（主要包括企业员工、个体户、学生、农民工、自由职业者、无业者等）占88%，该比例符合调研对象大众化的特点。课题组认为问卷题目的设置通俗易懂，而且从有效回收的问卷情况来看，问卷发放的对象具有一定的文化水平，其中小学到大专学历层次占74%，本科及以上占21%，其他（包括文盲或者硕士以上学历）占5%，实际问卷发放过程中，如果是不识字的群体一般会拒绝填写。

以下是对调查问卷各题情况的统计。

1. 针对甘肃省当地的生态环境状况的调研，如附图5-1所示

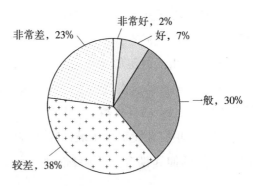

附图5-1　您认为目前本地环境状况如何？

附图 5-1 数据显示，无论是从极端的"非常好"到"非常差"的不同程度的评价均有出现。课题组通过对数据进行分析，认为非常好的占 2%，应当是非工业区的受访者，生活起居并未受到明显的影响。改革开放以来，西部地区的粗犷型的经济发展模式使环境遭到了破坏，社会公众感触很深。在庆阳市发放问卷时，当地正在进行各类基础设施建设，沙尘扬起、气候干旱，环境状况恶劣，因此"非常差"的比例占到 23%。

认为"好"只有 7%，说明当地居民生活环境质量好的城区较少；认为"一般"的 30%，说明有约三分之一的人认为环境状况并不能满足他们的需求；而认为"较差"和"非常差"的分别达到 38% 和 23%，这说明了当地的环境状况不佳。

2. 针对《循环经济促进法》实施后，甘肃省环境状况变化情况的调研，如附图 5-2 所示

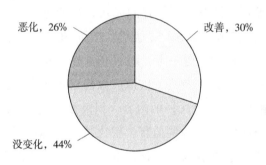

附图 5-2　《循环经济促进法》实施后，本地环境状况有何变化？

附图 5-2 数据显示，只有 30% 的受访者认为该法实施前后本地的环境状况有所改善，44% 的受访者认为没有变化，更有 26% 的受访者认为环境状况进一步恶化了。这说明了当地政府部门在实施《循环经济促进法》的具体工作中，有待进一步加强对于企业的排污监管。

3. 针对实施《循环经济促进法》的效果的调研，如附图5-3 所示

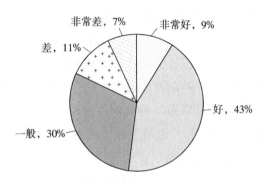

附图5-3　您认为《循环经济促进法》在您所在地的实施效果如何？

附图5-3数据显示，"好"和"差"这两部分比例有一定的差别，分别占43%和11%。这说明甘肃省实施《循环经济促进法》，发展循环经济取得了较好的成效。当然也应当看到大部分的受访者认为实施的效果"一般"，占到30%，加上"差"和"非常差"的比例占到近一半，而"非常好"这部分占的比例也较少。解决这类问题，首先，应该加大普法宣传力度，让公众更加了解《循环经济促进法》的内容，积极参与循环经济法律实施工作，加大对政府和企业的监督，解决法律实施过程中公众参与积极性和程度不高的困难，让该法的实施具有真正的群众基础的同时维护民众自身的环境权益。其次，政府在监管方面要加强，根据该法确定的原则制定具体的实施细则，从而为该法取得良好的实施效果创造条件，切实发展循环经济的同时保障公众的生态环境权益。

4. 针对《循环经济促进法》中监管罚则的规定的调研，如附图5-4所示

附图5-4数据显示，认为"不具有可操作性"的占访谈者43%，以政府工作人员为主，身为具体开展这项工作的普法者和执法者，在工作过程中不可避免地会面临一些障碍。认为"处罚

偏重"占访谈者11%，以企业的相关人员为主，因为该法规定了对企业在生产中以及产品产出后排污处理的要求和监管，所以，这些人群势必会认为罚则是严格的。认为"处罚偏轻"的占访谈者的36%，大都是普通市民，因为对政府和企业的要求越严格，越能为他们创造一个高质量的生活环境。

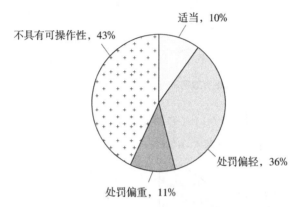

附图5-4　您认为《循环经济促进法》对监管罚则的规定是否适当？

5. 针对实施《循环经济促进法》最大的困难的调研，如附图5-5所示

附图5-5数据直接反映的是实施《循环经济促进法》的三个最大的障碍：缺乏经费、缺乏激励机制和缺乏协调机制，这三者的比重是最大的，分别占23%、21%和18%。其中，缺乏经费是最大的障碍。虽然2012年9月1日开始施行《循环经济发展专项资金管理暂行办法》，但是这些规定尚未得到有效实施；参与支持发展循环经济的各级政府，也尚未建立稳定的资金投入机制。有7%的受访者认为执法打击的力度不够，执法打击的力度也是一种威慑力，法律本质上就是依靠强制力来保证实施的。因此这一点也应该引起足够重视。

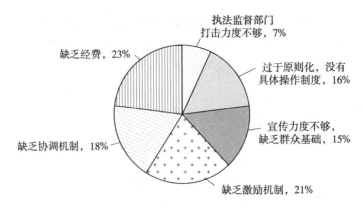

执法监督部门
打击力度不够，7%

缺乏经费，23%

过于原则化，没有
具体操作制度，16%

宣传力度不够，
缺乏群众基础，15%

缺乏协调机制，18%

缺乏激励机制，21%

附图 5-5　您认为您所在地有效实施《循环经济促进法》最大的困难是什么？

6. 针对甘肃省有关与《经济循环促进法》相应的规定或文件的情况的调研，如附图 5-6 所示

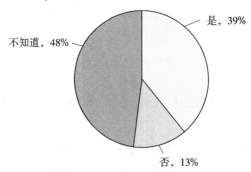

不知道，48%

是，39%

否，13%

附图 5-6　本地区是否根据《循环经济促进法》制定了相应的规定或文件？

附图 5-6 数据更加直观地反映了政府相关部门对《循环经济促进法》实施的普法宣传力度不够。课题组了解到甘肃省制定了循环经济促进条例，各个地市基本上也都制定了本地区发展循环经济的具体规划。认为本地区没有制定相关文件的受访者可以归结为"不知道"制定了相关的文件。这两项比例加起来，有超过一半的受访者（61%）不知道甘肃省制定了相应的细则与办法。在课题组调研当中，甚至了解到部分受访者根本不知道我国已经颁布了《循环经济促进法》。

7. 针对本地最应该得到改进的工作的调研，如附图 5-7 所示

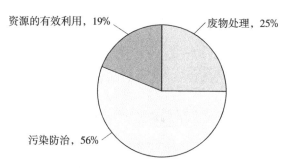

附图5-7　本地最应该得到改进的方面？

附图 5-7 数据显示，当地人民最想要在污染防治方面得到改进，说明当地的污染治理投入亟待提升；废物处理方面次之；改进资源的有效利用比率最低，说明相当一部分民众意识到废物循环利用的价值，但考虑到长期以来粗犷型的经济发展模式导致环境污染严重、废物排放过量，以及现阶段环境治理的实效以及资金投入、技术支持等问题，大多数群众还是认为先做好污染治理和废物处理更重要。因此，各级政府应当加大资金、技术、人力等投入，加大监管和对环境监测、保护的力度，充分利用有限的资源服务公众，为循环经济的发展奠定基础。

8. 针对急需修改《循环经济促进法》的内容的调研，如附图 5-8 所示

附图 5-8 数据显示，受访者认为具体操作制度和实际标准最为重要，发展循环经济的投入保障机制也很重要。[①]《循环经济促进法》作为一部提纲挈领的法律，在具体地方具体事件中的具体实施，确实需要细化。因此，依据《循环经济促进法》确立的法规标准，根据地方实际情况制定配套的地方性立法确有必要。

---

① 黎明. 大力发展循环经济加快转变发展方式——访中共甘肃省委副书记、省长徐守盛 [J]. 党的建设，2010 (2).

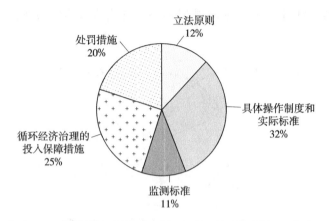

附图 5-8　急需修改《循环经济促进法》是哪些方面？（多选）

三、甘肃省实施《循环经济促进法》存在的主要问题

（一）循环经济行政管理体制缺乏法律依据

甘肃省肩负着"为我国全面发展循环经济提供典范"的重要任务，为我国循环经济发展提供了宝贵的经验，其最主要的法治经验就是建立了一套完整的法律法规和制度体系，规范循环经济发展过程中各方面的利益和行为。在显著的成绩中依然面临障碍较为突出的是甘肃省，但相关激励措施难以适应不同层面的利益需求。以电价为例，甘肃省电解铝、铁合金等高载能企业生产条件、物流成本与周边省份相当，但是电价高于周边省份。在甘肃省发展适应风电特点的高载能产业，积极承接东中部产业转移，单就电价来看，并无竞争优势。此外，虽然甘肃省循环经济总体规划实施多年，但是发展循环经济的各项具体可操作的制度细化不够；有些措施（如技术与管理措施）未能因时间变化及时作出相应的调整，造成实施困难或实施后效果难以达到预期目的；在

《甘肃省循环经济总体规划》中确定的支持循环经济发展的价格政策、财政政策、投融资政策及保证制度都没有完全的建立起来；政府办事效能还需进一步提高，服务质量与循环经济发展要求还有较大的差距，项目建设中各环节掣肘现象依旧存在。

（二）政策措施、激励引导机制不配套

实施《循环经济促进法》的关键在于落实该法规定的各项具体制度。制度设置属于顶层设计，为实施该法提供了基本的规范。法的实施不仅需要依靠科学的制度，同时配套的政策措施也起到关键的作用。具体到甘肃省而言，中央支持该省实施《循环经济促进法》的 10 条政策都比较宏观，而甘肃省相关部门对口争取不够，即使争取来了一定的政策支持，在用足、用活政策上办法不多、措施不力、效果不好，政策的含金量尚未全面转化为相应的项目和资金以支持实施循环经济促进法规定的制度。此外，甘肃省本身还缺乏推进循环经济发展的配套政策。受部分循环经济指标统计不完整的影响，循环经济评价考核体系尚不完善，目标责任制尚未建立。在规划中确定的价格政策、财政政策、投融资政策以及保证制度等都尚未完全落实，其中较为突出的是风电项目审批放缓，电网建设相对滞后，调整火电进展缓慢，电能富集与高载能产业园区供电能力不足的矛盾共存。

（三）缺乏资金支持与技术支撑

从甘肃省投资情况看，一方面是循环经济投入的资金缺口大，另一方面是循环经济示范区的建设任务十分繁重。同时，目前国家宏观政策导向上，对水泥、钢铁、电解铝等 10 个产能过剩行业贷款收缩，造成这些行业企业向银行融资困难，这也是造成循环经济示范区建设资金短缺的原因之一。对于大部分的中小企业而言，它们缺乏资金积累，投融资困难大，循环经济的多数产业投资大、见效慢、资金缺口很大，有的企业虽然引进了比较

先进的循环技术和设备，但是由于后续资金短缺，制约了生产的可持续开展。当前面临的障碍主要有两个，一是现有工艺改进过程中污染治理项目资金不到位，另一个是发展循环经济产业链新上项目资金和政策难以充分落实。此外，发展循环经济的人才和技术支撑体系尚未形成，主要是缺乏支持企业循环经济发展的具有自主知识产权的关键技术，循环经济所需要的工程型、技术型和创新型人才严重不足，研发节约资源、清洁生产技术的财力物力投入不足，引进和推广新技术的成本高。资金投入与技术研发问题直接对实施循环经济促进法造成了严重的阻碍。

（四）地方政府、企业、社会大众对实施《循环经济促进法》的工作重视度仍不够高

在实地调研中课题组感到，一些政府部门对实施该法，建设循环经济示范区的重要意义认识不深，对节约能源资源、发展循环经济重视程度不够；各部门之间对政策配套、项目建设等方面的协调不够积极，没有形成合力。

企业对实施循环经济促进法，建设循环经济示范区认识和理解也比较肤浅，对"减量化、再利用、资源化，减量化优先"的原则贯彻不到位，热衷于定规划、报项目、争资金，在推进项目实施、产业链构建、技术科技创新、资源循环利用等方面主动性不强，工作力度不大，一定程度上影响了整个项目建设大局，同时也忽视了《循环经济促进法》实施的根本目的。

市场主体和社会大众缺乏实施《循环经济促进法》的自觉性。全社会对能源资源忧患意识和发展循环经济的法治意识不够强，对发展循环经济，实施《循环经济促进法》的重要性和迫切性认识不足，参与意识和社会责任感不强。

（五）统计和考核评价体系亟待规范

循环经济评价指标体系及其技术分析方法不完善、不规范问

题普遍存在。作为《循环经济促进法》规定的一套具体评价考核制度，对于发展循环经济，实施循环经济法律法规具有重要的作用。由于尚未建立循环经济统计数据填报协作机制、监测管理机制和循环经济目标责任制，缺少支持循环经济发展的激励机制和约束机制，导致甘肃省各地各部门对发展循环经济重视度不够高、措施不够有力、工作进展缓慢。由于无法对甘肃省循环经济发展的全貌进行全面有效的评估，难以作出客观的评价，因此也难以为地方性循环经济法律法规的制定、修改和实施提供现实的依据。